흔들리며 걷는 길

일러두기 이 책에 실린 시들은 대부분 해당 저작권자의 허락을 받아 게재하였습니다. 부득이하게 저자와 연락이 닿지 않아 허락 받지 못한 저작물에 대해서는 출판사로 연락주시기 바랍니다.

흔들리며 걷는 길

김기석 지음

1판 1쇄 발행 2014. 12. 1 | **1판 4쇄 발행** 2022. 4.10 | **발행처** 포이에마 | **발행인** 고세규 | **등록번호** 제300-2006-190호 | **등록일자** 2006. 10. 16 | 서울특별시 종로구 북촌로 63-3 우편번호 03052 | 마케팅부 02)3668-3246, 편집부 02)730-8648, 팩스 02)745-4827

값은 뒤표지에 있습니다. ISBN 978-89-97760-98-5 03230 | 독자의견 전화 02)730-8648 | 이메일 masterpiece@poiema.co.kr | 좋은 독자가 좋은 책을 만듭니다. | 포이에마는 독자 여러분의 의견에 항상 귀를 기울이고 있습니다.

흔들리며 걷는 길

김기석 지음

포이에마
POIEMA

낯선 땅에서 나를 돌아보다

세상의 모든 일에는 시작이 있고 마침이 있다. 삶은 시작과 마침, 탄생과 죽음 사이에서 이루어진다. 때를 분별하는 일, 때에 맞게 사는 일은 그래서 중요하다. 심는 때와 거두는 때, 세울 때와 허물 때, 나아갈 때와 물러날 때를 분별하는 것이 지혜로운 삶의 요체이다. 문제는 그때가 확연하게 구별되지 않는다는 사실에 있다. 주춤주춤하다가 때를 놓치는 것은 그 때문이다. 때를 놓치고 나면 자책과 후회의 감정에 사로잡힌다. 그러면서도 삶은 계속된다.

늦가을이 되어 잎을 다 떨구고 맨몸으로 차가운 비바람과 눈보라를 맞으며 봄을 기약하는 나무를 볼 때마다 장엄미를 느낀다. 하지만 누렇게 물들어 오그라들었으면서도 무슨 미련 때문인지 허공에 몸을 던지지 못하고 이듬해 봄까지 버티다가 새잎이 돋아날 무렵에야 마지못해 밀려나는 나뭇잎을 보면 안쓰러운 생각이 든다. 화가 나기도 한다. 그것이 내 모습처럼 보이기 때문이다. 방하착放下着이라던가! 집착하는 마음만 내려놓아도 삶은 가벼워진다. 알면서도 내려놓지 못하는 것이 마음의 병통이다.

호모 비아토르*Homo Viator*, 떠도는 인간. 젊은 날 '도상의 실존'이라는 말에 매료되었던 적이 있었다. 떠돎에 대한 욕구는 근원적이다. 그러나 현실은 우리에게서 떠돎의 가능성을 차단한다. 아브라함 요수아 헤셸은 모든 인간이 하늘에서 사다리를 타고 내려왔다고 말한다. 어느 날 신은 사다리를 치워버리고 "이제는 돌아오라"고 명령했다. 세상에 탐닉하느라 하늘을 잊고 있던 이들은 퍼뜩 정신이 들어 하늘을 바라보았지만 사다리가 보이질 않았다. 어떤 이들은 사다리를 찾아다니기 시작했고, 또 어떤 이들은 경중거리며 하늘에 닿아보려 하지만 번번이 실패하고 말았다. 하늘에 올라갈 가능성이 없다는 확신이 들자 사람들은 하늘을 잊고 땅의 현실에 적응하며 살았다.

트로이 전쟁에 참여했던 오디세우스는 아내 페넬로페가 기다리고 있는 고향 이타카를 향해 출항했다. 온갖 시련을 겪던 중 그와 부하들은 아름다운 섬에 도착했다. 꿈처럼 아름다운 섬의 주민들은 로터스라는 열매를 먹고 살았다. 그 열매는 세상의 괴로움을 잊고 즐거운 꿈을 꾸게 했다. 로터스 열매를 먹은 부하들은 고향으로 가야 한다는 사실을 까맣게 잊고 말았다. 오디세우스가 고향으로 돌아가자고 잡아끌자 그들은 울며불며 그곳에 머물고 싶다고 말한다. 신화 속의 이야기이지만 그 부하들의 모습에는 우리 자신의 모습이 투영되어 있다.

떠도는 삶을 그리워하면서도 정착민으로 살아왔다. 가르치고 돌보는 일에 집중하는 동안 젊은 날의 불온함은 어느덧 사라졌고 온순하게 길들여진 짐승이 되고 말았다. 옅은 비애감이 시도 때도 없이 찾아들었다. 물론 특정한 장소를 벗어나는 것만이 떠남은 아닐 것이다. 익숙한 삶의 방식이나 사유 방식을 지양하기 위해 내적으로 고투하는 것도 일종의 떠남이다. 어쩌면 그것이 더 어려운 일일 수도 있다. 팔십 평생 쾨니히스베르크를 떠난 적 없다는 이마누엘 칸트는 거대한 인식의 모험을 지속하지 않았던가. 늘 떠돌면서도 자기 욕망을 벗어나지 못하는 이들이 있고, 한곳에 머물러 살면서도 자기로부터 벗어나기 위한 영웅적 모험을 지속하는 이들도 있다. 그러나 나는 어디에도 속하지 못한다. 이중의 비애가 나를 사로잡는다.

목사로 살아온 지 이미 30년이 넘었다. 하지만 내게는 바위 같은 든든함도 산과 같은 우람함도 심연 같은 깊이도 없다. 이런 자각이 나를 초조하게 했다. 게다가 내 몸의 일부인 한국 교회는 지금 서까래가 무너지고 기둥이 기운 것처럼 위태로운 지경에 처해 있지 않은가. 뭔가 다시 시작해야 할 때라는 초조함이 나를 부추겼다. 낯선 곳에서 나를 돌아보고 싶었고, 낯선 이들과 만나 존재의 충격을 느끼고 싶었고, 홀로 있음이 주는 호젓함을 누리고 싶었다. 교회는 나의 이런 바람을 존중해주었다. 길 위에서 많은 이들을 만났다. 스치듯 만난 이들이지만 그들은 무뎌진 나의 영혼을 벼리는 좋은 숫돌이 되어주었다. 바람이 전한 말을 알아듣는 것은 나의 몫이었다. 긴 여정 끝에 나는 더 가벼워졌는가? 더 깊어졌는가? 이 물음이 나를 두렵게 한다.

뒤틈바리에 지나지 않는 나의 순례 일지를 공개하는 것이 마땅한 일인가 고민했지만, 포이에마 김도완 대표의 부추김을 못이기는 체하고 받아들였다. 순례는 언제든 중심을 향하게 마련이라는 핑계와 함께. 이 책의 꼴을 갖춰준 박진희 편집자께 감사한다. 길에서 만나 좋은 벗이 되어주었던 이들, 그리고 나와 더불어 하나님나라라는 중심을 향한 여정에 나선 청파교회 교우들께도 감사한다.

조토, 〈새에게 설교하는 프란체스코〉

첫 번째.

침묵 속으로

.

이제 열둘을 세면

우리 모두 침묵하자.

잠깐 동안만 지구 위에 서서

어떤 언어로도 말하지 말자.

우리 단 일 초만이라도 멈추어

손도 움직이지 말자.

그렇게 하면 아주 색다른 순간이 될 것이다.

바쁜 움직임도 엔진 소리도 정지한 가운데

갑자기 밀려온 이 이상한 상황에서

우리 모두는 하나가 되리라.

공항에 우두커니 홀로 앉아 떼제 공동체의 성서일과에 따라 오늘의 말씀을 펼쳤다. "여호와의 말씀이니라. 너희를 향한 나의 생각을 내가 아나니 평안이요 재앙이 아니니라. 너희에게 미래와 희망을 주는 것이니라. 너희가 내게 부르짖으며 내게 와서 기도하면 내가 너희들의 기도를 들을 것이요 너희가 온 마음으로 나를 구하면 나를 찾을 것이요 나를 만나리라"렘 29:11-13. 길지 않은 시간이지만 낯섦 속으로 들어가려는 내게 주어진 말씀으로는 참 절묘하다. 이 말씀을 '내 존재의 근원'이신 분을 온 마음 다해 찾으라는 명령으로 갈무리해둔다.

신학교를 졸업하고 처음 목회에 나섰을 때 어떤 목회자가 되고 싶다는 바람조차 없었다. "사람은 노력하는 한 방황하게 마련"이라는 《파우스트》의 한 대목을 금과옥조처럼 붙들고 허무와 대결하는 데 골몰했을 따름이다. 매순간 요구받은 것과 하고 싶은 일 사이에서 버둥거렸다. 그렇게 걸어온 길이 벌써 30년이 넘었다. 많은 것을 얻었고, 또 많은 것을 잃었다. 잃어버린 것 가운데 가장 쓰리게 느껴지는 것은 '불온함'이다. 젊음의 특권은 불온함이라고 말하며 사람들이 명증한 진리로 여기는 것에 의문부호를 붙이기 일쑤였던 나는 어딘가로 사라졌다. 사람들과 대립하기보다는 두루 원만하게 지낸다. 가끔 각을 잃어버린 사각형의 비애에 사로잡힐 때가 있다.

설원 위를 질주하는 스키어들, 집채만 한 파도를 타고 절묘한 균형감각을 보여주는 서퍼들, 아스라한 절벽 위에 매달린 채 위를 향해 한 걸음씩 나아가는 알피니스트들을 볼 때마다 가슴이 저릿했다. 일상에 지친 탓일까? 언제부터인지 단테의 《신곡》 첫 구절이 마치 화인처럼 내 가슴에 새겨졌다. "우리네 인생길 반 고비에 올바른 길을 잃고서, 나는 어두운 숲속에 있었다." 인생길 반 고비를 넘긴 게 벌써 오래전이지만 나는 여전히 어두운 숲 앞에서 바장이고 있다. 잠시 모든 일을 중단하고 떠나고 싶었던 것은 그 때문일 것이다. 익숙함 속에서 길을 잃는다는 것이 무엇인지 아령칙하게나마 알고 있다. 익숙함이 질곡처럼 느껴질 때 사람들은 길을 떠난다. 하나의 중심에 잇대고 싶은 바람 때문이리라. 사막의 교부들이 가장 경계한 것은 '아케디아akedia'였다. 그것은 흥미 없음, 나태함, 불만, 권태, 오늘을 살지 못함을 뜻한다. 아케디아에서 좀처럼 벗어나지 못할 때 '떠나라'는 명령이 당도한다. 어떤 것으로도 해소될 수 없고, 채울 수도 없는 영혼의 심연에 직면할 때, 자신과의 불화를 절감할 때, 참된 나를 잃어버린 상실감에 시달릴 때야말로 길의 부름을 받을 때이다.

본토와 친척과 아버지 집을 떠난 아브라함의 마음에야 비할 수 없지만 제법 비장한 마음으로 길을 떠난다. 길 떠나는 참에 말씀의 노잣돈이 넉넉하다. "너희를 향한 나의 생각을 내가 아나니 평안이요 재앙이 아니니라" 하신 말씀을 가슴에 새긴다. 나는 이 길 위에서 누구를 만날 것인가. 또 어떤 삶의 풍경과 마주하게 될까. 그것을 영원의 중심이신 분의 마음으로 나를 이끌어줄 안내인으로 삼을 수 있을까? 말씀에 기대어 그럴 수 있기를 바란다.

길 위에 선 지금, 잊고 있었던 삶의 편린 하나가 떠오른다. '의식화'라는 단어조차 불온시됐던 때인 1980년대 초의 어느 봄날, 저항 시인으로 널리 알려졌던 양성우 시인을 교회에 초대했다. 그의 시 세계에 나타나는 강고한 역사의식과 정치한 언어에 매료된 탓이었다. 그런데 예정 시간이 다 되었음에도 그는 나타나지 않았다. 길가에 나가 기다리다 보니 멀찍이서 키가 큰 그가 휘적휘적 걸어오는 게 보였다. 애를 태우던 내 마음은 아랑곳없이 그는 세상에 급할 게 뭐가 있느냐는 투로 느릿느릿 걸어왔다. 마음을 가라앉힌 후 사람들이 기다리고 있는 곳으로 안내했다. 강사 소개를 마치자 그는 마치 익숙한 장소인 것처럼 마이크 앞에 우뚝 섰다. 저고리 안주머니를 뒤져 강연 원고를 꺼내 든 그는 조금의 망설임도 없이 우렁우렁한 목소리로 시 한 편을 낭송했다. 허두조차 없었다. 그 시는 김수영의 〈어느 날 고궁을 나오면서〉였다. 익히 알고 있는 시였지만 그의 카랑카랑한 음성에 실려 오는 시는 듣는 이들의 가슴에 파문을 일으켰다. 큰일에는 입을 다물고 작은 일에만 분개하는 것은 시의 화자만이 아니라 양성우 자신의 모습이었고, 나의 모습이었고, 그 자리에 동참한 모든 이들의 모습이었다. "모래야 나는 얼마큼 적으냐. / 바람아 먼지야 풀아 / 나는 얼마큼 적으냐"라는 대목에 이르렀을 때 그는 마치 피를 토하듯 울부짖었다. 전율이 일었다. 허를 찔린 느낌이었다.

그는 어둠의 시대를 지나는 동안 우리가 얼마나 작아졌는지, 주류 기독교가 시대의 어둠과 맞서 싸우는 데 얼마나 소극적인지에 대해 안타까움을 담아 말한 후에 니코스 카잔차키스의 〈수난〉에 나오는 한 대목을 인용했다.

거우 지팡이에 몸을 의지하고 있는 포르투니스 선장은 위선적인 사제를 보고 비꼬듯 말한다. "저 걸신들린 인간이 사제라고? 그는 약방을 열어놓고 그걸 '교회'라고 부르면서 신을 무게로 달아 팔고 있어. 무슨 병이든 다 고친다고 하지만 순 돌팔이지. '그래, 무슨 일로 왔나?' '거짓말을 했습니다.' '좋아! 그리스도 3그램을 가져가게. 돈은 3피아스터야.' '도둑질을 했습니다.' '좋아, 좋아! 그리스도 4그램을 처방하지. 4피아스터만 내게. 그리고 자넨 왜 왔나?' '살인을 저질렀습니다.' '저런, 가여운 친구. 병이 아주 심각하군. 오늘 밤 잠자리에 들기 전에 그리스도 15그램을 복용하게. 돈이 좀 많이 들겠지만 말이야.' '조금 안 깎아줍니까?' '안 돼. 15피아스터야. 돈을 내게. 그러지 않으면 지옥 밑바닥으로 직행이라네.' 사제는 자기 가게에 있는 성상들을 보여주며 활활 타오르는 불길과 쇠스랑과 마귀들이 들끓는 지옥 얘기를 하지. 그러면 손님은 온몸에 소름이 돋아 호주머니를 탈탈 털어 내고 말아…." _니코스 카잔차키스. 〈수난〉

또 다른 전율이 일었다. 그다음에 그가 무슨 말을 했는지는 기억나지 않는다. 아마도 예언정신이 회복되기를 바란다는 말이었을 것이다. 말을 마친 후 가만히 회중들을 바라보던 그는 원고를 접어 주머니에 넣고는 왔던 모습 그대로 휘적휘적 밖으로 나갔다. 황급히 모임을 마무리하고 밖으로 나가보니 그는 벌써 사라지고 없었다. 마치 꿈을 꾼 것 같았다. 그러나 내게 그날의 그 모임은 잊을 수 없는 날이 되었다. 그런대로 괜찮은 사람으로 살고 있다는 나의 자부심은 산산조각 나고 말았다. 나의 비겁과 나의 작음을 여실히 자각했던 것이다. 그리고 저항은 포기하고 값싼 위안이나 주려 하는 기독교가 얼마나 위험한지를 절감했다.

〈어느 날 고궁을 나오면서〉에서는 유구한 자기 비겁의 역사를 회고하는 화자의 탄식이 이어진다. "아무래도 나는 비켜서 있다. 절정 위에는 서 있지 / 않고 암만해도 조금쯤 옆으로 비켜서 있다. / 그리고 조금쯤 옆에 서 있는 것이 조금쯤 / 비겁한 것이라고 알고 있다!" 시적 화자의 모습 속에 내 모습이 고스란히 투영되어 있었다. 그날 나는 많이 아팠다. 그리고 한 가지 사실에 눈을 떴다. 문학의 언어가 얼마나 전복적일 수 있는지. 밀란 쿤데라는 〈예루살렘 연설〉에서 "소설은 신학자와 철학자와 학자들이 전날 짜놓은 양탄자를 밤을 새워 풀어헤치는 것"이라고 말했다. 짜는 것이 아니라 풀어헤침으로 진실에 접근한다는 것, 매력적이지 않은가?

나는 지금도 그날에서 벗어나지 못했다. 가끔은 운명이 있다는 생각이 든다. 나를 찾아오는 젊은 신학생 중에는 "목사는 뭐 하는 사람이냐"고 당돌하게 묻는 이들이 있다. 참 당혹스럽다. 기껏 한다는 대답이 "글쎄, 목사는 무엇을 해야 하는지 끊임없이 묻는 사람이 아닐까?"이다. 질문자는 그 알쏭달쏭한 대답에 만족하지 못하는 눈치지만 그래도 예의상 고개를 끄덕여준다. 나는 지금도 길을 안다

말할 수 없다. 다만 길을 찾기 위해 멈추지 않을 뿐이다. 가도賈島의
시가 떠오른다.

소나무 아래에서 아이에게 물었더니　　　　松下問童子

대답하기를, 스승님은 약초 캐러 가셨습니다.　言師採藥去

이 산중에 계시기는 하지만　　　　　　　　只在此山中

구름이 짙어서 계신 곳을 모릅니다.　　　　雲深不知處

구름이 아무리 짙으면 어떤가. 스승이 산중 어딘가에 있다는데.
짙은 구름 속으로 들어가면서도 두렵지 않은 것은 스승께서 부재하
는 현존으로 함께 계시기 때문이다.

The Sacred Journey
6. 17.

6월의 로마는 건기에 속한다는데 최근 며칠 동안 폭우가 쏟아졌
다 한다. 지하철 운행이 중단될 정도였다니 대단한 비다. 날은 여전
히 흐리다. 간소한 아침 식사를 마치고, 우두커니 지도만 들여다본
다. 모든 것이 낯설다. 아는 이도 없고, 들리는 언어도 해독 불능이
다. 내가 속해 있는 공간에서 어떤 일이 일어나고 있는지, 사람들이
어떤 이야기를 나누고 있는지 알 길이 없다. 인터넷 접속도 되지 않

으니 이곳은 절해고도다. 딱히 갈 곳도 없다. 그저 길이 이끄는 대로 흐르기로 했다. 길을 잃으면 또 어떤가? 지도 한 장 들고 느릿느릿 걷는다. 성 아우구스티누스는 "*Solviture Ambulando!*"라 했다. 걸으면 해결된다는 말이다.

좌우를 살피며 조금 걷다 보니 레푸블리카 광장 뒤로 십자가가 달린 고색창연한 벽돌 건물이 보였다. 순교자들과 천사들의 성모 마리아 교회Basilica S. Maria degri Angeli e dei Martiri였다. 이 건물은 본래 목욕탕으로 지어진 후 기독교인들을 대대적으로 박해했던 디오클레티아누스 황제에게 헌정된 것이었다고 한다. 한꺼번에 3천 명이 넘는 사람들이 목욕을 할 수 있었다 하니 그 규모를 상상하기가 쉽지 않다. 이 건물의 건축에는 막대한 경비와 인원이 필요했고, 로마의 신들을 숭상하라는 황제의 칙령을 거부한 기독교인들이 공사에 동원됐다. 그 과정 중에 많은 이들이 죽었다. 교황 피우스 4세는 순교자를 기리는 성당을 그곳에 세우면 좋겠다는 안토니오 로 두카Antonio Lo Duca의 오랜 꿈을 받아들여 1561년 건축 설계와 시공을 미켈란젤로에게 맡겼다. 미켈란젤로가 이 예배당을 완공한 것은 86세 때였다. 그는 이미 폐허로 변해버린 목욕탕 건물 외벽의 일부를 예배당의 파사드로 사용함으로써, 그림자가 드리우지 않는 내부 공간과 대조를 이루게 했다. 그는 또 목욕장을 떠받치고 있던 8개의 거대한 기둥을 그대로 활용하여 거룩한 공간을 빚어냈다. 불필요하다 하여 없애버리기보다는 새로운 의미를 부여하는 거장의 솜씨가 놀랍다. "건축자들이 버린 돌이 모퉁이의 머릿돌"이 되었다는

첫 번째.

말이 이런 것일까? 버리고, 파괴하고, 다시 짓는 일에 익숙한 우리에게는 영 낯선 풍경이 아닐 수 없다.

예배당의 입구인 나르텍스 좌우편에는 세례 요한과 조르다노 브루노의 전신상이 서 있다. 그들은 순교자를 기리는 이 성당의 상징 인물인 셈이다. 진리를 위해 참수 당하고, 화형 당한 그들의 조각상은 너무나 왜소해진 우리 영혼을 비춰보는 거울로 그 자리에 있다. 폴란드 조각가 이고르 미토라이Igor Mitoray가 제작한 세례 요한의 잘린 머리를 형상화한 작품은 진리를 따라 산다는 것이 얼마나 엄중한 일인지를 일깨운다.

인공의 조명 하나 없는 예배당은 소박하기 이를 데 없었고, 창을 통해 들어오는 햇빛이 실내를 은은하게 비추고 있었다. 고요하지만 예배당 전체를 꽉 채우는 그레고리안 성가는 이 공간에 들어오는 모든 이들을 기도의 자리로 이끌었다. 신앙이 있든 없든 어떤 범접할 수 없는 실체 앞에 서 있다는 느낌이 들 때가 있다. 누구 하나 큰 소리를 내는 사람이 없다. 장궤 자세로 기도를 올리는 사람, 장의자에 앉아 하염없이 제단을 바라보는 사람, 다리 쉼을 하는 사람, 심지어는 이곳저곳 둘러보는 이들 모두 그 순간만큼은 자아로부터 해방된 참 사람이었다.

많은 순교자들의 이름을 둘러보다가 낯익은 이름 하나가 눈에 들어왔다. 막시밀리아노 콜베San Massimiliano Maria Kolbe였다. 콜베의 흉상은 눈에 띄지 않을 만큼 작았지만 그가 보여준 삶의 무게는 결코 가볍지 않다. 유대계 이탈리아인이었던 그는 2차 세계대전 중 아우슈

비츠 수용소에 수감되었다. 그는 그곳에서도 상처 입은 이들의 사제로 살았다. 어느 날 몇 사람이 수용소를 탈출했고, 수용소장 프리츠는 남은 이들에게 공포심을 주입하기 위해 줄지어 선 사람들 가운데서 열 사람을 뽑아 아사餓死감옥에 보내려 했다. 마침내 열 번째 사람이 지명되었을 때 그는 아내와 자식들의 이름을 부르며 흐느껴 울었다. 폴란드인 프란체스코 가조브니크였다. 그때 콜베가 앞으로 나섰다. 그를 대신하여 자기가 감옥에 들어가겠다는 것이었다. 아사감옥에서도 콜베는 사제로서의 역할을 계속했다. 공포와 굶주림 속에 있는 동료 수인들을 위로하고 신앙적으로 격려했다. 이미 죽음에 대해 죽은 한 사람으로 인해 아사감옥은 성전이 되었다. 콜베를 중심으로 하여 기도회가 열렸고, 그들이 부르는 찬송 소리에 다른 감방에 갇혀 있던 사형수들도 찬송으로 답했다. 사람들이 하나둘 죽어갈 때마다 콜베는 정성껏 그들을 배웅했다. 2주가 지나도 몇 사람이 여전히 죽지 않자 프리츠는 그들에게 독약인 페놀 주사를 놓도록 했다. 콜베는 죽음 앞에서 무력했다. 아무런 기적도 나타나지 않았다. 그러나 1982년 10월 10일에 교황 요한 바오로 2세는 그를 시성諡聖했다. 가톨릭 전통에서 시성을 위한 조건 가운데 하나는 그를 통해 기적이 나타났음이 확증되어야 한다. 그는 어떤 기적을 행했는가? 인간성이 위기에 처한 바로 그 어둠의 시대에 콜베는 신앙과 사랑의 기적을 행했던 것이다. 그보다 더 큰 기적이 어디 있겠는가? 돋을새김으로 제작된 콜베의 흉상 삼면은 가시로 둘러싸여 있다. 그 굵은 가시를 보며 십자가에 달리신 분의 가시면류관을 떠올리지 않을 수 없었다.

콜베의 흉상 맞은편에는 거대한 청동 조각상이 서 있다. 콜베의 흉상과 너무 대조적이어서 다소 부자연스럽기까지 했다. 그는 갈릴레이 갈릴레오였다. 2010년 중국과학기술센터와 세계과학자연합의 후원으로 제작했다는 명패를 보고야 고개를 끄덕였다. 갈릴레이는 지동설을 주장했다가 종교재판에까지 회부되었던 사람이다. 지동설이 받아들여지는 순간 천동설에 근거해 설정된 세계의 위계질서는 무너질 수밖에 없었다. 그래서 그는 죽어야 했다. 살아남기 위해서는 자기의 오류를 시인하는 수밖에 없었다. 삶과 죽음의 갈림길에서 그는 삶을 택했다. 권력에 집착할 때 종교는 진리의 무덤이 된다. 종교 권력자들이 안도의 한숨을 내쉴 때, 갈릴레이는 치욕감으로 몸서리쳤을 것이다. 1992년 요한 바오로 2세는 갈릴레이에 대한 재판이 잘못이었음을 인정했다. 오류를 인정하기까지 거의 500년 가까운 세월이 걸렸다. 만시지탄은 있지만 그래도 오류를 인정했다는 사실이 중요하다. 순교자들을 기념하기 위해 세워진 교회에 그의 청동상이 서 있다는 사실이 흥미롭다.

달콤한 침묵이 내 영혼을 가득 채우자 비로소 내면 깊숙한 곳에서 삼라만상에 대한 감사의 마음이 솟아올랐다. 곁을 스치는 낯선 이들을 진심으로 축복할 수 있을 것 같았다. 거리에서 마주치는 대부분의 수도자들의 표정이 맑았던 것은 그들 속에 침묵이라는 자산이 많았기 때문임을 절감한다. 분주함이 신분의 상징처럼 인식되는 세상에서 나는 얼마나 숨 가쁘게 달려왔던가? 몇 해 전 뉘른베르크

첫 번째.

달콤한 침묵이 내 영혼을 가득 채우자 비로소 내면 깊숙한 곳에서 감사의 마음이 솟아올랐다.

에 있는 한 교회에 들렀다가 현판에 씌어 있는 글씨를 보고 '아!' 하고 탄성을 지른 적이 있다. '도심 속에 있는 고요함의 오아시스.' 도시에 있는 교회가, 아니 욕망이 지배하는 거리 속에 있는 교회가 해야 할 역할이 거기에 있었다. 어떤 프로그램 때문이 아니라 그 안에 들어서기만 해도 마음의 혼돈이 잦아들고, 거친 마음이 저절로 부드러워지는 공간에 대한 꿈이 내 속에 들어온 것은 그때였다. 파블로 네루다의 〈침묵 속에서〉를 읽는다.

이제 열둘을 세면
우리 모두 침묵하자.

잠깐 동안만 지구 위에 서서
어떤 언어로도 말하지 말자.
(중략)

우리 단 일 초만이라도 멈추어
손도 움직이지 말자.
그렇게 하면 아주 색다른 순간이 될 것이다.
바쁜 움직임도 엔진 소리도 정지한 가운데
갑자기 밀려온 이 이상한 상황에서
우리 모두는 하나가 되리라.
(하략)

첫 번째.

6. 18.

세찬 빗소리에 잠에서 깼다. 천둥 번개까지 요란하다. 헤른후트 기도서를 펼치고 오늘의 말씀을 읽었다. 고린도후서 8장 1-2절에서 바울은 마케도니아 여러 교회에 베푸신 주님의 은혜에 대해 말하고 있다. "그들은 큰 환난의 시련을 겪으면서도 기쁨이 넘치고, 극심한 가난에 쪼들리면서도 넉넉한 마음으로 남에게 베풀었습니다." 이런 담백하고 조촐한 복을 누릴 수 있게 해달라고 기도를 올렸다.

어제 길거리에서 마주친 아프리카계 젊은이들이 떠올랐다. 해가 나면 관광객들을 상대로 값싼 선글라스를 팔고, 비가 오면 우비와 우산을 판다. 사람들은 그들을 경계하고, 무시하고, 못마땅한 내색을 한다. 잠재적 범죄자로 보기 때문일 것이다. 나 또한 그들을 경계했다. 그런데 오늘의 묵상 말씀이 죽비가 되어 내 영혼을 후려친다. "주님, 종종 내 형제 자매를 즐겁게 하는 일은 많은 것을 필요로 하지 않습니다. 예술작품 중 가장 아름다운 것이 주님의 눈 안에 있습니다. 후하게 주는 일에 전문가이신 주님이 나에게 이러한 기술을 오늘도 가르쳐줍니다." 주님의 눈으로 세상과 사람을 보아야 한다고 누누이 가르치면서도 언제나 이 모양이다. 후하게 주는 일에 전문가이신 주님, 후하게 셈쳐주시는 주님께 도움을 청할 수밖에 없다.

비가 오락가락한다. 그래도 길을 나섰다. 느릿느릿 걷다 보니 나보나 광장이다. 그곳에서 비아 산타고스티노Via Sant' Agostino를 찾았

다. 채 100미터도 걷지 않아 산타고스티노 교회Chiesa di Sant' Agostino
를 발견했다. 오는 길에 보았던 판테온에는 사람들이 북적이더니
이곳은 한산하기 이를 데 없다. 나로서는 참 다행이었다. 사실 이곳
을 찾은 것은 아우구스티누스의 어머니 성 모니카의 무덤 앞에 서
기 위해서였다. 그런데 이 예배당 안에서 맨 먼저 내 눈길을 사로잡
은 것은 카라바조Carravaggio가 그린 〈순례자들의 성모〉였다. 전체적
으로 어두운 배경의 그림인데 그 덕분에 인물들의 특색이 고스란히
드러나고 있다. 순례자들을 맞이하기 위해 현관 밖으로 나온 성모
는 아들을 품에 안고 있다. 좌우로 발을 교차한 채 서 있는 성모는
왼쪽 발끝을 세우고 있어 요염하게 보인다. 아기 예수는 먼 길을 걸
어온 이들을 물끄러미 바라보고 있다. 지팡이에 의지하고 있는 남
녀 순례자의 옷차림은 남루하다. 남자는 신을 벗고 있고, 드러난 종
아리는 상처투성이이다. 머릿수건을 두른 늙수그레한 여자 순례자
의 손은 노동으로 단련된 듯 투박하기만 하다. 하지만 주름진 얼굴
에는 기쁨과 감격이 어려 있다. 그림은 전체적으로 빛과 어둠이 절
묘하게 조화되어서인지 경건한 느낌을 자아낸다. 나는 지금 누구를
향해, 그리고 무엇을 향해 걷고 있는 것일까.

또 다른 벽면에는 일 구에르치노라고 불리운 화가 조반니 프란
체스코 바르비에리 다 센토Giovanni Francesco Barbieri da Cento가 그린
〈세례 요한과 첫 번째 수도자 성 바울 사이에 있는 성 아우구스티
누스〉가 걸려 있었다. 세례 요한은 그림의 왼편에 서 있고, 바울은
오른편에 앉아 있다. 흥미로운 것은 바울이 마치 사막의 교부들처

"그들은 큰 환난의 시련을 겪으면서도
기쁨이 넘치고,
극심한 가난에 쪼들리면서도
넉넉한 마음으로 남에게 베풀었습니다."
이런 담백하고 조촐한 복을
누릴 수 있게 해달라고 기도를 올렸다.

침묵 속으로

럼 그려지고 있다는 사실이다. 요한과 마찬가지로 그는 맨발이다. 그에 비해 수도복 차림의 아우구스티누스는 둘 사이의 좀 더 높은 곳에 앉아서 바울에게 뭔가를 설명하고 있다. 그의 무릎에는 성경이 펼쳐져 있다. 아우구스티누스는 손을 들어 하늘을 가리키고 있는데 바울과 세례 요한은 깊은 감동을 받은 듯하다. 아우구스티누스가 가리키는 하늘 위에는 아기 천사들이 날고 있다. 적어도 이 그림에서는 아우구스티누스가 마치 스승처럼 보인다.

모니카의 관은 작고 소박하다. 정신적으로 방황하는 아들을 위해 정성을 다한 어머니 모니카는 북아프리카의 고향으로 돌아가려던 꿈을 이루지 못한 채 로마 근교인 오스티아에서 숨을 거둔다. 오스티아에 묻혔던 모니카의 유해는 1430년 교황 마르티노 5세의 명에 따라 이곳으로 옮겨졌고, 1483년 그 무덤 위에 이 예배당이 세워진 것이다. 아우구스티누스는 《고백록》에서 어머니의 죽음 순간을 길게 묘사한다. 모니카는 고향에서 멀리 떨어진 곳에서 죽게 되는 것이 두렵지 않냐는 질문에 대해 "하나님에게는 먼 곳이란 아무것도 없다. 하나님이 세상 끝 날에 나를 부활시킬 장소가 어디인 줄 모를까 두려워할 필요가 하나도 없다"고 대답했다. 그리고 며칠 후 모니카는 세상을 떠났다. 모니카 나이 56세, 아우구스티누스의 나이 33세가 되던 해였다. 아우구스티누스는 부활을 믿는 사람답게 어머니의 죽음을 담담하게 받아들이고자 했다. 하지만 자기를 위해 노심초사하며 살아온 어머니의 죽음 앞에서 그는 울음을 터뜨린다. "그렇게 우는 것이 나에게는 위로가 되었습니다. 그래서 나는 이때까지 참아왔던 눈물을 흐를 대로 흐르게 하여 그 눈물로 베개를 삼고 누워 있었습니다. 그곳에는 내 울음을 오해하여 경시할 사람들의 귀는 없었고 다만 당신의 귀만이 내 가까이 있었습니다." _아우구스티누스, 《고백록》

위대한 정신의 위대함은 평범함을 거부하지 않는 소박함에 있다. 같잖은 점잔을 빼지 않고 아우구스티누스는 울었다. 모니카의 임종 장면을 머리에 그려보며 촛불 하나를 밝혔다. 그리고 오랜 시간 그 관 앞에 앉아 있었다.

어느새 나는 나의 어머니를 그리워하고 있었다. 대만의 신학자인 송천성Choan-Seng Song은 어머니를 가리켜 하나님의 공동 창조자co-creator of God라 했다. 태중에 들어온 생명을 지키고 키우기 위해 존재 전체를 바치고, 산고를 겪으며 낳은 자식에게 모든 것을 내어주는 어머니야말로 거룩의 원형에 가장 가까운 존재가 아닐까? 김정준 목사님이 작사한 찬송가 578장의 가사를 떠올리며 묵상에 잠겼다. "언제나 바라봐도 늘 보고 싶은 분. 기쁠 때나 슬플 때 늘 보고 싶은 분. 모든 것 다 주시고도 더 주시려는 이. 어머니 한 분 이외 또 어디 있으랴. 어머니 크신 사랑 뉘 감히 알리요. 안다고 하는 것이 모르는 것이요. 갚는다 장담해도 못 갚는 것이니. 내 평생 기도 중에 어머니 부르리." 마음이 뭉클해졌다. 그런 내 마음을 읽은 것일까? 프란체스코회 수사 한 사람이 슬며시 공모의 미소를 보내왔다.

간간이 내리는 비를 맞으며 캄포 데이 피오리 광장Piazza Campo dei Fiori을 향해 천천히 걸었다. 광장 한복판에는 1600년 2월 17일에

평범한 사람들이 살아가는 모습을 굽어보며 브루노는 어떤 생각을 하고 있을까?

첫 번째.

바로 그곳에서 화형 당한 순교자 조르다노 브루노의 동상이 서 있었다. 14세에 도미니코 수도원에 들어가 24세에 신부가 된 그는 철학, 수학, 기하학, 천문학 등을 두루 섭렵했다. 그는 코페르니쿠스의 지동설에 동조했다 하여 7년간 투옥되었고, 가혹한 고문을 받았지만 자기 학설을 포기할 수는 없었다. 그는 화형에 처해지기 전에 종교 권력자들을 향해 이렇게 말했다. "지금 이 순간에 진정 두려워하고 있는 자는 누구인가? 그것은 죽음을 선고받은 내가 아니라 그것을 선고하고 내 육체를 불태워도 진리를 없애지 못한다는 것을 알고 있는 바로 당신들이 아닌가?" 신학교 초년병 시절 철학을 가르치던 교수님은 갈릴레이 갈릴레오와 조르다노 브루노를 비교하며 과학적 지식과 신학적 지식의 차이를 설명했다. 과학적 지식은 객관적이어서 그걸 지키기 위해 굳이 목숨을 걸지 않아도 되지만 신학적 지식은 주관적이어서 목숨을 걸고라도 지키지 않으면 사라진다는 것이었다. 단순 논리이기는 하지만 젊은 시절에 들은 그 말은 오랫동안 내 기억 속에 깊이 각인되어 있다. 내가 이 광장을 찾아온 것은 그 마음을 되새기기 위해서였다. 그런데 지금 브루노는 외롭지 않다. 광장이 시장통이 되었기 때문이다. 평범한 사람들이 살아가는 모습을 굽어보며 브루노는 어떤 생각을 하고 있을까?

로마를 남북으로 가르며 구불구불 흘러가는 테베레Tevere 강을 따라 걷다 보니 카보우르 다리Ponte Cavour 근처에 있는 아라 파치스 아우구스테Ara Pacis Augustae와 만났다. 옥타비아누스 곧 아우구스투스 황제를 기념하는 평화의 제단이다. '팍스 로마나Pax Romana'라는 말이 태동된 곳이라고도 할 수 있다. 옥타비아누스가 스페인 원정을 성공리에 마치고 돌아오자 원로원은 오랜 내전을 종식시키고, 또 주변 세계까지 로마에 복속시킨 그의 공을 기리기 위해 마르티우스 광장Campus Martius 옆에 평화의 제단을 쌓고는 평화의 여신 팍스에게 바쳤다. BC 9년이었다. 제단 벽면에는 황소를 제물로 바치기 위해 기다리는 이들의 행렬과 화관을 쓴 황소머리 장식이 부조되어 있다. 관료들과 사제 그리고 거룩한 처녀들이 일 년에 한 차례씩 이곳에서 희생물을 봉헌해야 했다. 아우구스투스에 대한 신화화 작업은 아주 빠르게 진행되었다. 그는 신의 아들로 격상되었고, 세상의 구원자, 주, 평화의 왕으로 불리게 되었고 로마는 여신으로 표상되었다. 로마의 내전으로 긴장이 높아가고 있던 때에 베르길리우스는 〈전원시Eclogae〉를 통해 죄악을 몰아내고 평화를 회복시켜 황금시대를 열 한 아기의 탄생을 예고한 바 있는데, 원로원은 그 아이가 바로 아우구스투스라고 주장했다. 아우구스투스로부터 시작된 소위 '로마의 평화 시대'는 세베루스 황제에 이르기까지 근 200년 동안 지속되었다. 가히 로마의 전성시대라 할 수 있는 시기였다.

하지만 로마의 평화는 압도적인 군사력에 바탕을 둔 것이었다. 그것도 로마 시민들만의 평화였다. 로마에 저항하는 부족이나 나라는 가차 없이 응징을 당했다. 로마가 군대를 보내기 위해 만든 도로는 지중해 세계를 두루 관통하고 있었고, 로마의 문화와 종교를 전파할 목적으로 지어진 원형극장과 신전은 지금까지도 곳곳에 남아있다. 아우구스투스 이후의 황제들은 신으로 불리기를 바랐고 황제

숭배도 성행하게 되었다. 바로 이러한 때 복음서 기자들은 갈릴리 출신의 목수 예수에게 오직 황제에게만 배타적으로 적용되었던 모든 호칭을 부여한다. '하나님의 아들', '평화의 왕', '세상의 구원자', '주'. 예수는 로마 제국에 대비되는 하나님의 나라를 가르쳤다. 그 나라는 폭력과 억압으로 세워지는 나라가 아니라, 섬김과 돌봄과 나눔 등 비폭력적 가치에 의해 세워지는 나라였다. 물론 그 하나님의 나라는 인간이 임의로 만들 수 있는 것이 아니라 하나님의 뜻에 의해 도래하는 나라였다. 사람들은 다만 그 나라에 동참할 수 있을 뿐이다. 특히 누가는 예수의 탄생 이야기를 통해 로마의 평화에 대비되는 그리스도의 평화를 선포했다.

예수를 믿는다는 것은 이처럼 다수의 사람들을 희생시킴으로 소수가 특권을 누리는 세상에 대한 부정을 내포한다. 예수를 믿는 이들은 시대와 불화할 수밖에 없다. 교회는 초월적 전망을 가지고 역사를 견인해야 한다. 오늘의 교회는 자본주의라는 새로운 제국의 신민으로 전락한 것이 아닌가 싶어 아뜩해진다.

아라 파치스에서 돌아오는 길에 복음서 기자이자 의사였던 누가의 집 혹은 사도 바울이 머물던 셋집 위에 세워졌다는 산타 마리아 인 비아 라타 교회Chiesa di Santa Maria in Via Lata에 들렀다. 교회 지하는 아직 발굴이 끝나지 않은 상태였으나 옛 로마인들의 삶을 엿볼 수 있기에는 충분했다. 그 지하에서 발굴된 한 기둥에는 이런 구절이 새겨져 있다. "*Verbum Dei non est alligatum.*" 이것은 디모데후서 2장 9절에 나오는 말로 "하나님의 말씀은 매이지 아니하느니라"라는 뜻이다. 그 지하공간에 정말 바울과 누가가 머물렀는지는 알 수 없다. 하지만 이 구절과 만난 것만으로도 감사했다. 복음 때문에 박해를 받으면서도 이 구절을 암송하고 또 암송했을 사람들의 마음이 떠올랐다. 그리고 복음의 말씀이 왜곡되고 있는 오늘의 현실 때문에 아팠다. 나는 하나님의 일꾼인가? 카를 바르트는 1911년 7월 9일, 자펜빌의 목사로 취임하면서 요한복음 14장 24절을 본문으로 하여 행한 설교 중에서 이렇게 말했다. "내가 여러분에게 하나님에 관해 말하는 것은 이제 내가 목사라서가 아닙니다. 오히려 내가 나 자신에게, 나보다 더 나은 나에게 진실하려면 하나님에 관해 말을 해야 하기 때문에 목사인 것입니다."

말씀을 선포한다는 것은 장엄한 일이다.

The Sacred Journey
6. 19.

이제는 '부온 조르노'라는 인삿말이 어색하지 않다. 호텔에서 먹는 조찬은 빵 하나, 햄 한 조각, 치즈 한 조각, 커피 한 잔이 전부다. 채소도 과일도 유산균 음료도 없다. 저렴한 호텔이니 그럴 수밖에 없을 것이다. 홀 담당자에게 농 삼아 음식이 매일 똑같으냐고 물었더니 이탈리아 사람들은 거의 매일 그렇게 먹는다고 대답한다. 불평하는 것처럼 보일까 봐 더 이상 말하지 않고 어깨를 으쓱했더니 그도 따라 으쓱한다. 사실 이 정도면 꽤 괜찮은 식사 아닌가?

오늘은 몬테카시노Monte Cassino에 있는 베네딕토 수도원을 찾아가는 날이다. 베네딕토는 서양 수도원 운동의 아버지라 알려져 있는 분이다. 이탈리아 중부 지방에 있는 누르시아의 부유한 귀족 가문에서 태어난 그는 로마의 행정관이 되기 위해 필요한 교양을 익히려고 유모와 함께 로마로 유학을 떠났다. 하지만 서로마 제국이 몰락한 후에 찾아온 정신적 공허 때문에 로마는 환락과 퇴폐의 도시로 변해 있었다. 예민한 젊은이였던 그는 로마 생활에 염증을 느껴, 신앙에 모든 것을 걸기로 작정하고 엔피데라는 시골 마을로 들어갔다. 그 마을의 수비아코 계곡에는 천연동굴이 하나 있었는데 그는 그곳에 들어가 꼬박 3년을 머물며 기도에 전념했다. 사람들은 지금도 그것을 '사크로 스페코Sacro Speco', 즉 거룩한 동굴이라고 부른다.

수비아코에 성자가 나타났다는 소문이 돌았고, 많은 사람들이 베네딕토를 찾아왔다. 인근에 있던 수도자들이 그를 찾아와 원장이 되어달라고 부탁했고, 베네딕토는 마지못해 그 청을 받아들였다. 하지만 비코바로Vicovaro 수도원은 거룩한 삶과는 거리가 멀었다. 규율은 문란했고, 수도자들의 생활도 퇴폐에 찌들어 있었던 것이다. 베네딕토는 아주 엄격한 수도규칙을 만들어 수도자들을 훈련시키려 했다. 수도자들의 불만이 높아졌고, 어느 날 그를 살해하려는 시도가 있었다. 그가 마실 포도주에 독약을 탄 것이다. 베네딕토가 그 포도주를 축성하기 위해 성호를 긋는 순간 그 잔이 깨졌다. 베네딕토는 수도자들의 음모를 알아차리고는 수비아코로 돌아갔다. 준비가 되지 않은 이들을 규율로 변화시킬 수는 없다는 소중한 깨달음이 소득이라면 소득이었다.

우여곡절 끝에 그는 자기를 따르는 제자들과 함께 몬테카시노에 새로운 수도원을 만들었고, 올바른 금욕생활과 기도, 공부, 육체노동, 공동체 생활의 원리를 담은 〈베네딕토 규칙〉을 반포했다. 그것은 이후에 나오는 다른 모든 수도규칙의 모범이 되었다. 사람들은 그 베네딕토 규칙이야말로 교회 영성과 서유럽 문화 진흥에 큰 영향을 끼쳤다고 평가한다.

교회 역사상 가장 위대한 교황으로 알려진 그레고리우스 대종은 베네딕토의 일화들을 모아 《베네딕토 전기》를 썼다. 그에 관한 일화 가운데 늘 가슴에 새기고 있는 것이 몇 개 있다. 첫째는 수비아코 기도 동굴과 관련된 것이다. 한 미친 여자가 있었다. 정신이 온전치 않아 늘 산과 계곡, 숲과 들판을 밤낮으로 헤매고 다니다가 완전히 지쳐서야 조용해지곤 했다. 어느 날 그 여자는 정신없이 돌아다니다가 우연히 베네딕토의 동굴에 이르렀다. 그곳이 어떤 곳인지도 모른 채 들어가 머물렀는데, 아침이 되자 여인은 정신이 온전해졌고 이후에는 건강하게 살았다고 한다. 교회가 그런 곳이 되어야 하지 않을까? 누구든 그곳에 들어오는 사람의 정신이 온전해지는 공간 말이다.

다른 하나는 수도승들이 몬테카시노에 수도원 건물 한 채를 지을 때 생긴 일이다. 그들은 아주 큰 바위덩어리 하나를 끌어올려 다른 곳으로 옮기려 했다. 그런데 바위가 너무 무거웠기 때문에 수도승들은 사람들을 더 불러와 바위를 옮기려 했지만 허사였다. 그들은 "악마가 이 바위덩어리 위에 앉아 있나 보다!"라고 말했다. 그때 마침 그곳을 지나던 베네딕토는 자초지종을 다 듣고는 아무 말 없이 그 바위덩어리와 수도승들을 향해 성호를 그었다. 그러자 어두운 그림자 하나가 바위덩어리에서 빠져 나가는 느낌이 들었다. 그런 뒤에 수도승들은 바위덩어리를 가볍게 옮길 수 있었다. 이 이야기의 사실성 여부에 관심을 갖는 이들은 이 이야기에 담긴 힘을 이해하지 못한다. 이 이야기는 베드로가 물 위를 걸었다는 이야기와 유사하다. 우리 속에도 우리 존재 전체를 짓누르는 어두운 그림자가 있다. 그 검은 그림자는 하나님의 은총을 통해 흰 그림자로 바뀔 수 있다. 신앙의 신비는 바로 그런 것이다.

또 하나는 베네딕토의 동생인 스콜라스티카와 관련된 이야기이다. 스콜라스티카는 어린 시절부터 하나님께 자신의 삶을 봉헌했는데, 일 년에 한 번씩 오빠를 만나러 오곤 했다. 어느 해 베네딕토는 수도원에서 멀지 않은 곳에 가서 누이를 만나 온종일 성스런 대화를 나누고 하나님을 찬미했다. 시간이 많이 흘러 밤이 되었다. 동생은 오빠에게 "이 밤에 저에게서 떠나가지 마시고 아침까지 하늘에 속한 삶의 기쁨에 대해 같이 이야기를 나눠요"하고 청했다. 하지만 베네딕토는 수도원 밖에서 밤을 지샐 수 없다며 거절했다. 동생은 식탁 위에 손을 얹고는 머리를 숙인 채 기도를 올렸다. 그 순간 엄청난 천둥과 번개가 치고 비가 억수같이 쏟아졌다. 수도원으로 돌아갈 수 없게 되자 베네딕토는 할 수 없이 동생과 밤새도록 영적 생활에 대한 성스러운 대화를 마음껏 나누었다고 한다.

이런 아름다운 일화를 떠올리며 여정에 올랐다. 로마에서 길을 떠나 밀라노와 나폴리를 잇는 고속도로 A1을 타고 1시간 30분쯤 달려 마침내 해발 517미터 산꼭대기에 있는 몬테카시노 수도원에 도착했다. 산의 발치에서 수도원에 이르는 길 양 옆으로는 개나리를 닮은 노란색 꽃이 만발해 있었다. 로템나무 꽃이었다. 엘리야가 이세벨을 피해 도망가다가 그 밑에서 잠이 들었다는. 조그마한 관목에 지나지 않는 나무 그늘 밑에서 엘리야는 하나님을 만났다. 수도원 정문으로 들어서면서 맨 처음 만나는 것은 'Pax'라는 단어이다. '평화'를 뜻하는 이 단어로부터 마치 햇빛이 사방으로 퍼지듯 바닥에 선이 그어져 있다. 이 수도원 공동체에서 빚어진 평화가 세계 곳곳으로 번져가길 바라는 마음일 것이다.

수도사들이 명상을 하며 걷는 회랑cloisters을 따라 천천히 걸었다. 중앙 정원에는 조각가 셀바A. Selva의 작품이 하나 놓여 있었는데, 베네딕토 성인의 임종 장면을 형상화한 것이었다. 전기에 의하면 성인은 성찬을 받은 후 자리에서 일어서서 하늘을 향해 두 팔을 펼쳐 든 자세로 죽음을 맞았다. 그의 시선은 이제 머지않아 당도하게 될 하나님나라를 향하고 있는 듯하다. 슬픔에 잠긴 젊은 수도승 둘이 사부의 몸을 부축한 채 서 있다. 첫 번째 회랑은 사람들이 브라만테Bramante라 부르는 두 번째 회랑으로 이어진다. 이 회랑은 본당으로 오르는 계단 아래에 있는데, 상승감과 아울러 확장성이 돋보인다. 그 한복판에는 상인방을 떠받치는 아름다운 고린도식 기둥 사이에

첫 번째.

"주님의

이름으로 오는 이에게

복이 있으라."

Benedictus qui venit

in nomine Domini.

팔각 우물이 놓여 있다. 원이 하늘을 뜻하고 사각형이 땅을 뜻한다면 팔각형은 일상의 시간이 지난 후의 시간, 곧 부활의 시간을 뜻한다. 세례반이나 세례당이 대개 팔각형으로 만들어진 것은 그 때문이다. 브라만테의 가장 깊숙한 공간 좌우편에는 흰색 대리석으로 만들어진 두 조각상이 서 있는데, 하나는 베네딕토 성인이고 다른 하나는 그의 누이동생 스콜라스티카이다. 2차 대전의 폭격으로 수도원 건물이 전파되었는데도 1736년에 캄피P. Campi가 제작한 이 조각상은 손상을 입지 않았다 한다. 베네딕토 성인은 왼손에 권위를 상징하는 지팡이를 잡고 있고, 오른손으로는 그가 만든 수도 규칙서를 들고 있다. 그의 발치에는 빵을 물고 있는 까마귀가 형상화되어 있는데 성인이 독을 넣은 빵을 먹으려 하자 까마귀가 그것을 낚아챘다는 일화를 표현한 것이다. 조각상 아래에는 "주님의 이름으로 오는 이에게 복이 있으라Benedictus qui venit in nomine Domini"는 명문銘文이 새겨져 있다. 스콜라스티카 조각상 역시 캄피가 제작한 것으로, 전쟁 중에 파괴되었던 것을 원형대로 복원한 것이다. 조각상의 아래에는 "오라, 나의 비둘기여. 오라, 네게 면류관이 주어질 것이다Veni columba mea, veni, coronaberis"라는 명문이 새겨져 있다. 스콜라스티카가 들고 있는 수도규칙서 위에는 금빛 비둘기가 앉아 있다.

계단을 올라 뒤를 돌아보면 산 아래 카시노 마을의 전원풍경이 손에 잡힐 듯 다가온다. 아름답고도 장엄한 광경이다. 바실리카로 들어가는 좌우편 두 개의 문에는 베네딕토와 수도승들이 이곳 몬테 카시노에 수도원을 세울 때 일어난 여러 가지 일화를 형상화해놓은 청동조각들이 배치되어 있었다. 바위를 짓누르고 있던 마귀를 쫓아낸 일화, 죽은 아이를 살린 일화, 롬바르드 족에 의해 수도원이 파괴되었을 때에도 그들에게 복음을 전해 굴복시킨 일화 등이 특히 눈에 띄었다. 흥미로운 것은 가운데 문이었는데, 36개의 패널마다 은으로 식각한 글자가 빼곡했다. 그것은 11세기의 수도원장이었던 데시데리우스의 지시에 의해 만들어진 것으로 당시 이곳저곳에 산재해 있던 수도원 재산 목록이었다. 맨 아래에 있는 별도의 패널에는 그 문을 만드는 데 재정적으로 기여한 이의 이름이 새겨져 있다. 이 문은 중세의 수도원이 얼마나 많은 부를 축적했는지를 적나라하게 보여주는 증거이다. 'ora et labora', 즉 기도와 노동은 수도원 공동체를 지탱하는 두 기둥이다. 재산이 늘어날 때에도 기도와 노동은 여전히 소중한 가치로 여겨질 것인가?

  바실리카 내부는 이야기로 가득 찬 공간이다. 그림과 조형물 하나하나를 톺아보면서 사람들은 베네딕토회의 정신을 되새기게 된다. 베네딕토는 그 공간 속에서 아브라함과 모세와 어깨를 나란히 하고 있었다. 빛으로 둘러싸인 성인의 모습이 곳곳에 보인다. 하지만 이것이 성인이 정말 원했던 것일까? 그렇지 않을 것이다. 하지만 성인들의 알짬과 만나지 못한 이들은 이런 외적 드러냄을 통해 자기 정체성을 확보하려는 경향이 있다. 막스 베버가 말한 '카리스마의 관례화'가 이런 것일 것이다. 성인은 그의 후예들에 의해 우상화되고 있는 것은 아닐까? 정현종 시인의 말대로 마음껏 찬탄하고 기뻐하되 우상화하지는 말 일이다. 수비아코에서 만났던 성인의 소박한 모습에 매료되어 찾아온 이곳에서 나는 오히려 화려함 속에서 길을 잃은 종교의 모습을 보았다. 과민한 탓일까? 많은 순례자들이 경탄하면서 사진 찍기에 바쁜 지하 예배당은 금빛으로 넘실거렸다. 그곳에서 나는 소박한 신앙에 대해 다시금 생각하지 않을 수 없었다.

바실리카 제단 뒤에는 베네딕토 성인과 스콜라스티카 성인이 함께 묻힌 무덤이 있다. 진리 추구의 길에서 평생을 함께했던 남매는 그렇게 나란히 누워 있었다. 그들의 삶과 슬픔을 묵상하며 그 자리에 오래 머물렀다. 수도원을 떠나면서 〈베네딕토 규칙〉의 첫 구절을 떠올렸다. '들어라obsculta.' 나는 지금 어떤 메시지를 듣고 있는가? 로마로 돌아오는 길, 세찬 비가 내렸다. 하지만 산 너머 저편에 푸른 하늘이 보일 때도 있었다.

The Sacred Journey
6. 20.

이곳에서도 새벽녘이면 어김없이 눈이 떠진다. 좀 더 잠을 청해보기도 하지만 정신은 오히려 더 또렷해진다. 자리를 털고 일어나 헤른후트 기도서로 묵상에 들었다. "주님은 그들에게 '평화'를 가져다 줄 것이다"미 5:5. 오늘도 나를 통해 평화가 주위에 번져가기를 소망한다. 거울에 비친 내 모습이 흥미롭다. 닷새째 면도를 하지 않은

첫 번째.

것인데 제법 볼 만하다. 아내나 아이들이 보면 질색하겠지만 지금 이곳에서 나를 간섭할 사람은 아무도 없다. 아직 어둠이 걷히지 않은 창밖을 내다본다. 건너편에 있는 가게 문은 굳게 닫힌 채였다. 매일 저녁 식사하는 이들의 흥을 돋우기 위해 아코디언을 연주하던 키 작은 노인의 구부정한 모습이 떠오른다. 그가 연주하는 〈My Way〉는 왜 그리도 처량하게 들렸던지. 그도 지금쯤 어딘가에서 고단한 몸을 누이고 있을 것이다. 그를 위해 잠시 화살기도를 바쳤다.

　우두커니 앉아 있다 보니 어제 늦은 오후 베드로의 쇠사슬 교회 Chiesa di San Pietro Vincoli(빈콜리는 '쇠사슬'이라는 뜻이다)에서 보았던 미켈란젤로의 〈모세상〉이 떠올랐다. 1505년 교황 율리우스 2세의 영묘 장식을 위해 주문을 받은 후 우여곡절 끝에 1545년에 완성한 작품이었다. 미켈란젤로의 모세상은 머리 위에 솟은 뿔로 유명하다. 그것은 히브리어 성경을 헬라어로 또 그것을 라틴어로 번역하는 과정 가운데 생긴 오해 때문이라고 한다. 출애굽기 34장은 증거판을 들고 시내 산을 내려오는 모세의 얼굴에 광채가 났다고 기록했다. '광채'로 번역된 단어는 '뿔'로도 번역될 수 있는 말인데, 헬라어로는 중의적 의미를 담아낼 수 있는 단어가 없어서 '뿔'로 번역했고, 라틴어도 그렇게 번역했다는 것이다. 어찌 되었건 미켈란젤로의 모세는 뿔이 나 있다. 미켈란젤로의 모세상의 배경이 된 것은 출애굽기 34장의 말씀이지만, 실제로 미켈란젤로가 염두에 두고 있던 것은 출애굽기 32장이다. 시내 산 위, 하나님의 현존 앞에 40일을 머물면서 탈출 공동체의 대강령인 십계명을 받아든 모세는 하나님으로

모세상 앞에서 나는 두려웠다.

오늘의 한국 교회를 질책하기 위해 그가 벌떡 일어설 것 같은 생각이 들었기 때문이다.

첫 번째.

부터 청천벽력 같은 소식을 듣는다. 기다림에 지친 백성들이 금송아지를 만들어놓고 자기들을 이끌 신이라고 경배하고 있다는 것이었다. 미켈란젤로는 바로 그 순간을 포착했다.

십계명 돌판을 오른쪽 옆구리에 낀 모세는 오른손으로 수염을 잡아당기고 있다. 완강해 보이는 그의 왼팔과 왼손은 무릎 위에 놓인 옷자락을 붙잡고 있다. 왼발은 마치 자리를 박차고 일어서려는 듯 뒤로 젖혀져 있다. 섬세하고 생동감 넘치는 표현은 왜 미켈란젤로가 거장인지를 보여주고 있다. 하지만 정말 내 시선을 끈 것은 미묘하기 이를 데 없는 모세의 표정이었다. 왕방울만 하게 크게 열린 두 눈, 앙다문 입. 그는 분노에 떨고 있는 것일까? 아니면 자괴감을 느낀 것일까? 하나님의 현존 앞에서 경험했던 그 두려우면서도 황홀한 시간은 지나갔다. 괴롭기 이를 데 없는 현실이 그를 기다리고 있다. 미켈란젤로는 바로 그 순간 모세의 머리에 아른거렸을 그 미묘한 흔들림을 포착한 것이 아닐까? 좋은 예술품은 대상을 똑같이 재현하는 것이 아니라, 대상 속에 깃든 빛이나 의미를 드러내는 것이다. 그래서 동양의 화가들은 사의寫意를 중시했다.

모세상 앞에서 나는 두려웠다. 오늘의 한국 교회를 질책하기 위해 그가 벌떡 일어설 것 같은 생각이 들었기 때문이다. 한국의 많은 교회들은 이미 변형된 형태의 금송아지를 숭배하고 있지 않은가. 저항하기를 포기했기에 더 이상 고난 당하지 않는 교회, 풍요에 길들여진 신앙생활, 값싼 위로에 탐닉하는 신자들….

모세상이 있는 그 교회를 쇠사슬 교회라 하는 까닭은 베드로를 묶었던 쇠사슬이 보관되어 있기 때문이다. 베드로는 예루살렘에서도 쇠사슬에 매인 적이 있고[행 12장], 로마에 와서 마메르티노 감옥에 갇혀 있을 때도 쇠사슬에 묶여 있었다 한다. 전설에 의하면 이 두 개의 쇠사슬을 이곳에 모셨더니 그것이 한 몸인 양 붙어버렸단다. 사실 여부는 내 관심이 아니다. 그 쇠사슬을 통해 신의 현존을 경험하는 이들이 있기에 나는 그것을 미신으로 치부할 생각은 없다. 문제는 '쇠사슬'이다. 예수를 따르겠다고 나선 나의 여정에서 나를 기다리는 것은 쇠사슬이 아니라 과도한 대접과 평가이다. 뭔가 본질을 잃고 있기 때문은 아닐까? 창을 통해 희부윰한 빛이 새어든다.

오늘은 유엔이 정한 '세계 난민의 날'이다. 전쟁과 테러, 인종, 종교, 정치적 신념의 차이로 인한 박해를 피하기 위해 고향을 떠난 난민들의 고통에 국제적 관심을 불러일으키고, 이해를 증진시키자는 취지로 제정된 날이다. 문제는 난민의 지위를 획득하기 어려운 사람들이다. 극심한 가난을 피해 새로운 땅으로 이주하려는 이들의 행렬이 점점 늘어나고 있다. 최근 며칠 사이에 신문들은 바다를 통해 입국하려는 난민들의 수가 감당하기 어려울 정도로 많아졌다고 보도하고 있다. 북아프리카에서 출발한 이들도 있지만 사하라 남부에서부터 먼 길을 떠나온 이들도 많다고 한다. 일교차가 30도가 넘는 죽음의 사막을 트럭이나 지프차를 타고 건너는 일부터가 모험이다. 더러는 사막에서 죽기도 한다. 그럼에도 불구하고 그런 모험을 감행하는 이유는 자기 땅에서 더 이상 희망을 찾을 수 없기 때문이다. 튀니지나 리비아의 어느 항구에서 떠나 이탈리아 최남단의 섬

람페두사에 이르는 길을 그들은 '희망의 여로'라고 부른다. 하지만 그 항해 역시 위험하기는 마찬가지이다. 작고 낡은 배에 기신할 수 없을 정도로 많은 이들이 타기 때문이다. 배는 람페두사에 당도하기도 전에 난파되기도 하고, 또 사람들이 일부러 전복시키기도 한다. 더 많은 돈을 내고 갑판에 있던 이들은 구조될 가능성이 많지만, 기관실이나 화물칸에 있던 이들은 속절없이 죽을 수밖에 없다.

로마에 있는 가톨릭교회, 개신교회, 정교회는 매년 난민의 날을 맞을 때마다 난민들을 기억하기 위한 기도회를 개최한다. 올해도 기도회가 열리지만 일정상 그 자리에 참여할 수 없었기에 몇 해 전에 열렸던 기도회 자료를 열람하는 것으로 아쉬움을 달랬다. 로마의 트라스테베레 산타 마리아 교회에서 열린 이 기도회의 주제는 '희망의 죽음Morire di Speranza'이었다. '살기 위해 유럽으로 향했으나 결국 생명을 잃고 만 이들을 기억하는 일치의 기도회'라는 부제가 이 기도회의 성격을 잘 말해준다. 기도회의 주제는 희망의 여로가 희망의 죽음으로 변하는 현실을 충격적으로 반영하고 있다. 기도회를 알리는 포스터 그림은 그렇게 절망적이지 않다. 하늘에는 천사가 날고 있고, 사막 위로는 사람을 잔뜩 태운 트럭이 달리고 있다. 힘겨울 텐데도 사람들의 표정은 어둡지 않다. 희망이 있기 때문일 것이다. 바다 위에는 사람들이 빼곡히 들어앉은 배가 항해하고 있다. 여기까지는 현실의 재현이다. 그런데 이 포스터에는 제3의 인물들이 등장한다. 아기를 품에 안은 여인이 나귀 등에 앉아 있고, 가방을 멘 남편은 뒤를 따른다. 바로 성가족이다. 포스터를 제작한 이는 가난과 위험을 피해 고향을 떠나온 이들에게서 성가족의 모습을 본 것이다.

하지만 현실은 절망적이다. 그 모임에 전시되었던 사진 한 점이 그런 상황을 단적으로 보여준다. 검은 바다, 물에 빠진 검은 피부의 사람, 공포에 질린 눈빛. 기도회 도중에 인도자는 죽어간 이들의 이름과 나이를 호명해나갔다. 그때마다 죽은 이를 아는 이들이 나와 초에 불을 밝혔다. 하나둘 촛불이 밝혀질 때마다 실내는 조금씩 밝아졌다. 마침내 촛불이 수백에 이르렀을 때 실내는 환해졌지만 슬픔의 무게가 그곳에 모인 모든 이들의 가슴을 짓눌렀다. 기도회를 마칠 무렵 그들은 〈죄짐 맡은 우리 구주〉를 함께 불렀다. 절망 중에도 여전히 그분은 희망이 될 수 있는 것일까? 죽음을 면한 이들 가운데 일부는 추방되지만, 대개는 체류허가증을 발급받아 이탈리아에 머문다고 한다. 비록 불법체류자라 해도 의료서비스나 교육서비스에서 배제되는 일은 없다. 이탈리아 개개인의 성향은 모르겠지만 그들의 사회 시스템 속에는 기독교 정신이 배어 있는 것이다. 탈북 난민들과 이주 노동자들이 늘어나는 상황에서 우리 정부와 사회는 그들을 어떻게 맞아줄 것인가? 그들의 존재는 한 사회의 성숙성을 재는 척도인지도 모른다. 오늘 저녁에 숙소에 초를 밝혀놓고 난민들을 위한 기도를 바칠 생각이다.

오전에 로마를 떠나 성 프란체스코의 도시인 아씨시에 도착했다. 애초에 이 여정을 준비할 때 제일 먼저 염두에 두었던 도시이다. 십자군 전쟁 시기인 12세기와 13세기에 걸쳐 살았던 프란체스코는

첫 번째.

교회가 잃어버렸던 '가난'의 영성을 주창하고 구현한 분이다. 본을 잃어버린 채 말에 집착하는 듯한 한국 교회에 대한 염려가 나를 이곳으로 이끌고 온 것이다. 아씨시 아랫마을의 한 수녀원에 여장을 풀었다. 나를 맞아준 분은 내가 이곳을 방문한 최초의 한국인이라며 신기해했다. 문제는 영어를 할 줄 아는 이는 단 한 사람뿐이라는 사실이다. 하지만 염려하지는 않는다. 어떻게든 의사소통을 할 수 있다고 믿기에. 넓은 정원이 참 아름답다. 새소리가 정겹다. 프란체스코는 새들에게도 설교를 했다고 들었다. 새와도 통하는데 사람하고 안 통할까 싶어 혼자 웃었다.

두 번째.

평화의 기도

지극히 높으시고 영광 가운데 계신 하나님,

제 마음의 어둠을 밝혀주십시오.

올바른 믿음과, 확실한 소망

그리고 완전한 사랑을 주십시오.

깊은 겸손과 바른 감각 그리고 이해력을 주십시오.

그래야 항상 주님의 거룩하고

참되신 명령을 수행할 수 있겠나이다. 아멘.

완벽하게 편안한 잠을 잤다. 부지런한 새들의 지저귐으로 새벽이 열리고 있었다. 프란체스코 전교회傳教會의 아기 예수 자매회에 속한 바바라 미카렐리Barbara Micarelli 수녀원의 새벽은 청신하기 이를 데 없다. 간간이 들리는 기차소리를 빼고는 어떤 인위적인 소리도 들리지 않는다. 멧비둘기의 구슬픈 울음소리가 가슴 깊이 그리움의 파문을 일으킨다. 나무 뒤에 숨어 낯선 이를 살피는 새들도 다음 순간 살아 있음의 신비를 맘껏 노래한다. 루마니아에서는 새들도 '피스, 피스' 하고 지저귄다는 리처드 범브란트의 말이 떠올랐다. 그만큼 평화의 염원이 깊다는 말일 것이다. 정원을 천천히 산책하는데 정말 먼 길을 돌아 이곳까지 이르렀다는 생각이 들었다. 이 고요함을 얼마나 그리워했던가?

정원 이곳저곳에 놓인 하얀색 의자를 바라보며 헨리 데이비드 소로를 생각했다. '월든 호숫가에 있는 그의 집 앞에는 세 개의 의자가 있다지. 하나는 자신을 위해서 또 하나는 자기를 찾아올 사람을 위해서 그리고 또 하나는 침묵을 위해서. 침묵을 위해 비워둔 의자는 얼마나 아름다운가?' 의자 세 개를 둥그렇게 배치해 보았다가 나란히 놓았다. 대화가 아니라 사색을 위한 것이라면 그렇게 하는 게 맞을 것 같았다. 30분쯤 앉아 있었을까? 수바시오 산 위로 붉은 빛이 번지더니 이윽고 찬란한 해가 솟아올랐다.

그곳에 앉아 있는 내가 스스로 대견하여 처음으로 셀카를 찍어

보았다. 그런데 화면 속의 인물은 내가 아는 그 사람이 아니었다. 다시 찍어 보아도 마찬가지였다. 아, 봄과 가을이 곰비임비 수없이 스쳐간 자국이 거기에 있었다. 누가 볼세라 사진을 얼른 지웠다. 그러다가 웃었다. 원본이 여기 있는데 뭘 숨긴다는 말인가.

식당에 들어서자 마리아 수녀가 반갑게 맞아준다. "안녕!" 어제 저녁 이탈리아어 '부온 조르노'가 한국말로 뭐냐고 묻기에 '안녕!'이라고 가르쳐줬더니 그걸 기억했다가 내게 인사를 건넨 것이다. 아침 식탁은 조촐하지만 정성이 가득했다. 늘 먹는 빵이지만 친절, 배려, 미소가 자연스러운 이들이 함께 있으니 내 마음도 저절로 부드러워졌다. 마리아 수녀는 비스킷도 권하고 빵도 권한다. 포장된 빵을 내 앞으로 밀어주면서 바깥에 다닐 때 먹으라고 몸짓으로 말한다. 이래저래 흐뭇한 아침이다. 아침 식사를 마치고 밖으로 나와 보니 벗을 위해 비워두었던 의자에 새 한 마리가 천연덕스럽게 앉아 있다. 새는 내 친구가 되기로 작정한 것일까? 평화로운 아침은 그렇게 열리고 있었다.

숙소 바로 옆에 있는 천사들의 성모 성당에 들렀다. 실은 그 안에 있는 포르티운쿨라Portiuncula에 하염없이 앉아 있고 싶었기 때문이다. 프란체스코회가 태동된 곳이다. 이 성당은 포르티운쿨라와 프란체스코가 잠들어 누운 곳인 트란지투스(Transitus, 문자적으로는 '강을 건너다'라는 뜻이지만 세상의 여정을 마치고 본향으로 돌아간다는 의미를 내포하고 있다)를 중심에 놓고 지어졌다. 포르티운쿨라의 아치문 위에는 "이것은 영생의 문이다"라는 글귀가, 아치문 아래 바닥에는 "이곳은 거룩한 장소이다"라는 글귀가 라틴어로 새겨져 있다. 제단 위의 그림은 1393년에 일라리오 다 비테르보Ilario da Viterbo가 그린 것인데, 가브리엘 천사의 수태고지 장면을 중심으로 성인의 생애 가운데 중요한 사건들을 표현하고 있다. "주의 여종이오니 말씀대로 내게 이루어지이다"눅 1:38. 프란체스코는 마리아의 순종을 신앙의 모범으로 여겼다.

프란체스코는 주님께로 돌아온 지 3년 만에 폐허처럼 버려졌던 이곳을 보수하여 자기의 기도처로 삼았다. 프란체스코의 정신은 바로 이곳에서 태동한 것이다. 초기의 프란체스코와 형제들은 바로 이곳에서 각지로 선교 여행을 떠났고, 또 이곳으로 돌아왔다. 길이 9미터, 폭 4미터에 불과한 작은 예배당이지만 이곳은 결코 작지 않다. 10개 정도밖에 되지 않는 자리에는 혹은 앉아서 혹은 장궤 자세로 기도를 올리는 이들로 늘 차 있다. 앉아 있는 이들의 침묵이 깊다. 시몬 베유는 자서전에서 "천사들의 성모 성당의 그 작은 채플에 홀로 있을 때, 나보다 강한 어떤 힘이 나로 하여금 생전 처음으로 무릎을 꿇도록 만들었다"라고 썼다.

큰 교회를 짓는 것이 하나님께 영광을 돌리는 것이라면서 교인들에게 헌신을 강요하는 일부 목사들의 말은 얼마나 가증한가. 문제는 건물이 아니라 정신이다. 교회를 세우기 전에 그리스도의 정신을 먼저 세워야 한다. 그분께 헌신하고자 하는 마음부터 바로 세워야 한다. 그것이 없다면 교회는 신의 무덤일 뿐이다. 마하트마 간디는 교회를 짓기 전에 가난한 이들을 찾아가 그들의 눈빛이 무엇을 말하는지 먼저 보라고 말했다. 교회 주변에 굶주린 채 잠드는 이웃이 하나도 없는 것이 바로 하나님께 영광을 돌리는 것이라고도 말했다. 본질을 잃어버린 종교처럼 추한 것이 없다. 추하기만 하다면 그래도 다행이다. 추할 뿐만 아니라 위험하기도 하다. 사람들을 오도하기 때문이다. 오죽하면 예수님이 "화 있을진저 외식하는 서기관들과 바리새인들이여 너희는 교인 한 사람을 얻기 위하여 바다와 육지를 두루 다니다가 생기면 너희보다 배나 더 지옥 자식이 되게 하는도다"^{마 23:15} 하셨을까.

트란지투스 채플은 프란체스코가 세상을 떠난 장소에 만들어졌다. 세상 떠날 날이 다가온 것을 안 프란체스코는 자기가 복음적 삶을 시작한 장소인 포르티운쿨라에서 지상의 마지막 시간을 보내고 싶어 했다. 수사들의 도움으로 그곳에 도착한 성인은 입고 있던 낡은 참회복을 벗고 바닥에 누웠다. 그는 종달새들이 요란하게 우는 가운데 수사들에게 유언을 남겼고 죽음 형제를 영접했다. 44세이었다. 트란지투스 채플에는 1475년경에 안드레아 델라 로비아 Andrea Della Robbia가 도기로 제작한 프란체스코의 전신상과 그의 허리띠가 전시되어 있다. 허리띠에 있는 세 매듭은 청빈, 정결, 순명을 뜻한다. 트란지투스 채플의 외벽에는 프란체스코의 임종 장면을 담은 브루쉬D. Bruschi의 프레스코화가 눈길을 끈다. 그림도 때로는 성사의 도구가 된다. 두 손을 공손하게 그러쥔 채 그림을 바라보는 이들은 어쩌면 삶과 죽음을 넘어서는 세상을 생각하고 있는 것인지도 모르겠다.

트란지투스 채플 옆 장의자에 앉아 엉뚱하게도 박정만의 삶과 죽

교회를 세우기 전에 그리스도의 정신을 먼저 세워야 한다.

그분께 헌신하고자 하는 마음부터 바로 세워야 한다.

두 번째.

음을 생각했다. 한수산 필화사건으로 고초를 겪은 후 풀려난 시인은 그곳에서 겪은 굴욕감을 견딜 수 없어 꺼이꺼이 울다가 술로 세월을 보냈고 마침내 미련 없이 세상을 떠났다. 성인의 삶과 아무런 공통점도 없지만 왜 그가 떠오른 것일까? 1980년대 중반 나는 그의 〈종시終詩〉의 충격에서 한동안 벗어나지 못했다. "나는 사라진다. / 저 광활한 우주 속으로." 불과 2행에 불과한 이 시 속에는 엄혹한 시기를 살았던 예민한 영혼의 절규가 담겨 있다. 사람들을 모욕하고, 폭력적으로 굴복시키고는 낄낄대며 웃는 이들이 지금은 없을까? 성공회대학교의 김찬호 교수는 '모멸감'이야말로 수치심을 일으키는 최악의 방아쇠라 했다. 한국 사회는 "자기보다 못하다고 여겨지는 사람을 아무렇지 않게 멸시하고 조롱하는 심성이 사회적 관성으로 고착되었다"는 그의 분석은 참으로 예리하다. 하지만 아프고 슬프다. 그러나 매양 슬퍼하고 분개하기만 한다고 세상이 달라지지는 않는다. 모욕 당하고 조롱 당하는 이들에게 다가서고, 그들과 연대하여 힘 있는 이들이 다시는 그런 일을 할 수 없도록 만들어야 한다. 교회가 설 자리는 바로 그곳이 아니던가? 가난하게 살다가, 벌거벗은 채 세상을 떠난 프란체스코의 임종 자리에서 나는 내 나라 내 땅에서 모욕 당한 신체와 정신들을 떠올렸다. 그리고 그들을 기억하며 기도를 바쳤다.

바실리카 뒤편에 있는 프란체스코의 '장미 정원'은 넓지는 않지만 참 아름답다. 그곳은 프란체스코와 그 형제들이 함께 살던 장소에 조성된 것이다. 정원 한복판에 있는 동상은 프란체스코가 양에게 다정하게 말을 건네는 광경을 보여준다. 포르티운쿨라에는 실제로 그가 어디로 가든지 따라다닐 뿐만 아니라 기도를 올릴 때면 '매애' 소리를 내는 양이 있었다 한다. 갖가지 꽃들이 조화를 이룬 것은 여느 정원과 다를 바 없지만 그 정원이 특별한 것은 가시 없는 장미꽃이 있기 때문이다. 프란체스코는 의심과 유혹을 떨쳐버리기 위해서 알몸으로 가시투성이 관목 위에서 뒹굴었는데, 신기하게도 그 관목이 가시 없는 장미로 변했다는 전설이 있다. 아씨시 인근에는 이런 장미가 자라고 있다. 그 장미의 학명은 'Rosa canina Assisiensis'이다. 이런 이야기는 베네딕토 성인전에도 나온다. 수비아코에서 기도에 전념하던 그는 환상 중에 어느 여인의 벗은 몸을 보았고, 정욕에 못 이겨 산 아래 마을로 내려가다가 문득 정신을 차리고 장미꽃밭 위를 뒹굴었고, 이후 그곳에 피는 장미꽃에는 가시가 없다는 것이다. 그러한 고행에 대한 찬반을 말하기 전에 나는 나를 이기기 위해 어떤 노력을 하고 있나 돌아보아야 할 일이다.

The Sacred Journey
6. 22.

헤른후트 기도서로 하루를 시작한다. "여호와여 주는 나의 찬송이시오니 나를 고치소서. 그리하시면 내가 낫겠나이다. 나를 구원하소서. 그리하시면 내가 구원을 얻으리이다"렘 17:14. 예레미야를 생각할 때마다 그의 외로움이 물결처럼 사무쳐온다. 하나님의 말씀에 사로잡힌 자들의 운명을 그처럼 잘 보여주는 이가 또 있을까? 기울 어지는 담처럼 나라가 걷잡을 수 없이 무너져가는 시대에 부름 받 아 조국의 패망을 목도해야 했던 예언자. 문제는 아무도 그의 말을 귀 기울여 듣지 않았다는 사실이다. 사람들은 미구에 닥쳐올 미래 를 대비하기보다는 지금 당장의 편안함을 선호한다. 예언자는 보는 사람이다. 그의 눈에는 훤히 보이는데 다른 이들의 눈에는 보이지 않는 현실 말이다. 그렇기에 그는 홀로 속이 탄다. 때로는 망치의 언어로 사람들의 굳어진 의식을 타격하고, 때로는 미풍의 언어로 상처 입은 이들의 마음을 감싸주지만 그는 늘 혼자다. 사람들은 듣 고 싶은 말만 가려듣기 때문이다.

예언의 성공은 예언자가 전한 말이 성취되는 것이 아니라 그의 말이 그대로 성취되지 않는 것이다. 그렇기에 예언자는 이래저래 외롭다. 사람들은 예언의 말이 성취되면 마치 그런 불행을 초래한 것이 예언자 때문인 것처럼 그를 박해하고, 성취되지 않으면 그를 조롱한다. "보라 그들이 내게 이르기를 여호와의 말씀이 어디 있느 냐. 이제 임하게 할지어다 하나이다"렘 17:15. 이 시대의 예언자들을 생각한다. 기후 변화 문제가 얼마나 심각한지를 깨닫고 이제는 돌 이켜야 할 때라고 목이 터져라 외치지만 반향 없는 세상 때문에 절 망스러워하는 이가 있다. 권력의 들큼한 맛에 중독된 교회를 향해 교회가 이래서는 안 된다고 눈물로 호소하지만 교회를 분열시키고 파괴하는 자라고 비난 받는 이들이 있다. 욕망 주위를 바장이느라 이웃의 고통에 대한 공감 능력을 잃어버린 이들에게 "여기 고통 받는 이들이 있다"라고 외쳐보지만 불순한 자라는 의혹의 시선만 받는 이들이 있다. "나를 고치소서, 나를 구원하소서"라는 예언자의 외침이 참 간절하다. 늘 찬송할 이유가 되어주시는 주님이 함께하시지 않는다면 예언자는 속절없이 무너질 수밖에 없다. 인간은 이처럼 약하다. 새벽 6시가 되자 아씨시 윗마을에서 울리는 교회 종소리가 어웅한 내 가슴에 아련하게 파고든다.

예배를 드리고 천천히 윗마을 아씨시로 향했다. 버스로 50분이 걸린다는데, 아무리 봐도 도보로 40분이면 갈 수 있을 것 같아 수바시오 산을 바라보며 천천히 걷기 시작했다. 마을 사람들이 바친 헌물을 들고 형제들과 함께 그 길을 걸어 올랐을 성인의 모습을 떠올리며 '예수 기도'('하나님의 아들 예수 그리스도시여, 나를 불쌍히 여기소서. 나는 죄인입니다'라는 기도문을 호흡의 리듬에 따라 반복하는 것)를 바쳤다. 죄인인 나를 불쌍히 여겨달라고 기도하고 또 기도했다. 35분 만에 프란체스코 대성당에 도착했다. 프란체스코의 시성을 기념하여 1228년에 착공한 이 예배당에는 치마부에, 조토, 피에트로 로렌체티, 시모네 마르티니 등 거장들의 프레스코화가 즐비하다. 어느 것 하나 그냥 지나칠 수 없는 작품들이었다. 하지만 결국 내 발걸음이 향한 것은 지하에 있는 프란체스코의 무덤이었다. 죽은 자를 추념하는 것이 무슨 소용이냐고 말하는 이도 있지만, 조상들의 묘소를 찾아가는 마음을 생각하면 될 일이다. 조상의 음덕을 구하기 위해 가는 이도 더러 있지만, 대개는 스산한 자기 마음을 돌아보기 위해 가지 않던가?

삶이 복잡하고 지리멸렬하다고 느낄 때 우리는 원점으로 돌아가고 싶어 한다. 그런 마음일 것이다. 서늘한 그 실내 공간에 자리 잡고 앉아 긴 침묵에 들었다. 무덤을 둘러싸고 있는 쇠창살을 붙잡은 채 차가운 대리석에 무릎을 꿇고 앉아 있는 이들도 있었다. 대체 어떤 그리움이 그들을 그 자리로 인도해온 것일까? 내 앞으로 수많은 사람들이 지나갔다. 물결처럼 흐르고 또 흐르는 사람들을 보며 카바 주위를 시계 반대 방향으로 도는 무슬림 순례자들의 모습을 떠올렸다. 세월이 그들의 몸과 마음에 새겨놓은 상처와 어두운 기억을 그들은 그렇게 풀고 있는지도 모르겠다.

이상한 기척에 옆을 바라보니 하얀 셔츠를 입은 중년의 서양 여성 한 분이 어깨를 들썩이며 소리 없이 흐느끼고 있었다. 먼 길을 돌고 돌아 마침내 고향집에 돌아온 것 같은 느낌이 들었던 것일까? 뭐라고 위로의 말이라도 건네고 싶었지만 스스로 치유하는 그 시간을 방해할 수가 없었다. 문득 신경림 시인의 〈갈대〉가 떠올랐다.

언제부턴가 갈대는 속으로
조용히 울고 있었다.
그런 어느 밤이었을 것이다. 갈대는
그의 온몸이 흔들리고 있는 것을 알았다.

바람도 달빛도 아닌 것.
갈대는 저를 흔드는 것이 제 조용한 울음인 것을

까맣게 몰랐다.

산다는 것은 속으로 이렇게

조용히 울고 있는 것이란 것을

그는 몰랐다.

　자기가 울고 있다는 사실조차 알지 못하고 사는 것이 인생의 비애 아닌가? 프란체스코는 죽어서도 산 자를 그렇게 위로하고 있었다. 가난한 프란체스코 앞에서 많이 부끄러웠다. 가진 것이 많아 부끄러웠고, 그것을 포기하지 못해 부끄러웠다. 많은 것을 누리고 살면서도 여전히 새처럼 불안해하는 내가 속상했다. 프란체스코가 세상을 떠난 지 40년 후에 태어난 단테는 《신곡》의 〈천국편〉 11곡에서 프란체스코를 아름답게 소개하고 있다.

태양이 때로는 갠지스 강에서 태어나듯이,

비탈의 가장 완만한 곳에서

한 태양이 이 세상에 태어났다.

아직 태어난 지 얼마 안 되었을 무렵,

따사로운 위안과 위로를 대지에 느끼게 하였다.

그는 아직 젊은 몸으로 여인 때문에

아버지의 노여움을 샀던 것이다. 이 여인에 대해서는

죽음의 신을 대하듯 아무도 자진해서 문을 열어주지 않았건만.

그리고 사교 법정에서

자기가 울고 있다는 사실조차 알지 못하고 사는 것이 인생의 비애 아닌가?

두 번째.

가진 것이 많아 부끄러웠고, 그것을 포기하지 못해 부끄러웠다.

많은 것을 누리고 살면서도 여전히 새처럼 불안해하는 내가 속상했다.

아버지가 계시는 가운데 그는 그 여인과 혼례를 올리고는

날이 갈수록 그녀를 열렬히 사랑했다.

그녀는 첫 남편을 여읜 이후 이제껏

천백여 년, 모멸 받고 따돌림 당한 채

그를 만나기까지는 세상 사람들에게서 버림을 받고 있었다.

여기서 단테가 말하는 태양은 '프란체스코'이고, 여인은 '가난'이고, 그 여인의 첫 남편은 역시 가난했던 '그리스도'이다. "그녀는 첫 남편을 여읜 이후 이제껏 천백여 년, 모멸 받고 따돌림 당했다"는 대목을 읽다가 깊은 한숨을 내쉬었던 기억이 난다. 그 여인은 지금도 따돌림 당하고 있지 않은가. 단테는 프란체스코와 포베르타(청빈)가 화목하게 즐겁게 사는 것을 보고 '다른 사람'들의 마음에도 거룩함이 솟아올랐다고 썼다. 단테가 지금도 살아 있다면 11곡을 다시 써야 할 것이다.

가난을 예찬할 생각은 없다. 프란체스코처럼 철저하게 살 자신도 없다. 그럼에도 불구하고 프란체스코가 우리에게 각별한 의미로 다가오는 것은 부에 대한 강박관념에서 벗어난 또 다른 삶이 가능하다는 것을 그가 증언하고 있기 때문이다. 전도서 기자는 모든 강물은 다 바다로 흐르되 바다를 채우지 못한다[1:7]고 말했다. 인간의 욕망 또한 그러하지 않던가. 욕망의 특색은 과도함이다. 과도함은 타자에 대한 배제를 낳는다. 테러와 분쟁과 전쟁의 뿌리에는 과도한 욕망이 있다. 그렇기에 종교는 욕망 충족을 약속할 것이 아니라, 욕

　　　　두 번째.

망에서 자유로운 삶을 가르쳐야 한다. 번영의 복음은 복음이 아니다. 많이 소유하고 적게 존재하는 삶이 있고, 적게 소유하지만 많이 존재하는 삶이 있다. 누가 풍부한 삶을 누리는 것인가?

긴 잠에서 깨어나듯 자리에서 일어나 성당으로 올라갔다. 그곳에는 성인의 생애 가운데 중요한 순간들을 그린 조토의 프레스코화가 벽을 가득 채우고 있었다. 28점의 작품 하나하나는 거룩한 서사성을 품고 있었다. 물론 그 이야기는 전설적인 것들이 많다. 하지만 전설이라고 하여 허무맹랑한 이야기라고 도외시하면 안 된다. 그 이야기가 전승되는 까닭은 그 이야기를 나누는 이들의 삶에 모종의 영향을 끼치고 있기 때문이다. 조토의 인물들은 비잔틴 이콘에 등장하는 이들처럼 이상화된 인물들이 아니라 각자의 이야기를 품고 있는 사람들이다. 그들의 얼굴에는 표정이 풍부하다. 물론 이야기의 중심축을 이루는 프란체스코는 매우 활기차고 영적인 인물로 표현되고 있다.

이 그림들 가운데서 〈새들에게 설교하는 성 프란체스코〉는 언제 보아도 좋다. 1212년경에 있었던 일을 그린 것이라는데 맨발의 성인은 허리를 약간 굽힌 채 새들에게 말씀을 전하고 있다. 새들은 경계심을 풀고 성인에게 다가온다. 이 그림은 프란체스코의 신앙이 자연조차도 하나님을 찬양한다는 방향으로 심화되고 있음을 보여주는 이정표이다. 자연 다큐멘터리를 제작하는 박수용 감독은 "자연의 더 깊은 곳을 보려면 비탈에 선 나무가 되어야 한다"고 말했다. 자애의 사람 프란체스코는 이미 자연의 한 부분이 되었는지도 모르겠다. 6시를 알리는 종소리가 요란하게 울린다. 하루가 이렇게 저물어간다.

파도바에서 온 니콜로 신부 덕분에 의사소통의 문제가 어느 정도 해결되었다. 서로 일정이 달라 아침저녁 식탁에서만 마주치지만 그래도 그게 어딘가. 파도바 심포니 오케스트라의 연주가 훌륭하더라니까 자랑스러워하는 눈치였다. 그를 통해 오늘 점심은 밖에서 해결하겠다는 의사를 전했다. 마리아는 매우 반기는 눈치다. 사실 점심을 먹는 손님이라곤 나 혼자뿐인데, 하루쯤 마음 편히 지낼 수 있도록 하는 것도 일종의 봉사 아닌가.

다시 뜨거운 햇빛 속으로의 행진을 시작했다. 오전이라 몸을 스치는 바람이 시원했다. 그 바람이 평원의 밀밭을 스칠 때, 밀밭은 자연스레 바람에 몸을 맡긴 채 춤을 춘다. 생텍쥐페리 때문에 이제는 밀밭이 예사롭게 보이지 않는다. 어린 왕자의 금빛 머릿결이 생각난다. 나도 길들여진 것일까? 드문드문 피어 있는 서양양귀비는 단조로운 밀밭에 생기를 준다. 지금 밀밭을 스치고, 또 내 몸을 스쳐간 저 바람은 어디로 가는 것일까? 허튼 생각을 하다가 문득 채근담에 나오는 한 구절이 떠올랐다. "성긴 대밭에 바람이 불어도 바람 지나간 뒤에는 소리도 머물지 않고, 차가운 연못 위를 기러기가 날아가도 기러기가 날아간 뒤에는 기러기의 그림자도 머물지 않는다風來疎竹 風過而竹不留聲, 雁渡寒潭 雁去而潭不留影." 제법 풍류객 흉내를 내고 있지만 사실은 햇빛을 잊고 싶은 것이다. 병에 받아온 물로 마른 입술을 축이며 아씨시에 당도했다. 성벽 문 바로 옆에 있는 산 피에트로 성당에 들어간 것은 하루를 맡기는 기도를 드리고자 함이었지만, 다리쉼을 하자는 속셈이 없었던 것은 아니다.

아직 이른 시간이어서인지 방문객은 거의 없었다. 배가 몹시 나온 거구의 교회 관리인이 제단에서부터 회중석에 이르기까지 물청소를 하고 있었다. 꽤 넓은 공간이었지만 힘들다는 내색 없이 그는 시종여일한 자세로 청소를 했다. 그의 거동이 참 편안해 보였다. 괜히 말을 붙일 겸 나도 익히 아는 것을 물어보았다. "제단과 벽체 그리고 기둥에 사용한 저 연분홍색 돌이 바로 아씨시 대리석Pietra Assisi 인가요?" 그는 영어를 하지 못하는 눈치였는데, 자기가 아는 단어가 나오자 무표정하게 "그렇다"라고 짧게 대답했다. 투미한 질문에는 그런 짧은 대답이 제격이다. 그렇다고 그만둘 내가 아니다. "입구 양 옆에 베네딕토와 스콜라스티카 동상이 있는 것을 보니 베네딕토회가 맞냐?"는 질문에 그는 다소 자랑스럽게 그렇다고 대답했다. 프란체스코회가 압도적으로 많은 아씨시에서 베네딕토회에 속해 있다는 사실에 자부심을 느끼는 듯했다. 괜히 일을 방해하는 것 같아서 자리에 앉아 가만히 예배당을 바라보았다.

거칠어 보이는 대리석을 겹겹이 쌓아 만든 사각형 기둥과 벽, 앱스에 뚫려 있는 작고 소박한 창문, 중앙에 있는 원뿔 모양의 돔 등, 화려한 장식도 프레스코화도 보이지 않는 투박한 건물이었다. 수다스럽지 않고 장중한 느낌이었다. 예기치 않은 안도감과 평안함이 찾아왔다. 왜일까? '아, 이 평안함은 해석에 대한 강박관념에서 해방되었기에 찾아온 것이구나!' 내가 뭔가를 하지 않아도 된다는 것, 그냥 그 공간의 고요함 속에 우두커니 머문다는 것, 그분이 내 속에서 무질서한 것들을 정돈하시도록 그저 마음을 열고 있다는 것, 정말 행복한 시간이었다. 30분 동안의 깊은 침묵은 내가 순례 중에 있음을 새삼스럽게 일깨웠다.

아씨시에 오면 꼭 가봐야겠다고 생각했던 곳이 있었다. 카르체리 은둔소Eremo delle Carceri였다. '카르체리'는 라틴어로 '카르체레스 carceres'인데 '격절된 장소' 혹은 '감옥'이라는 뜻을 품고 있다. 프란체스코와 그의 형제들은 선교를 위해 각지를 떠돌다가 늘 이곳으로 물러나 기도로 자신을 가다듬고 또 쉬기도 했다고 한다. 대개 그곳을 찾는 이들은 택시를 이용해서 간다고들 했다. 그래도 명색이 순례자이니 걷는 게 맞겠다 싶어 천천히 카르체리 은둔소를 향해 걷기 시작했다. 거리가 얼마나 되는지는 가늠해보지도 않았고 수바시오 산이 겨우 해발 550미터라니 조금만 걸으면 되겠지 좀 만만하게 생각했던 것이다. 해를 피해 자꾸 그늘이 있는 곳을 찾아야 했지만 "여행자는 요구하지만 순례자는 감사한다Turistas manden; peregrinos agradecen"라는 경구를 새기며 즐겁게 걸었다.

카르체리 은둔소는 가도 가도 보이지 않았다. 혹시 길을 잃었나

싫어 사람들에게 물으니 맞게 가고 있단다. 조금 힘들었다. 다행히 도중에 슈퍼마켓을 발견해서 사과 두 알과 토마토 몇 개를 샀다. 한결 든든한 기분이었다. 인가도 보이지 않는 오르막길을 내쳐 걸으며 사과를 먹었다. 길옆으로 조성된 올리브 농장도 보고 길가에 자라고 있는 호두나무 그늘 밑에서 쉬기도 했다. 호두나무 잎을 비벼 보면 참 좋은 향기가 난다. 나뭇잎 몇 개를 따서 주머니에 넣었다. 마침내 은둔소 입구에 도착하고 보니 아씨시에서 오름길 4킬로미터다. 초행길로는 결코 가깝게 느껴지지 않는 거리였다.

한적한 오솔길을 따라 걷다 보니 성 프란체스코의 동상이 보였다. 십자가를 중심으로 유대교를 상징하는 별과 이슬람을 상징하는 초승달, 그리고 불교를 상징하는 법륜法輪이 새겨진 큰 원환에 둘러싸인 모습이었다. 아마도 1986년에 교황 요한 바오로 2세의 초대로 세계 종교 지도자들이 아씨시에 모여 평화회의를 한 것을 기념하기 위해 세워진 조형물일 것이다. 프란체스코의 정신이야말로 모든 종교가 꼭 붙들어야 할 핵심이라는 것을 표현한 것 같았다. 마침내 건물 안으로 들어서니 바로 예배당으로 연결되었는데 예배당이라야 겨우 두 평 남짓 될까 싶었다. 뒤편 벽면에 고작 의자 몇 개가 놓여 있을 뿐이었다. 지친 몸도 쉴 겸 프란체스코의 숨결을 느껴보고 싶어 마치 사물처럼 가만히 앉아 있었다. 그 벽 모든 곳에 프란체스코의 기도가 배어 있을 것이다. 아래로 내려가는 길은 고개를 바짝 숙이고 걷지 않으면 안 될 만큼 좁고 낮았다. 마치 프란체스코의 겸허함을 가시적으로 보여주기라도 하려는 것 같았다.

그 좁은 건물을 빠져나오자 수바시오 산의 깊은 계곡이 아름답게 전개되고 있었다. 잘 조성된 길옆으로 성인과 형제들이 함께 앉아 기도하기도 하고 쉬기도 한 장소라는 표시가 있었다. 샌들을 벗어 놓은 채 벌렁 뒤로 누워 하늘을 물끄러미 바라보는 프란체스코의 와상을 바라보는 순간 그 옆에 누워 쉬고 싶은 생각이 들었다. 계곡 아래로는 수도회 초창기 형제들이 주로 머물던 장소도 곳곳에 흩어져 있었다. 야외에서 하나님의 말씀을 나눴던 설교단도 있었는데 초라한 설교단 위에는 사람들이 바친 야생화 묶음이 놓여 있었다. 그 소박하고 초라한 설교단 앞에 서는 순간 저 깊은 곳에서 걷잡을 수 없는 설움이 북받쳐 올랐다. 예배에 참석하는 교인 수를 가지고 목회 성공을 가늠하는 이들이 떠올랐기 때문이다. 그들은 어쩌면 이 초라한 설교단을 비웃을지도 모른다. 하지만 이 초라한 설교단 으로부터 교회의 진정한 개혁이 시작되지 않았는가? 말을 잘해서 가 아니라, 복음의 본질에 충실하려 했기에 그는 무너지는 교회를 그 가녀린 어깨로 떠받칠 수 있었던 것이다.

프란체스코의 오솔길을 걷고 있는 이들은 대개 노인들이었다. 지 팡이를 짚고 있는 이들도 있었다. 다소 위험해 보이는데도 그들은 초기 형제들의 흔적을 보려고 가파른 계곡을 조심조심 걸어서 내려 갔다. 길에서 두 번이나 마주친 노인 부부가 내게 말을 걸어온다. 부인이 영어에 더 익숙하다.

"안녕하세요? 어디서 오셨어요?"

"한국의 서울에서 왔습니다."

"그렇군요. 가톨릭 교인이신가요?"

"아니요. 개신교 목사입니다."

"우리 아버지는 가톨릭교인이셨지만 어머니는 개신교도였어요. 종단이 문제가 아니지요. 나는 영성이 중요하다고 생각해요."

"저도 공감입니다. 어디서 오셨어요?"

"벨기에요. 그런데 혼자 오셨어요?"

"예."

그들은 진심으로 나를 위해 복을 빌어줬다. 저분들을 도심 한복판에서 만났다면 그저 바람처럼 스쳐 지나가고 말았을 것이다. 장소는 사람 혹은 시간과 더불어 기억되게 마련이다. 거룩한 장소가 있다. 거룩한 기억이 머무는 곳 말이다.

다리가 많이 아프다. 그런데 아픈 내색을 할 수 없다. 이곳을 걸어서 올라오는 서양 노인들의 표정이 너무 선선하기 때문이다. 내려오는 길에 윗도리를 벗어젖힌 노인 한 분이 숨을 헐떡이며 내게 "five minutes?" 하고 묻는다. "그렇다"고 대답하며 내가 발견한 지름길을 알려주었더니 손사래를 치고는 내처 가던 길을 걸어갔다. 손자인지 알 수 없는 젊은이는 자전거를 끌고 노인의 뒤를 따랐다.

그 길 위에서 마주치는 사람들은 모두 친절하게 먼저 인사를 건네온다. 눈빛과 말로 서로 격려하는 것이다. 오르던 길로 내려오는 게 지루해서 샛길만 보이면 그리로 빠졌다. '설사 길을 잃는다 한들 그게 대수인가. 그저 아래로 아래로 내려가다 보면 언젠가는 도착하겠지' 하는 심정이었다. 사실 길을 잃어서 좀 헤매기도 했다. 하지만 그 덕분에 이곳 사람들의 생활의 현장을 볼 수 있었다.

마침내 아씨시에 도착하여 아랫마을에 있는 숙소를 향해 터덜터덜 걷고 있는데, 자전거에 여러 개의 배낭을 메고 달리던 한 젊은이가 주춤주춤 다가와 지도를 내보이며 길을 묻는다. 모르겠다고 했더니 "아씨시 기차역에서 가까운 곳이라고 들었다"고 했다. 그러면 내가 안다고 말하고 길을 안내했다. 그 젊은이는 프랑스 사람인데 자전거를 타고 한 달 반 동안 유럽을 여행하고 있다면서 새빨갛게 탄 자기 다리와 팔을 보여준다. 아버지의 심정으로 젊은이의 다리를 툭 치며 "장하다"고 말해줬다. 표정이 해맑은 젊은이였다. 여행이 어땠느냐고 묻자 그는 감동 어린 눈길로 "정말 자유롭고 행복했다"고 말했다. 거짓 없는 진실일 것이다. 저런 여행을 한 번이라도 해본 사람과 그렇지 않은 사람의 삶은 같을 수 없을 것이다. 길은 사람을 성장시키기 때문이다. 떠나지 않기에 사람들은 종종걸음으로 욕망의 주변을 맴도는 것이다. 길에서 산 사과 하나가 아직도 내 손에 들려 있다. 나는 더 걸을 수 있다.

두 번째.

세례 요한 탄생 축일이다. 교회 전통에서 성인들의 축일은 대개 그가 죽은 날이지만 요한은 탄생일을 축일로 한다. 주님보다 6개월 먼저 태어났다고 하여 정해진 날일 것이다. 낙타 털옷을 입고 메뚜기와 석청을 먹었다는 야인. 그는 광야의 사람이다. 아니, 광야에서 우렁우렁한 목소리로 외치는 이의 소리였다. 그는 유보적 언어를 사용하지 않고, 부드럽게 감싸는 말도 하지 않는다. 그는 다만 두드리고 깨고 부순다. 자기 앞으로 나아오는 바리새인들과 사두개인들을 보고 "독사의 자식들아 누가 너희를 가르쳐 임박한 진노를 피하라 하더냐"마 3:7라고 외친다. 아브라함의 후손이라는 알량한 자부심 따위에 안주할 것이 아니라 철저히 회개해야 한다고 말한다. "이미 도끼가 나무뿌리에 놓였으니 좋은 열매를 맺지 아니하는 나무마다 찍혀 불에 던져지리라"마 3:10.

그의 말은 안일한 나의 말과 삶을 타격한다. 위선과 안일과 교만과 탐욕을 깨뜨리지 못하는 무기력한 말을 부리며 살아왔다. 요한은 거칠기만 한 안하무인의 사람인가? 그렇지 않다. 그는 자기보다 큰 정신 앞에 기꺼이 머리를 숙일 줄 알았다. 그는 자기 앞으로 나오는 예수님을 보고 "보라 세상 죄를 지고 가는 하나님의 어린양이로다"요 1:29 하고 증언했다. 제자들이 사람들의 이목이 예수에게 집중되고 있는 현실을 두고 불퉁거리자 "신부를 취하는 자는 신랑이나 서서 신랑의 음성을 듣는 친구가 크게 기뻐하나니 나는 이러한 기쁨으로 충만하였노라. 그는 흥하여야 하겠고 나는 쇠하여야 하리라”요 3:29-30 하고 말했다. 자기 역할의 한계를 정확하게 가늠하고 산다는 것, 그리고 자기보다 크신 분 앞에서 조금의 망설임이나 질투심도 없이 무릎을 꿇을 수 있다는 것, 큰 정신만 할 수 있는 일이다. 교회 전통이 가르친 일곱 가지 죄의 뿌리 가운데 하나가 '인색'이다. 하지만 인색은 물질적인 것에만 해당되지 않는다. 다른 이를 인정하려 하지 않는 마음이야말로 더 심각한 인색이다. 세례 요한은 그런 의미에서 활수辮手한 영혼의 사람이다. 그렇기에 예수님도 “여자가 낳은 자 중에 세례 요한보다 큰 이가 일어남이 없도다”마 11:11 하고 찬탄하셨던 것이리라. 마음이 좁장한 사람들 사이에 살면서 지쳤다고 말하면서도 나 또한 다른 이들을 허심탄회하게 인정하지 못하고 있는 것은 아닌가 반성하지 않을 수 없다.

성 프란체스코 대성당을 너무 주마간산 격으로 살핀 것 같아서 다시 아씨시로 향했다. 아씨시의 서쪽 벼랑 위에 세워진 대성당 겸 수도원은 어디서 보아도 이정표가 될 만하다. 옛날에는 이곳을 '지옥의 언덕'이라 불렀다 한다. 중범죄자들을 처형하던 곳이었기 때문이다. 그러나 한 인물 때문에 이곳은 '지옥의 언덕'이 아니라 '천국의 언덕'이 되었다. 어느 날 프란체스코는 늘 자기를 수행했던 레오 형제에게 자기가 죽으면 꼭 이곳에 매장해달라고 부탁했다 한다. 자기의 죄가 죽어 마땅할 만큼 크다는 생각 때문이었을 것이다. 실제로 성인은 이곳에 묻혔다.

대성당은 성인의 무덤 위에 세워졌다. 3층 구조인데 프란체스코와 그의 형제들의 유해가 모셔진 지하 공간은 늘 숙연한 분위기이다. 지하 무덤에 내려가는 계단 옆, 곧 성인의 무덤과 마주보는 곳에는 세테솔리의 야코바Jacoba del Settesoli 부인의 유해가 담긴 작은 궤가 모셔져 있다. 로마 귀족의 미망인이었던 이 여인은 마치 예수님을 후원했던 여인들처럼 프란체스코를 성심껏 후원했다고 한다. 무덤으로 들어서는 문 앞에는 등 하나가 걸려 있는데 사람들은 그것을 '이탈리아 국민의 등'이라 부른다. 각 주의 대표들이 1년에 한 차례씩 기름을 채우는 의식을 거행하기 때문이다. 세속 국가로서의 이탈리아가 지향하는 바가 무엇이든 그들은 프란체스코의 정신이 곧 세상을 밝히는 빛임을 인정하고 있는 셈이다. 프란체스코의 관 주위에는 초기 형제들 가운데 네 명의 유해가 모셔져 있다. 그들의 이름 하나하나를 마음으로 불러보며 로마서 16장에 나오는 바울의 벗들을 떠올렸다. 이 땅에서의 소명을 다 마치는 날, 나는 누구의 이름을 그리움으로 호명할까?

중앙 제대 위, 교차궁륭交叉穹隆, cross vault에는 복음삼덕을 형상화한 조토의 프레스코화가 있다. 궁륭의 아래쪽은 '청빈'의 공간이다. 프란체스코는 예수님의 주관하에 '가난 부인'과 혼례식을 올리고 있다. 그 그림 한구석에는 마르티노 성인이 자기 옷을 가난한 이에게 벗어주는 장면이 배치되어 있다. 또 다른 장면들도 인상적이다. 천사가 부자 청년들을 그 혼례식으로 인도하려 하지만 그들은 모두 거부한다. 붉은 옷을 입은 키 작은 사람은 부부의 연을 맺는 이들을 향해 돌을 던지고 있고, 푸른 옷을 입은 키 작은 사람은 혼례식 단

조토, 〈망토를 벗어주는 성 프란체스코〉

두 번째.

조토, 〈리보 토르토 수사들의 환영〉

위에 가시덤불을 올리고 있다. 하지만 가난 부인의 머리 위에는 하늘이 내려준 장미꽃과 백합꽃이 있다. 조토는 이 작은 공간 안에 참 많은 이야기를 짜 넣었다. 가난은 예나 지금이나 인기가 없다. 조토는 이 그림을 감상하기 위해 한껏 고개를 들고 있는 순례자들에게 지금 당신은 이 그림의 어디에 속해 있냐고 묻고 있다.

궁륭의 좌측은 '순명'의 공간이다. 이 화면의 중심인물은 장상長上이다. 그는 한 손가락을 세워 입에 댐으로 침묵을 명한다. 그리고 다른 손은 서원하고 있는 수도자의 어깨에 얹고 있다. 순명의 핵심이 침묵임을 암시하는 것일까? 말이 넘치는 시대일수록 말의 전달력 혹은 수행력은 떨어지게 마련이다. 순명이라 할 때 '순順'은 시내의 흐름을 뜻하는 '천川' 자와 머리를 뜻하는 '혈頁' 자가 결합된 것이다. 물이 끊임없이 낮은 곳을 향해 흘러가고, 장애물을 만나면 돌아 흐르고, 폭포를 만나면 떨어지고, 웅덩이를 만나면 거기에 머무는 것처럼 순명은 자기를 내세우지 않는 것이다. 어리석어 보이지만 이게 진정한 지혜이다. 조토의 그림에서 장상 주위에 두 개의 얼굴을 가진 사람이 나온다. 그는 지혜의 상징이다. 침묵하면서, 자기에게 주어진 요구를 기꺼이 짊어지는 것은 어리석음이 아니라 지혜라는 뜻일 것이다. 조토는 화면 위쪽에 순명의 사람 프란체스코가 하늘로 들려 올려지는 장면을 그렸다.

궁륭의 우측은 '정결'의 공간이다. 두 손을 가지런히 모은 채 흰옷을 입은 여인이 건물 안에 서 있다. 그 여인에게 거룩한 나뭇가지와 왕관이 전달되는 중이다. 건물은 성곽으로 보호되고 있을 뿐 아

두 번째.

니라 기사들이 단단히 지키고 있다. 정결은 언제든 더럽혀질 수 있기 때문이다. 물론 정결은 육체적 순결만을 의미하는 것은 아니다. 하나님 앞에 나뉘지 않은 마음을 바치는 것이 진정한 의미의 정결일 것이다. 건물 아래쪽에는 어떤 사람이 세례를 받는 장면이 등장한다. 정결은 일회적으로 완성되는 것이 아니라 거듭거듭 세례 받을 때의 마음으로 돌아가야 한다는 뜻일까? 화면의 한편에서 프란체스코 성인은 자기 형제들을 성곽 위로 끌어올리고 있다. 그 반대편에서는 사람들을 음란으로 이끌려는 마귀들과 천사들이 실랑이를 하고 있다. 현실은 늘 위태롭게 마련이다. 인간은 거룩과 속됨, 정결과 더러움 사이에 놓인 외줄 위에 서 있다.

복음삼덕을 다 그린 후 조토는 마지막 공간을 어떻게 채울까 고민을 했던 것일까? 조토는 궁륭의 뒤쪽에 달마티카Dalmatica를 입은 채 천사들에게 에워싸인 프란체스코의 모습을 그렸다. 복음삼덕을 내면화하고 산 사람이 어떤 영광을 누릴지를 보여주고 싶었던 것 같다.

조토 외에도 아래 성당에는 '프란체스코의 대가'라는 명예로운 호칭으로 불리는 무명의 화가가 그린 그림, 조토의 스승인 치마부에의 그림, 시에나 화풍을 도입한 로렌체티 등이 그린 프레스코화가 순례자들의 눈길을 끌고 있다. 성당 위쪽에는 프란체스코 성인의 삶에서 중요한 순간들을 간추려 그린 조토의 프레스코화가 벽면을 가득 채우고 있다. 벽면을 바라보던 눈을 들어 천장을 보면 파란색 하늘 위에 찬란하게 떠 있는 별 세계가 보인다. 하늘이 예배자들

곁으로 내려온 것인가? 그 푸른빛은 영광의 빛이다. 가슴 깊이 울리는 천상의 노래를 들으며 출구를 향하다 보면 커다란 장미창과 만나게 된다. 그 장미창의 주제는 '파견'이다. 무덤으로부터 시작했던 순례를 마치는 순간 새로운 소명을 받은 자가 되어 살아야 한다는 뜻일까? 예배당 문 밖 광장에 찬란한 햇살이 부서지고 있었다. 그리고 초록색 잔디가 싱그러운 완만한 경사지 위쪽에는 '평화'를 뜻하는 'Pax'라는 글자가 새겨져 있다. 불화의 땅에 평화를 가져가는 것은 모든 믿는 이들의 소명이 아닐 수 없다. 아씨시 어디를 가나 'Pax et Bonum'이라는 단어와 마주친다. '평화와 선', 이 둘은 프란체스코회가 추구하는 가장 소중한 가치이다. 지옥의 언덕을 천국의 언덕으로 바꿀 수 있는 사람이 절실히 필요한 시대이다.

The Sacred Journey
6. 25.

연일 계속된 강행군에 다리와 엉치께가 뻐근하다. 겨우 예닐곱 시간씩 걸었을 뿐인데 몸이 이리도 박정하게 티를 낼 줄은 몰랐다. 비라도 주룩주룩 내렸으면 좋겠는데 아침에 한두 방울 내리는 듯하더니 그저 그만이다. 아픈 걸 핑계 삼아 숙소에 틀어박혀 뒹굴거릴 요량이었는데 그마저 여의치 않다. 그냥 쉬면 되지, 이런저런 구실을 찾는 게 쉬지 못하고 살아온 사람의 특색인 듯 싶어 씁쓸

두 번째.

하다. 정원을 느릿느릿 산책하는 노인을 바라보다가 문득 오늘이
6·25임을 깨닫는다. GOP 총기 사고로 여러 명이 희생되었다는
소식을 들은 터였기에 조국의 현실이 더욱 참담하다. '평화의 도시'
에서 맞는 전쟁 기념일. 아주 오래전 한문공부를 한다고 성균관대
학교 주위를 어슬렁거리다가 '손님 구함'이라는 이상한 상호의 카
페에 들어갔던 기억이 난다. '독자 구함'이라는 제목의 시집을 냈던
박중식 시인이 운영하는 집이었던 것 같은데, 그 카페의 벽면에 걸
려 있던 김종삼의 시 〈민간인〉은 큰 울림이 되어 내 가슴에 남아
있다.

1947년 봄

심야深夜

황해도黃海道·해주海州의 바다

이남과 이북의 경계선境界線·용당포.

사공은 조심조심 노를 저어가고 있었다.

울음을 터뜨린 한 영아嬰兒를 삼킨 곳.

스무 몇 해나 지나서도 누구나 그 수심水深을 모른다.

총소리 하나 들리지 않고, 서로를 적대하는 이들조차 등장하지
않지만 어쩌면 이리도 분단의 비극을 절절하게 드러낼 수 있다는
말인가? '1947년 봄'이라는 시간과 '용당포'라는 장소의 구체성은

이것이 시적 허구가 아님을 분명히 보여준다. 시인의 감정은 전혀 드러나지 않고 있다. 일체의 감정을 배제한 채 그는 건조하게 일어난 사건을 그려 보인다. 그렇기에 이 시의 울림이 깊다. 남과 북이 대치하고 있던 상황 속에서 북한을 탈출하려고 몰래 배를 타고 나섰던 이들의 긴장감이 손에 잡힐 듯 선명하다. 사공의 노 젓는 소리조차 천둥처럼 크게 느껴졌을 사람들, 그때 울음을 터뜨린 아기, 모두가 죽음의 공포에 어쩔 줄 몰라 할 때 아기 엄마는 아기를 푸른 바다에 던졌다. 숨죽인 채 오열했을 엄마의 마음이 느꺼워 저릿하다. 그 사건을 시인이 직접 겪은 일인지는 모르겠으나 예민한 시인은 스무 몇 해가 지나도 그 사건의 충격으로부터 벗어날 수 없었다. "누구나 그 수심을 모른다"는 말은 지금도 유효하다. 분단 시대를 살고 있는 모두의 가슴에 깊이를 알 수 없는 슬픔과 비애가 숨어 있지 않은가? 정원을 산책하며 〈평화의 기도〉를 흥얼거렸다.

주여, 나를 평화의 도구로 써주소서.

미움이 있는 곳에 사랑을

상처가 있는 곳에 용서를

분열이 있는 곳에 일치를

오류가 있는 곳에 진리를

의혹이 있는 곳에 믿음을

절망이 있는 곳에 희망을

어둠이 있는 곳에 광명을

두 번째.

슬픔이 있는 곳에 기쁨을 심게 하소서.

위로받기보다는 위로하고

이해받기보다는 이해하며

사랑받기보다는 사랑하며

자기를 온전히 줌으로써

영생을 얻기 때문이니

주여, 나를 평화의 도구로 써주소서.

성 프란체스코의 기도로 알려진 시이지만 그건 사실이 아니다. 이 기도는 지난 세기 초에 등장한 것이다. 그럼에도 불구하고 이 기도문 속에는 프란체스코의 평화 영성이 고스란히 담겨 있다고 말할 수 있다. "평화에 이르는 길은 없다. 평화가 곧 길이다"라는 말이 있다. 평화의 시작은 사람을 가르고 나누는 일로부터 벗어나는 것이다. 평화의 사람은 사람들 사이에 드리운 수많은 빗금을 자기 삶으로 제거한다. 프란체스코가 그러했다.

오후가 되자 바람이 거세게 불기 시작했다. 숙소 앞에 있는 산타 마리아 델리 안젤리 성당에 들어가 조용히 1986년에 이곳에서 열렸던 〈세계 평화를 위한 기도 모임〉을 떠올렸다. 교황 요한 바오로 2세는 전 세계의 종교 지도자들을 프란체스코의 도시인 이곳으로 초대했다. 그는 개회식 연설에서 자신이 종교인들을 이곳에 모신 까닭은 어떤 종교적 합의를 이끌어내기 위한 것도 아니고, 각 종교가 가지고 있는 신앙적 확신을 적당히 희석시키자는 것도 아니라고 말했다. 그는 지구적 차원에서 발생하고 있는 모든 문제를 종교가 다 풀 수 있다고 생각하지 않는다면서, 모든 종교 전통이 궁극적으로 지향하는 바인 평화를 위해 함께 노력하자고 말했다. 폭력과 테러에는 단호히 반대하고, 국적·인종·문화·종교의 차이를 넘어 평화와 정의 그리고 형제애가 넘치는 분위기를 만들기 위해 상호 협력하자는 것이었다. 그는 '기도', '금식', '순례'를 제안했다. 각자의 방식대로 세계 평화를 위해 기도하고, 지금도 고통 받고 있는 사람들을 기억하며 함께 금식하고, 평화의 도시를 함께 걸으면서 형제애를 나누자는 것이었다. 나는 그 역사적인 자리에 앉아 세계 평화를 위해 기도했다. 그리고 여전히 분단 상황 가운데 있는 한반도를 위해 기도했다.

프란체스코 대성당 옆에 있는 계곡 초입에는 세계 종교인들의 평화 염원을 담은 '평화의 종'이 세워져 있다. 게하르트 카들레츠 Gehard Kadletz의 제안에 따라 여러 기관의 후원으로 만들어진 것이다. 그 종을 지탱하고 있는 네 개의 작은 기둥에는 각 종교의 상징이 새겨져 있다. 기독교의 십자가, 이슬람의 초승달, 유대교의 다윗의 별, 불교의 법륜 말이다. 평화의 종소리는 과연 인류의 가슴을 향해 울려 퍼질까? 평화 모임은 이후에도 몇 차례 더 개최되었는데 특히 2001년에 아씨시에서 열린 '평화를 위한 기도 모임'에서는 평화를 위한 십계명이 채택되었다. 음미할 가치가 있다고 생각되어 거칠게나마 번역해보았다.

1. 우리는 폭력과 테러가 종교의 본래 정신과 양립될 수 없다는 것을 확신하기에 신의 이름으로 혹은 종교의 이름으로 폭력과 전쟁을 정당화하려는 일체의 시도를 거부할 뿐만 아니라 테러리즘의 근본 원인을 제거하기 위해 할 수 있는 모든 노력을 다할 것을 다짐한다.

2. 우리는 서로 다른 인종, 문화, 종교에 속한 사람들 사이에 평화롭고도 우애에 찬 상호공존을 진작시키기 위해 사람들에게 서로를 존경하고 존중하는 법을 가르칠 것을 다짐한다.

3. 우리는 대화 문화를 발전시키기 위해 노력하는 것이야말로 개인과 개인, 민족과 민족 사이의 이해와 상호 신뢰를 증진시키는 길이요 진정한 평화의 전조임을 믿기에 이를 위해 노력할 것을 다짐한다.

4. 우리는 각 사람이 자신의 문화적 정체성을 포기하지 않고도 품위 있는 삶을 살아갈 권리를 누릴 수 있도록 하기 위해, 그리고 각자의 가정을 자유롭게 건사할 수 있도록 하기 위해 노력할 것을 다짐한다.

5. 우리는 서로의 차이를 넘을 수 없는 장벽으로 간주하기를 거절할 뿐만 아니라, 다양한 타자를 만나는 것이야말로 더 큰 상호 이해의 기회가 될 수 있음을 알기에 솔직하고도 인내에 찬 대화를 위해 노력할 것을 다짐한다.

6. 우리는 지난날과 오늘날 서로에게 저지른 잘못과 편견들을 용서할 뿐 아니라, 이기심과 교만과 증오와 폭력을 극복하려는 공동의 노력을 지지하고, 과거가 우리에게 준 교훈 그대로 정의 없는 평화는 진정한 평화가 아니라는 사실을 배우기 위해 노력할 것을 다짐한다.

7. 우리는 누구도 홀로는 행복할 수 없다는 확신 아래 가난하고 의지가지

없는 신세의 사람들 편에 설 것이며, 자기 목소리를 갖지 못한 사람들의 목소리가 되고, 이러한 상황을 변화시키기 위해 노력할 것을 다짐한다.

8. 우리는 폭력과 악에 순응하기를 거부하는 이들의 외침에 동참하고, 남녀를 막론하고 우리 시대의 모든 사람들에게 정의와 평화에 대한 참된 희망을 주기 위해 최선의 노력을 다할 것을 다짐한다.

9. 우리는 민족들 사이의 연대와 이해가 전제되지 않은 기술적 진보가 오히려 세상을 더 큰 파괴와 죽음의 위협으로 이끌 것임을 알기에, 나라와 나라 사이의 우애로운 분위기를 조성하기 위해 모든 노력을 경주할 것을 다짐한다.

10. 우리는 각 나라의 지도자들이 국내적 차원이든 국제적 차원이든 정의에 기초한 연대와 평화의 세상을 창조하고 또 강화하려는 노력을 기울이도록 강력히 촉구할 것을 다짐한다.

이 평화를 위한 십계명을 되새기면서 지금 한국 교회의 현실을 돌아보지 않을 수 없었다. 가슴이 울울하다. 오늘 우리는 평화가 아니라 불화의 불씨를 자꾸 던지고 있는 것은 아닌가? 부라퀴들이 판을 치는 세상에 대해 절로 한숨이 나왔다.

늦은 오후, 햇살이 대리석 건물 위로 하얗게 부서지고 있었다. 오늘은 아무 일정도 없이 숙소 주변만 어정거리려고 작정했는데, 정체 모를 외로움이 찾아왔다. 집 떠난 지 겨우 열흘인데 이게 뭔 일인가 싶었지만 외로움은 불시에 찾아오는 법이다. 아무것도 손에 들지 않은 채 휘적휘적 동네를 한 바퀴 돌았다. 사진을 찍는 노인들도 구경하고, 이상한 종파를 선전하는 젊은이의 말에 대꾸도 하고, 어린 아들딸에게 성당 안에서 지켜야 할 예절을 존조리 가르치는 엄마도 보고, 가게도 기웃거려보고, 참 싱거웠다. 그때 정호승의 〈수선화에게〉가 떠오를 것은 또 뭔가. "울지 마라 / 외로우니까 사람이다 / 살아간다는 것은 외로움을 견디는 일이다 / 공연히 오지 않는 전화를 기다리지 마라 / 눈이 오면 눈길을 걸어가고 / 비가 오면 빗속을 걸어가라" 이런 기분을 뭐라 해야 할까.

"에이, 참" 하며 숙소로 돌아와 침대에 누워 서점에서 사온 프란체스코에 관한 책을 뒤적이다가 가슴 따뜻해지는 장면과 만났다. 몸을 바로 세우고 책상 앞에 앉아 차분하게 글을 읽어나갔다. 외로움 따위는 잊고 말았다.

프란체스코는 어느 날 자기 소명에 대해 의문이 생겼다. '오직 기도하는 일에 매진해야 할까, 아니면 복음 전하는 일을 계속해야 할까?' 무엇이 주님께 더 큰 영광이 될지 분별하기가 어려웠다. 그는 자기의 판단을 신뢰하기보다는 겸손하게 다른 이들의 조언을 구하기로 했다. 프란체스코는 마세오 형제를 불러 산 다미아노San Damiano에 머물고 있던 클라라와 카르체리에서 은둔하며 기도하고 있던 실베스테르 형제에게 보내면서 하나님의 뜻을 여쭤달라고 부탁했다. 전갈을 받은 실베스테르는 즉시 엎드려 기도했고 응답은 금방 왔다. 그는 마세오 형제를 불러 '하나님이 프란체스코를 부르신 것은 자기 자신만을 위해서가 아니라 영혼을 추수하는 일에 쓰기 위해서'라고 자기가 받은 응답을 전했다. 클라라도 똑같은 응답을 받았다고 말했다. 프란체스코는 메시지를 가지고 돌아온 마세오를 따뜻한 사랑으로 맞이했다. 그의 발을 닦아주고 또 그를 위해 식사를 마련했다. 함께 식사를 마친 후 프란체스코는 마세오를 숲으로 불러내 그의 발 앞에 무릎을 꿇고는 이렇게 물었다. "나의 주님 예수 그리스도께서 내게 무엇을 명하시던가요?" 마세오가 클라라와 실베르테르에게 들은 말을 전하자 프란체스코는 즉시 그것을 하나님의 뜻으로 받아들였다. 그는 가슴이 뜨거워져서 마세오 형제에게 말했다. "이제 주님의 이름으로 나아갑시다!" 자기 분별력을 신뢰하기보다는 동료들을 통해 전달되는 하나님의 뜻을 더욱 신뢰했던 프란체스코의 모습이 손에 잡히는 듯 그려진다.

또 하나의 이야기다. 내일 방문할 예정인 리보 토르토Rivo Torto에서 일어난 일이라 한다. 프란체스코는 초기에 합류한 몇몇 형제들과 양 우리였던 그곳에 머물며 금욕적인 생활을 실천하고 있었다. 어느 날 밤 모두가 밀짚으로 만든 매트 위에서 잠든 때에, 형제 가운데 하나가 큰 소리로 외치기 시작했다. "아이고 죽겠다. 아이고 죽겠다." 프란체스코는 자리에서 일어나 불을 밝힌 후 "아이고 죽겠다" 하고 외친 것이 누구냐고 물었다. 한 사람이 자기가 그랬노라고 대답하자 프란체스코는 자초지종을 물었다. 그가 말했다. "배고파 죽겠어요." 프란체스코는 음식을 준비한 후에 모든 형제들을 그 식탁에 동참시켰다. 그가 홀로 음식을 먹으며 창피해할까 봐 염려가 되었던 것이다. 밥을 굶고 편태로 자기 몸을 때리면서까지 욕망을 다스리려 했던 그들이지만, 가련한 형제를 위해 기꺼이 고행을

두 번째.

중단했다. 프란체스코와 형제들의 이 따뜻한 마음 씀씀이는 얼마나 거룩한가. 판단과 정죄의 언어가 난무하는 세상에서 살던 사람으로 하여금 이 일화와 만나게 하신 뜻은 무엇일까?

The Sacred Journey
6. 26.

카사 구알디Casa Gualdi 가는 길이 그렇게 먼 줄은 정말 몰랐다. 아씨시와 산타 마리아 델리 안젤리 중간쯤에 있다고 해서 만만하게 보고 길을 나섰다. 분명 프란체스카로路 어딘가에 있다고 했는데, 도무지 찾을 길이 없었다. 가던 길을 되짚어오고, 또 반대쪽으로 걷다 오길 두어 번 했다. 교차로까지 다시 돌아와 이곳은 인연은 아닌가 보다 하고 아씨시로 발걸음을 옮기려는 순간 지금은 사용하지 않는 것으로 보이는 길 옆 낡은 건물 벽에서 'Gualdi'라는 글자와 만났다. 반갑기도 하고 이상한 생각도 들었는데, 건물 중간쯤에 새겨진 부조물을 보고야 내가 찾는 바로 그곳임을 알았다. 그 부조물에는 들것에 실려 있는 프란체스코가 아씨시를 바라보며 축복의 손짓을 하고, 그를 수행하던 형제들은 눈물을 닦고 있는 장면이 담겨 있었다. '아, 맞구나! 카사 구알디!'

이곳은 프란체스코가 회심하기 전에 하나님의 은총을 경험한 장소이다. 13세기 무렵 이곳에는 한센병 환자들의 요양소인 산 살바

토레 델라 파레테San Salvatore della Parete가 있었다 한다. 어느 시대에나 한센병은 천형처럼 여겨졌고 감염의 염려 때문에 사람들로부터 격리되곤 했다. 한센병 환자들은 아씨시 도성 밖에 있는 이곳에서 희망 없는 나날을 보냈을 것이다.

프란체스코는 어느 날 기도 중에 하나님의 응답을 받았다. 하나님의 뜻을 정말로 알고 싶다면 지금까지 그의 육체가 사랑해 마지않고 또 소유하고 싶어 하던 것을 미워해야 한다는 것이었다. 일단 그런 노력을 기울이면 이전에 달콤하고 즐겁게 생각되던 것들이 쓰고 견딜 수 없는 것으로 변할 것이고, 이전에는 몸서리치던 것이 달콤하고 만족스럽게 느껴질 것이라는 것이었다. 프란체스코는 이 말에 깊은 감명을 받았다. 그러던 어느 날 그는 말을 타고 이곳을 지나다가 한센병 환자 한 사람을 만났다. 지금까지 그는 한센병 환자들을 볼 때마다 진저리를 치곤 했다. 그런데 그는 혐오감을 떨쳐버리고 말에서 내려 그에게 동전을 건네고 그의 손에 입을 맞추었다. 한센병 환자도 그에게 평화의 입맞춤을 했다. 프란체스코는 다시 말에 올라 가던 길을 재촉했다. 이 경험을 통해 프란체스코는 옛 삶과의 작별을 시작한 것이 아닐까?

가장 혐오하는 것과 대면하는 것이야말로 에고를 넘어 진정한 자기Self를 향하는 발돋움인지도 모르겠다. 한센병 환자의 손에 입 맞추는 일을 통해 프란체스코는 하나님의 손에 붙들린 사람의 길에 접어들게 되었다. 차들이 횡횡 내달리는 십자로 한 켠, 낡아빠진 건물 앞에서 참회의 기도를 올리지 않을 수 없었다. 내가 싫어하고 회

두 번째.

피하곤 했던 일들 혹은 사람들이야말로 나를 하나님의 현존 앞으로 이끌어가기 위해 보냄을 받은 사자들이 아니었을까 생각하니 참담했다. 영어로 '순진하다'라는 뜻의 'innocent'는 참 좋은 말이지만 종교학이나 신화에서는 그렇게 긍정적이지만은 않다. 이 단어의 라틴어 어원인 'innocens'는 '아직 상처받지 않은'이라는 뜻이다. 상처를 받아들이는 일이 없이는 영혼의 성숙도 없다. 자기의 허물과 더러움을 철저히 깨닫고 엎드리는 것을 일러 '옛 사람의 죽음'이라 하는 것이 아닐까?

죽음에 임박한 것을 안 프란체스코는 형제들에게 자기를 포르티운쿨라로 데려다달라고 부탁했다. 그래서 그들 일행이 아씨시를 떠나 포르티운쿨라를 향해 내려가던 중에 성인은 잠시 멈춰달라고 부탁한 후, 아씨시를 바라보며 마지막 축복의 기도를 올렸다. 하나님의 음성과 만났던 그 자리가 아니면 어디가 축복을 위해 적절한 자리란 말인가?

순례자의 가장 큰 특권은 길을 잃을 권리가 있다는 것. 익숙한 길을 버리고 낯선 길을 택해 걸었다. 밀 수확하는 농부들 곁에 머물며 물도 한 잔 얻어먹고, 올리브 밭에 심어놓은 선인장에 물을 주는 위통 벗은 농부 영감님도 만났다. 그는 콩알만 하게 매달린 올리브를 보여주며 자랑스러워했다. 말은 한마디도 통하지 않았지만 각자 자기 할 말을 하고는 고개를 끄덕였다. 프란체스코는 그런 이들과 만나 이야기하고, 이야기를 들어주고, 함께 웃는 것조차 설교라고 했다. 축복의 마음으로 그들을 대하니 내 마음도 한결 여유로워진다.

올리브 밭과 포도밭을 지나 한참 걷다 보니 산 다미아노 성당이 보인다. 이 성당은 8-9세기 무렵 건립되었다고 한다. 이 자그마한 성당이 유명해진 것은 프란체스코가 하나님의 소명을 받은 장소이기 때문이다. 1206년에 그는 이 성당에 있는 십자가 앞에 엎드려 간절하게 기도를 올렸다.

지극히 높으시고 영광 가운데 계신 하나님,
제 마음의 어둠을 밝혀주십시오.
올바른 믿음과, 확실한 소망
그리고 완전한 사랑을 주십시오.
깊은 겸손과 바른 감각 그리고 이해력을 주십시오.
그래야 항상 주님의 거룩하고
참되신 명령을 수행할 수 있겠나이다. 아멘.

정말 그렇게 기도했는지, 나중에 그렇게 기록한 것인지는 알 수 없다. 하지만 이 기도문 속에는 그가 젊은 시절 간절히 구한 것이 오롯이 담겨 있다. 어느 순간 그는 또렷하게 음성을 들었다. "프란체스코, 너는 나의 집이 이렇게 폐허로 변한 것이 보이지 않느냐? 어서 가서 이 집을 고쳐라." 일종의 신비 체험이다. 한 가지 놀라운 것은 '빛' 그리고 '믿음, 소망, 사랑'을 구한 그에게 하나님은 실천을 명하고 계시다는 사실이다. 신앙은 관념이 아니라 삶임을 가르치고자 했던 것일까? 말씀과 실천은 해석학적 순환 관계를 형성한다. 프란체스코는 즉시 그 소명에 응답했다. 자기가 동원할 수 있는 모든 재원을 다 동원해서 교회를 수리했던 것이다. 결국에는 아버지의 재산에까지 손을 댔고, 그 때문에 육신의 아버지와 결별하게 되었다. 조토는 바로 그 순간을 놓치지 않고 자기 그림 속에 표현해 놓았다.

비잔틴 스타일의 '산 다미아노 십자가'는 '타우 십자가'와 더불어 아씨시를 상징하는 것이기도 하다. 이 십자가가 제작된 것은 12세기 전반으로 추정된다. 십자가는 호두나무 판목에 올이 성긴 아마포를 덧씌운 후 그려졌다. 그 모양이 독특하다. 십자가를 중심으로 여러 인물들이 함께 그려져 있다. 예수의 머리 위로는 하늘로 승천하는 주님의 모습이, 가로대 한복판에는 눈을 크게 뜬 그리스도의 모습이, 가로대의 좌우편에는 성인과 두 천사들이, 그리스도의 오른팔 아래에는 성 요한과 어머니 마리아가, 왼팔 아래에는 막달라 마리아, 세베대와 야고보의 어머니 마리아, 백부장이, 그리스도의 발치에는 여섯 명의 성자들이 그리스도의 피로 몸을 씻고 있다. 이 이름을 알 수 없는 화가는 어떤 메시지를 담고 싶었던 것일까? 다미아노 십자가 위의 예수의 눈은 크게 열려 있다. 그것은 놀람과 경악이 아니다. 승리자의 눈이다. 그의 표정은 평온하기 이를 데 없다. 마치 고갱의 〈황색 그리스도〉나 샤갈의 〈백색 그리스도〉를 보는 듯하다. 십자가 주위에 배치된 인물들도 평온하다. 다미아노 십자가는 어쩌면 지치고 상한 이들을 말없이 품어주는 품인지도 모르겠다. 그 때문인지 다미아노 십자가 앞에 오랜 시간 엎드려 있는 이들이 많다.

산 다미아노는 나중에 클라라와 자매회에 속하게 되었다. 그 때문인지 클라라와 자매회의 흔적이 많다. 소박한 식당, 그들의 생활 공간, 무엇보다 인상적인 것은 찬양대석이었다. 프란체스코가 시를 짓고 형제 가운데 하나가 곡을 만들면, 자매들이 그 곡을 부르곤 했다. 지금 있는 찬양대석은 1504년에 만들어진 것이라 하는데, 그 위쪽 틀에는 기도와 찬양의 본질을 일깨워주는 문장이 새겨져 있다. "하나님이 들으시는 찬양은 음성이 아니라 열망으로, 열띤 소리가 아니라 사랑으로, 악기가 아니라 영혼으로 부르는 찬양이다." 참으로 명료하지 않은가?

이 작고 소박한 예배당에 꼭 오고 싶었던 것은 이곳이 바로 프란체스코의 〈태양의 노래〉가 작시된 곳이기 때문이다. 라 베르나 산에서 받은 오상1224 등으로 인해 그는 아주 쇠약해진 상태였다. 그보다 더 견디기 어려운 것은 눈병이었다. 치료를 받아보았지만 결국 시력을 잃고 말았다. 환경이 어찌나 열악했던지 그가 누워 있는 낡은 매트는 쥐들의 놀이터였다. 기도에 집중할 수도 없었다. 하나님께 이런 시련을 견딜 수 있는 힘을 달라고 기도했다. 그때 한 음성이 들려왔다. 그가 겪는 시련과 고통의 대가로 온 세상을 보물로 여길 수 있게 된다면 그것으로 기뻐할 수 있는 것이 아니냐는 것이었다. 그리고 그 음성은 연약함과 고통 가운데서 기뻐하고 즐거워하라고, 이미 하나님나라를 상속받은 것처럼 평화롭게 살라고 말했다. 감격한 프란체스코는 주님께 바치는 새로운 찬미가를 지었다.

피조물의 아름다움을 보며 하나님을 찬양하는 노래였다. 사람들은 자연을 당연한 것으로 여겼다. 하지만 프란체스코는 그 피조물들이 각각 하나님을 찬미하고 있음을 느꼈다. 자연은 그저 그 자리에 있는 사물이 아니라 하나님의 뜻을 수행하고 있는 형제자매였다. 그래서 성인은 태양을 형님이라 부르고, 달을 누님이라 불렀다. 이 노래는 한꺼번에 지은 것이 아니라 조금씩 확장된 것이다. 최민순 신부는 '태양의 찬가'라고도 불리는 이 노래를 아름다운 모국어에 담아 번역했다.

1. 지극히 높으시고 전능하시고 자비하신 주여!

   찬미와 영광과 칭송과 온갖 좋은 것이 당신의 것이옵고,

2. 호올로 당신께만 드려져야 마땅하오니 지존이시여!

   사람은 누구도 당신 이름을 부르기조차 부당하여이다.

3. 내 주여! 당신의 모든 피조물 그중에도,

   언니 햇님에게서 찬미를 받으사이다.

   그로 해 낮이 되고 그로써 당신이 우리를 비추시는,

4. 그 아름다운 몸 장엄한 광채에 번쩍거리며,

   당신의 보람을 지니나이다. 지존이시여!

5. 누나 달이며 별들의 찬미를 내 주여 받으소서.

   빛 맑고 절묘하고 어여쁜 저들을 하늘에 마련하셨음이니이다.

6. 언니 바람과 공기와 구름과 개인 날씨, 그리고

   사시사철의 찬미를 내 주여 받으소서.

당신이 만드신 모든 것을 저들로써 기르심이니이다.

7. 쓰임 많고 겸손하고 값지고도 조촐한 누나

   물에게서 내 주여 찬미를 받으시옵소서.

8. 아리고 재롱되고 힘세고 용감한 언니 불의 찬미함을

   내 주여 받으옵소서.

   그로써 당신은 밤을 밝혀주시나이다.

9. 내 주여, 누나요 우리 어미인 땅의 찬미 받으소서.

   그는 우리를 싣고 다스리며 울긋불긋 꽃들과

   풀들과 모든 가지 과일을 낳아줍니다.

10. 당신 사랑 까닭에 남을 용서해주며,

    약함과 괴로움을 견디어내는 그들에게서 내 주여 찬양받으사이다.

11. 평화로이 참는 자들이 복되오리니,

    지존이시여! 당신께 면류관을 받으리로소이다.

12. 내 주여! 목숨 있는 어느 사람도 벗어나지 못하는

    육체의 우리 죽음, 그 누나의 찬미 받으소서.

13. 죽을 죄 짓고 죽는 저들에게 앙화인지고,

    복되다. 당신의 짝 없이 거룩한 뜻 좇아 죽는 자들이여!

    두 번째 죽음이 저들을 해치지 못하리로소이다.

14. 내 주를 기려 높이 찬양하고

    그에게 감사드릴지어다.

    한껏 겸손을 다하여 그를 섬길지어다.

두 번째.

죽음까지도 찬미의 대상이 되고 있다. 이 시에는 곧 곡이 붙여졌고, 형제들과 자매들은 이 노래를 즐겨 불렀다. 이 노래는 아씨시의 주교와 시장이 불화를 극복하고 서로 용서를 청하게 만드는 계기가 되었다. 주교가 시장을 파문하자, 시장은 주교와의 모든 상거래를 금지시켰다. 둘 사이의 골이 점점 더 깊어가고 있다는 소식을 들은 프란체스코는 그들을 한자리에 청한 후 그 자리에서 형제들로 하여금 이 노래를 부르게 했다. 노래를 들은 시장은 감격하여 눈물을 흘리며 자신의 불손함을 용서해달라고 주교에게 청했고, 주교 또한 자신의 교만함을 뉘우치고는 시장에게 용서를 청했다. 진실한 노래가 사람을 화해시킨다. 만파식적이 따로 없다.

삼국유사 기이奇異편에 나오는 고사이다. 신문왕 때의 일이다. 동해에 있는 작은 산이 떠서 감은사를 향해 오는데 물결을 따라 이리저리 흔들렸다고 한다. 사람들이 보니 산세는 거북 머리와 같은데 그 꼭대기에 대나무 한 그루가 있어 낮에는 둘이 되고 밤에는 하나가 되더란다. 일관이 왕께 이것은 매우 상서로운 조짐이라고 여쭙자, 왕은 배를 타고 나가 그 산에 당도했다. 그때 용이 나타나 검은 옥대玉帶를 왕께 바쳤다. 왕이 대나무가 갈라지기도 하고 합쳐지기도 하니 무슨 까닭이냐고 묻자 용은 그것은 왕께서 소리로써 천하를 다스리게 될 상서로운 징조라고 말했다. 왕은 그 대나무를 베어 피리를 만들어 월성에 있는 천존고天尊庫에 간직해두었다. 그 피리를 불면 적병이 물러가고 질병이 낫고, 가물 때는 비가 오고, 비가 올 때는 개고, 바람이 가라앉고, 물결은 평온해졌다. 왕은 그 피리를 만파식적^{萬波息笛}이라고 불렀다.

오늘 우리가 부르는 노래는 어떠한가? 프란체스코 성인은 생태계의 수호성인으로 추앙받고 있다. 피조물 하나하나 속에 깃든 하나님의 숨결을 그만큼 철저하고 아름답게 호흡한 사람이 또 있을까? 세상의 모든 것을 이용의 대상으로만 바라보는 사람들로 인해 피조물의 신음소리가 도처에서 들려온다. 프란체스코가 지은 위의 노래를 우리가 진심으로 부를 수 있다면 우리 삶은 한결 맑아지고 깊어질 것이다.

프란체스코가 최초로 형제들을 맞아들여 함께 살았던 리보토르토_{Rivotorto}를 향해 걸어가면서 나도 모르게 찬송가 〈주 하나님 지으신 모든 세계〉를 흥얼거렸다. 어쩔 건가? 이 상투성을. 그래도 듣는 이가 아무도 없으니 목소리를 높여 찬송을 불렀다. 뙤약볕 아래를 걸어가면서도 노래를 그치지 않았던 것은 먼 거리에 대한 부담을 떨쳐버리기 위해서였다. 그늘조차 없는 평지를 몇 킬로미터씩 걷는 일은 아무래도 쉽지는 않다. 하지만 홀로 있는 홀가분함을 누리려면 그 정도의 불편함을 견딜 수 있어야 하지 않겠는가.

인위적인 느낌이 물씬 풍기는 그 예배당에 오래 머물고 싶지는 않았다. 프란체스코와 형제들이 머물던 낡은 헛간 위에는 커다란 예배당이 들어섰고, 예배당 안에는 만든 지 오래 되지 않은 헛간 모양의 구조물이 있었다. 철저한 가난과 기도생활을 위해 불굴의 정신으로 나아갔던 사람들을 생각하면서 또 다시 먼 길을 걸었다.

두 번째.

오늘은 아씨시 일정을 마치고 시에나로 떠나는 날이다. 사실 일정이라 했지만 예정되었던 것은 아무것도 없었다. 수도원의 전례 리듬 속에 몸을 맡기는 동시에, 프란체스코의 숨결이 닿은 곳 구석구석을 걸어보자는 생각뿐이었다. 정해진 시간에 기도했고, 정원을 산책했고, 또 많이 걸었다. 길을 잃을 때도 더러 있었지만 그 덕분에 한적함을 누리기도 했다. 프랑스 청년 마엘이 소개해준 피자집에 가보진 못했지만 상관없다. 저녁이면 하루 일정이 어땠는지를 물으며 "베네, 베네?" 하고 묻던 마리아 수녀의 해맑은 미소와도 작별이다. 서울에서 준비해간 작은 선물을 마리아와 니콜로에게 전달하자 아이처럼 좋아한다. 니콜로는 포장지에 있는 글씨가 한국말이냐고 묻고, 이걸 한국에서부터 가져온 것이냐고 묻는다. 작은 선물에도 기뻐해주는 그들이 고마웠다. 잠시 후 마리아가 뭔가를 들고 오더니 내게 내민다. 성 다미아노 십자가이다. 이 십자가는 이탈리아 말뿐 아니라 한국어도 아니까 서로 기억하며 기도하잔다. 옆에 있던 로마에서 온 아주머니 한 분이 '오순절 기적'이라며 거든다. 고마운 만남이었다.

떠나기 전 정원을 걸었다. 정들었던 새들이며 꽃들, 심지어는 의자에게까지 눈인사를 건넸다. 프란체스코의 〈태양의 찬가〉를 마음에 떠올리며 두어 바퀴 돌고 나니 마음이 차분해진다. 프란체스코를 가리켜 어느 분은 '정 깊은 사람'이라 했다. 참 적절한 말이다. 오래전 제일 존경하는 인물이 누구냐는 주제로 이야기를 나누는 청년들의 모임에 참석한 적이 있었다. 그중에 한 청년의 말이 걸작이었다. "실존인물은 아니지만 나는 성 프란체스코를 제일 존경합니다." 그는 니코스 카잔차키스의 〈성자 프랜시스〉를 읽었던 것이다. 소설은 허구라고 귀가 닳도록 배웠으니, 프란체스코는 작가가 탄생시킨 허구의 인물이라고 확신했던 것이다. 프란체스코가 실존인물임을 알려주자 그는 크게 감동했다. 프란체스코는 아씨시에서만큼은 제 2의 그리스도이다. 찬탄만 하는 것은 그에 대한 예의가 아니다. 가리사니 없는 사람이지만 그래도 눈을 크게 뜨고 그의 실천을 따라야 할 것이다. 19세기 영국 성공회의 주교였던 라일John Charles Ryle은 "거룩함이란 습관적으로 하나님과 한 마음을 갖는 것…. 거룩한 삶은 하나님의 판단에 동의하고, 그분이 미워하시는 것을 미워하고, 사랑하시는 것을 사랑하며, 이 세상의 모든 일을 성경의 기준에 비추어 사는 것"이라 말했다. 그런 의미에서 프란체스코는 거룩한 사람이었다.

시에나까지 1시간 40분이면 된다고 했는데 교통 체증이 얼마나 심한지 3시간 20분 만에 도착했다. 유네스코에 의해 구시가지 전체가 세계문화유산으로 등재된 토스카나 지방의 보석과도 같은 도시이다. 호젓한 주택가에 있는 숙소에 짐을 푼 후 13세기에 건축된 푸블리코 궁전Palazzo Pubblico을 찾아갔다. 지금은 미술관Museo Civico으로 활용되고 있다. 잠시 건물의 맞은 편 바에 앉아 캄포 광장을 바라보았다. 작열하는 태양 아래서 많은 이들이 앉거나 누워 햇볕을

두 번째.

즐겼다. 한쪽에서는 해마다 7월 초에 열리는 팔리오 축제를 준비하느라 분주했다. 이 축제는 1260년 9월 4일 몬타페르티에서 숙적이었던 피렌체와의 전투에서 승리한 것을 기념하기 위해 제정되었다 한다. 시에나 시민들의 삶은 팔리오 축제를 중심으로 구성된다고 말해도 될 정도로 이 축제는 소중히 여겨지고 있다 한다. 17개의 콘트라다(Contrada, 자치기구)가 각기 자기들만의 독특한 심벌과 문양을 담은 깃발을 만들고, 또 그 문양을 옷, 모자, 양말, 신발 등에도 담아서 자기 구역을 표시한다고 한다. 그리고 마침내 축제 때가 되면 각자 자기 구역 교회에 모여 말을 위한 축복기도를 드리고 퍼레이드를 시작하여 시에나의 중심인 두오모 앞 광장을 거쳐 시민의 광장인 구 시청사 앞 광장에 집결한다(1년에 10개의 콘트라다만 참가할 수 있다). 그리고 광장 주위에 흙을 깔아 만들어놓은 경기장에서 안장 없는 말달리기 경주가 벌어진다. 승리를 거둔 자치구는 그해의 우승팀을 위해 제작된 깃발을 빼들고 두오모로 몰려가 영광송을 부른다. 교회와 시민 사회는 그렇게 서로 소통하고 있는 것이다. 며칠 차이로 그 열정의 현장을 보지 못하고 떠나야 하니 아쉽다. 하지만 또 다른 인연이 나를 기다리고 있을 것이다.

   3층 구조로 된 푸블리코 궁전 건물과 마주 선 건물들은 발코니를 만들 수 없도록 법으로 규정되어 있었다 한다. 귀족들이 광장에서 쉬거나 놀고 있는 사람들을 내려다 볼 수 없도록 하기 위한 조치였다. 시민들의 권리가 신장되고 있었던 것이다. 13세기, 중세는 이미 물러갈 조짐을 보이고 있었다. 얼핏 보면 유럽의 어느 도시에서나 볼 수 있는 건물 같지만 이 건물이 이전의 다른 건물들과 다른 것은 창문이 많아졌고 또 커졌다는 사실이다. 그것은 시청이 시민과의 소통을 중요하게 여기기 시작했음을 상징적으로 보여줄 뿐 아니라, 전쟁의 위험이 많이 사라졌음을 보여준다.

사실 이 건물을 찾아온 것은 13-14세기의 위대한 두 화가의 대작을 보고 싶었기 때문이다. 한 사람은 시모네 마르티니Simone Martini이다. 두초의 제자인 그는 시청 회의실 벽면에 엄청나게 큰 벽화를 그렸다. 그는 의자에 앉으신 성모와 아기 예수를 중심으로 하여 그 좌우로 성인들을 배치하고 있다. 열쇠를 든 베드로도 보이고 칼을 든 바울도 보인다. 허름한 차림의 세례 요한도 있고, 막달라 마리아도 있다. 고딕 양식과 비잔틴 양식이 혼합된 이 그림은 구조적으로 매우 안정적이다. 한 가지 특이한 것은 그들 머리 위로 시에나를 상징하는 발다키노(Baldacchino, 천막 같은 것)를 그려 하나님나라의 현실이 시에나의 정치를 통해 구현되기를 염원하는 마음을 드러내고 있다. 이런 그림이 교회가 아닌 시 청사에 걸려 있다는 사실이 흥미롭다. 교회가 모든 것을 주도하던 시대가 바야흐로 저물고 있었던 것이다. 이 그림을 주문한 이들이나 그림을 그린 화가나 공히 기독교적 가치가 교회 안에만 갇혀서는 안 된다는 뜻을 드러내고 싶었던 것은 아닐까? 그림에 등장하는 인물들은 각기 다양한 자기만의 표정을 갖고 있다. 개성이 등장한 것이다.

다른 방에는 암브로조 로렌체티Ambrogio Lorenzetti가 벽면에 그린 대작 〈좋은 정부와 나쁜 정부〉가 있다. '좋은 정부'를 묘사한 부분에서는 통치자의 머리 위에 세 인물이 등장한다. 그들은 각각 '믿음, 소망, 사랑'을 나타낸다. 통치자 옆으로 6명의 인물이 앉아 있는데 그들은 통치자가 갖추어야 할 덕목인 정의, 용기, 절제, 지혜, 관대, 평화를 상징한다. 오른쪽 벽면에는 그런 좋은 정부를 가진 시민적 삶의 풍요로움을 보여준다. 도시에서는 교역이 활발하게 일어나고, 직인들은 즐겁게 일하고, 악기를 손에 든 여인들과 손을 잡은 채 빙빙 돌며 춤을 추는 여인들의 모습도 보인다. 그 여인들의 모습은 매우 다채로우면서도 감각적이어서 그 춤판에 슬쩍 끼어들고 싶은 생각이 들기도 한다. 농촌 지역 역시 평화롭다. 올리브 나무를 재배하는 사람, 동물들을 끌고 가는 사람들, 수확한 것을 저장하거나 교역하는 사람들 모두 활기차 보인다. 도시와 농촌 어느 곳 하나 소외됨 없이 각자에게 주어진 일을 감당하며 아름답게 소통하고 있다.

반면 왼편에 있는 '악한 정부'를 묘사한 그림에는 뿔이 난 통치자 주위에 잔인함, 기만, 사기, 분노, 배반, 전쟁 등의 악덕을 상징하는 인물들이 등장한다. 믿음, 소망, 사랑과 대칭되는 자리에는 교만, 허영, 인색함이 자리하고 있다. 그 때문일까? 그림이 많이 훼손되기는 했지만 그들이 지배하는 세상 역시 황폐하게 변하고 있었다. 사람들은 갈등 속에 빠져 있고, 집들은 퇴락하고, 농촌 지역 역시 활기가 없다. 왜 그림이 '좋은 정부' 부분에 비해 많이 훼손된 것일까? 혹시 그곳에서 정사를 보던 이들이 외면하고 싶었던 것은 아닐까? 그 그림을 물끄러미 바라보면서 우리나라의 정치를 생각하지 않을 수 없었다. 철인까지를 바라는 것은 아니지만 정치에 나서려는 이들은 적어도 자신들에게 요구되고 있는 인간적·시민적 덕목이 무엇인지를 잘 알았으면 좋겠다. 정의롭지만 평화롭고, 용감하지만 지혜로운 정치인들을 만나고 싶다.

시에나 두오모Siena Duomo는 매우 아름답다. 조반니 피사노Giovanni Pisano의 솜씨가 빚어낸 고딕 양식의 전면부는 매우 화려하다. 두오모 건너편, 지금은 사용하지 않는 병원 벽에 기대 앉아 한참을 바라보았다. 이곳은 로마로 순례 여행을 가는 이들이 꼭 거쳐 가게 되어있는 곳이었는데, 순례자의 마음이 되어 교회를 바라보니 감동이일었다. 길 위에서 겪는 위험과 고통이 얼마나 컸을 것인가? 걷고또 걷던 순례자가 이곳에 이르렀을 때 나처럼 두오모를 바라보는것만으로도 감동했을 것이다. 마치 안전한 포구에 당도한 것 같은느낌 아니었을까? 순례자의 마음이 되어 천천히 예배당 안으로 들어갔다. 출입문 바닥에는 흑색과 백색 대리석으로 상감한 세리와바리새인의 기도 모습이 새겨져 있었다. 예배에 임하는 마음 자세를 가다듬으라는 뜻일 것이다. 시에나 두오모는 고개를 위로 들기보다는 바닥을 살피는 일이 더 중요한 듯하다. 출입문에 들어서면서 맨 처음 만나는 바닥 그림은 철학자들의 모습을 담고 있다. 철학도 하나님의 뜻을 밝히는 데 소중한 역할을 한다는 뜻일 것이다. 각각의 그림의 테두리 구실을 하는 육면체 모양의 기하학적 문양들은마치 천국에 오르는 계단인 양 상승감을 느끼게 만들었다. 원주에서부터 중심을 향해 우뚝 솟구친 기둥들로 이루어진 바퀴살 모양의문양 역시 깊은 상징을 숨기고 있었다. "서른 개의 바퀴살이 하나의

두 번째.

바퀴통으로 향한다. 그 바퀴통 속의 빔이 마땅하여 수레의 쓰임이 있다”했던 노자의 말이 떠오르기도 하고, “세상의 모든 사람이 중심을 향하여 걸으면 서로에게 더 가까이 다가가게 된다”는 시리아 성인의 말도 떠올랐다. 바닥 그림 하나하나가 인생의 영적인 성숙 과정을 표현하고 있었다.

번잡스런 세태를 뒤로하고 높이 솟은 나뭇가지 위에 앉은 독수리의 모습 앞에서 오래 서 있었다. 독수리의 눈앞에는 알에서 부화한 지 얼마 안 되는 새끼들을 노리는 징그러운 뱀 한 마리가 있는데, 독수리는 흔들리지 않는 눈으로 뱀을 직시하고 있었다. 아, 신앙이란 위험이나 시련이 없는 것이 아니라 그것을 두려움 없이 직시하는 것이구나. 제단에 가까운 곳에서 이런 그림을 만난다는 것은 영적으로 상당히 훈련된 사람이라 해도 이런저런 시련과 영적 위기가 찾아올 수도 있음을 보여주기 위함이 아닐까?

중앙 제단 앞에 새겨진 그림은 영적 여정의 마지막을 보여주고 있었다. 물맷돌을 든 다윗과 그 돌에 맞아 비틀거리고 있는 골리앗을 좌우로 한 채 중앙에는 많은 이들과 함께 하나님을 찬양하는 다윗의 모습이 새겨져 있었다. 결국 신앙의 종국은 하나님에 대한 찬양이라는 뜻일 게다. 바리새인과 세리의 기도에서부터 시작되어 여러 가지 영적 상승 과정을 거친 후 마침내 찬양에 이르는 과정이 인상 깊었다.

교회 밖으로 나가 다시 건너편을 바라보았다. 그곳이 병원이었던 까닭을 이제는 알겠다. 고통 받는 이들, 특히 순례자들을 돌보기 위해서였다. 순례자들을 돌보는 것은 중세 교회의 매우 중요한 일 가운데 하나였던 것이다. 순례의 전통을 잃어버린 오늘의 교회, 그리고 영적 성숙을 향해 나아가지 못하는 오늘의 신앙생활을 통렬히 반성하게 된 하루였다. 피자 한 조각을 우물거리며 시에나 사람들의 여유로운 저녁을 흘낏거렸다. 손자를 데리고 나와 산책하고 있는 할머니, 마을 어디를 가도 있는 작은 공원에 나와 시원한 바람을 쐬며 담소하는 사람들, 바에 모여 이야기꽃을 피우는 사람들. 참 평화로운 저녁이다.

가진 것이 많아 부끄러웠고, 그것을 포기하지 못해 부끄러웠다.

많은 것을 누리고 살면서도 여전히 새처럼 불안해하는 내가 속상했다.

세 번째.

어둠에서 빛으로

네 마음 중심에 숨어 있는 내가 아니라면

누가 너를 고통스럽게 만들 수 있었겠느냐.

내가 거기에서 현존하지 않았더라면

음란한 생각이 가득 찼을 때,

너는 쾌락에서 즐거움을 느꼈을 것이다.

나는 네가 원수들로부터 유혹 당하는 것을 허락했지만

너의 구원을 위해 숨어서 아무 흔들림 없도록

너를 보호하고 있었다.

지금부터 나는 네게 더 친밀하게,

더 자주 나를 드러내 보이리라.

시에나의 남쪽으로 내려가면 토스카나 지방의 아름다운 풍경과 만나게 된다. 완만한 구릉이 끝도 없이 이어진다. 수확을 앞두고 있는 밀밭, 여름 햇살을 한껏 품고 있는 올리브 나무들, 포도원이 정겹게 잇닿아 있다. 능선을 따라 구불구불 이어지는 길, 해와 구름의 움직임에 따라 시시각각으로 변하는 능선 모양과 빛깔….

토스카나 지방의 아름다움이 저절로 유지되는 것은 아니다. 아주 오래전 어느 제후가 토스카나의 지형 전체를 정밀하게 파악한 후 지표면의 선을 바꾸지 못하도록 법을 제정했다. 그 법은 지금도 여전히 유효하다고 한다. 효율성을 우선으로 생각하는 이들이 보면 어리석은 일처럼 보일지 모르지만, 장기적으로 보면 이보다 더 아름다운 결정은 없을 것이다. 이 풍경이 사람의 심성에 미칠 영향은 값으로 따질 수 없다. 유럽의 많은 도시가 도심에 들어갈 때는 차를 외곽에 세워놓도록 규정하고 있다. 편리함에 길들여진 사람들은 가슴을 칠 일이지만 시민들은 불편함을 당연하게 받아들이는 듯하다. 자기 문화에 대한 자긍심 때문일까?

리 호이나키가 《정의의 길로 비틀거리며 가다》에서 한 말에 전적으로 공감한다. 오늘날 권력과 부와 상상력과 지성과 문화생활을 조직하고 독점하려는 기관들은 세 종류의 분리 혹은 고립을 만들어 낸다고 그는 지적한다. 그 기관들은 "사람을 그 육체와 장소와 시詩로부터 떼어놓고자 노력한다"는 것이다. 도시인들은 철저히 육체로

세 번째.

부터 소외된 채 살아간다. 몸으로 할 수 있는 일이 별로 없다. 요즘에 와서 도시 농부들도 생기고 주말 농장을 운영하는 이들도 있지만 대체로 우리는 몸으로 할 줄 아는 일이 별로 없다. 스스로 어떤 일을 하기보다는 '돈'이라는 편리한 교환 수단을 확보함으로 전능성을 누리고 싶어 한다. 또 우리 몸이 머물고 있는 삶의 자리 곧 장소와도 긴밀한 관계를 맺지 못한 채 살아간다. 도시인들은 한 자리에 오래 머물면서 그 장소가 갖고 있는 이야기와 기억들과 접촉을 유지하며 살 기회가 별로 없다. 특히 서울은 좁은 땅의 활용이라는 명분으로 골목길을 없앰으로써 이웃과 더불어 살아가던 기억조차 박탈해버렸다. 근대적 삶은 또한 산문적이다. 시적 광휘의 순간을 알아차리는 감각은 퇴보한 지 이미 오래이다. 사람들은 작은 것들 앞에 멈춰 서지 않는다. 분주하기 때문이다. 작고 사소한 것들은 주목의 대상이 되지 않는다. 그래서 우리는 하나님의 숨결이 깃든 세상에 살면서도 경탄할 줄 모른다.

토스카나 지방의 완만한 언덕을 돌다가 문득 어린 왕자가 떠올랐다. 마음이 슬퍼질 때면 해 지는 모습이 보고 싶어진다면서, 의자를 돌려 놓아가며 하루에 43번이나 해 지는 광경을 보았다는 어린 왕자. 그를 사로잡은 슬픔은 어떤 것이었을까? 아마도 영문 모를 슬픔이었을 것이다. 존재 깊은 곳에서 문득문득 솟구치는 그런 슬픔 말이다. 그런데 어린 왕자는 알았을까? 아름다운 것을 보면 슬퍼지기도 한다는 사실을. 말을 잃은 채 풍경만 바라보다가 요동 너른 벌판을 보며 한바탕 울음을 터뜨릴 만한 장소라고 말했던 연암 박지원에게 빙의된 것 같은 느낌도 들었다. 하지만 나를 찾아온 슬픔은 까닭이 없지 않다. 개발과 발전이라는 명분을 내세워 땅을 파헤치고 산을 허물고 굽이굽이 흐르는 강을 직강으로 만들어 황폐하게 만드는 내 나라의 현실이 떠올랐기 때문이다.

몬테 올리베토 수도원Abbazia di Monte Oliveto Maggiore을 찾아가는 길이었다. 햇살이 아직 뜨겁기 전에 아레초Arezzo 인근에 있는 수도원에 당도했다. 시에나 출신의 베르나르도 톨로메이Bernardo Tolomei, 1272-1348가 세운 베네딕토회 수도원이었다. 관상생활에 열중하던 그는 페스트가 유럽을 휩쓸 때 대부분의 사람들이 떠나간 시에나에 들어가 환자들을 돌보다가 형제들과 함께 페스트에 감염되어 죽었다. 젊은 시절, 그는 기도를 통해 잃었던 시력을 되찾은 후 수도사로서의 삶을 시작했었다. 하나님께 받은 은혜를 이웃에게 되돌려 준 셈이다. 그는 지금 그렇게도 닮고 싶어 했던 클레르보의 베르나르도와 더불어 시에나의 수호성인으로 대접받고 있다.

이 수도원 회랑에는 르네상스 시대의 대가들인 루카 시뇨렐리Luca Signorelli와 소도마(Il Sodoma, 그의 본명은 조반니 안토니오 바치Giovanni Antonio Bazzi이고 소도마는 별명이다. '소돔 사람'이라는 뜻이지만 그는 이 별명을 싫어하지 않았다고 한다)가 이어 그린 베네딕토 성인의 일대기를 담은 프레스코화가 있다. 레오나르도 다빈치와 라파엘로의 화풍이 느껴지는 이 그림은 외부에 노출되어 있음에도 불구하고 보존 상태가 아주 양호하다. 회랑을 한 바퀴 도는 것만으로도 베네딕토의 생애와 사역을 충분히 느낄 수 있다. 서른 점이 넘는 그 작품 하나하나에 거장들이 불어넣은 숨결이 심오하다. 화가들은 등장인물을 아주 생동감 있게 그려낸다. 인간 속에 내재된 선과 악, 아름다움과 추함을 표현하는 데 거리낌이 없다. 종교적인 소재임에도 불구하고 세속적인 요소, 때로는 익살스러운 요소까지 포함시키고 있다. 꼬리를 바짝 치켜든 고양이와 꼬리를 내리고 있는 개가 생선을 앞에 두고 마주보고 있는 것 같은. 여러 해 전 수비아코에 있는 베네딕토 수도원에서 보았던 비잔틴시대의 프레스코화를 볼 때와는 느낌이 많이 달랐다. 그때는 삶과 죽음에 대한 준열한 자각 속에서 저절로 기도의 세계 속에 빠져들수밖에 없었다면, 지금은 마치 화랑을 거니는 것처럼 그림을 즐겁게 감상할 수 있었다. 내가 달라진 것일까, 화풍이 달라진 때문일까? 그럼에도 불구하고 그림 속에 숨겨진 서사성을 하나하나 짚어보는 일은 참 즐거웠다.

그곳을 떠나 찾아간 곳은 성 안티모 수도원Abbazia di Sant' Antimo이었다. 이 수도원은 아주 심한 부침을 겪었다. 13세기에 완공된 이 아름다운 로마네스크 양식의 수도원은 로마로 향하는 순례자들이 반드시 거쳐 가는 수도원 가운데 하나였다. 그러나 15세기 초에 수도원장이 음란한 행위와 연루되어 감옥에 갇히면서 몰락하기 시작했다고 한다. 1462년 교황 비오 2세가 이 말썽 많은 수도원을 폐쇄시키면서 이 수도원은 사람들의 뇌리에서 잊혀졌다. 주변에 사는 농부들은 수도원 지하 공간을 포도주 저장고로, 예배당은 다른 용도로 사용했다. 그러던 중 1980년대 초부터 이 수도원을 재건해야 한다는 의견이 대두되었고, 1992년 마침내 소수의 율수사제律修司祭,

Canon Regular들이 건물을 정비하고 이곳에 정주함으로 수도원 역사를 이어갈 수 있게 되었다. 500년 동안 끊어졌던 수도원의 역사가 다시 시작된 것이다. 이제는 몬탈치노의 남쪽 깊은 계곡, 올리브 나무와 포도나무들이 다채로운 꽃들과 어울려 작은 천국을 이루고 있는 이곳을 찾는 이들이 점차 많아지고 있다. 수도사들이 성무일도 시간에 그레고리안 성가로 드리는 기도에 동참하기 위해서이다.

오늘은 꽤 많은 이들이 이곳을 찾아왔는데 한 아기의 세례의식이 거행되었기 때문이었다. 부모는 물론이고 일가친척까지 족히 50여 명이 넘는 사람들이 모여 엄숙하지만 따뜻한 분위기 가운데 아기의 수세를 축하했다. 길고 장엄한 예전적 예배와 세례에 앞선 의식, 세례, 촛불 밝힘과 축복으로 이어지는 순서가 정성스럽게 이어졌다. 성탄절이나 부활절에 시간에 쫓기듯 하는 우리네 세례식 풍경과는 사뭇 달랐다. 예전禮典의 회복 없이는 신앙의 성숙이 어렵다는 평소의 확신을 재확인하는 순간이었다. 한 사람의 타락이 수도원 폐쇄로까지 이어졌던 바로 그 현장을 쉽사리 떠날 수 없었던 것은 지금 우리의 현실이 겹쳐 보였기 때문이다. 우리에게 희망은 있는 것일까? 수도원 종탑 앞에는 커다란 사이프러스 나무 한 그루가 서 있다. 이 나무는 예로부터 무덤 주위에 많이 심었다고 한다. 그런데 언제부터인가 교회나 수도원 주변에도 많이 심겨지고 있다. 죽음을 넘어서는 생명의 상징으로 이보다 적절한 나무가 또 있을까 싶기도 하다. 그러고 보니 사이프러스와 교회의 첨탑이 형태적으로 매우 유사하다.

세 번째.

수도원 종탑 앞에는 커다란 사이프러스 나무 한 그루가 서 있다.

죽음을 넘어서는 생명의 상징으로 이보다 적절한 나무가 또 있을까 싶기도 하다.

교회는 스스로 선택한 가난과 보잘것없는 어린양의 거울이어야 하고,

가난한 이들에게 부를 나누어주어야 하건만, 이 얼마나 부끄러운 일입니까?

세 번째.

오후 두세 시 무렵의 이탈리아 도시들은 참 한산하다. 거리를 걷는 사람도 운행하는 차도 많지 않다. 더러 연 곳도 있지만 대개의 가게들이 오후 4시까지 문을 닫는다. 물론 관광객들이 몰리는 곳은 조금 다르다. 시에나로 돌아와 타박타박 한적한 골목을 걷는데 마치 모두가 잠든 도시에 나 홀로 깨어 있는 것 같다. 이따금 손에 지도를 든 관광객들과 마주치곤 할 뿐이다. 이곳까지 왔는데 성녀 카타리나Catharina의 집을 찾지 않을 수 없었다. 페스트가 번지던 1347년에 태어나 겨우 33년을 살고 주님께로 돌아간 신비가이다. 카타리나는 어릴 때부터 많은 신비체험을 했다. 스스로 동정 서원을 하고 평생을 주님께 바치겠다고 작정했다. 그의 신심을 불안하게 여긴 부모는 카타리나를 결혼시키려고 했지만 카타리나는 한사코 그 요구를 거절했다. 오히려 여성적 매력을 없애기 위해 애썼단다. 그러나 자기 욕망을 억제하고 숨기려 하면 할수록 영적 유혹은 깊어졌다. 그 유혹을 이기기 위해 고행을 했지만 마음의 욕정은 스러지지 않았다. 카타리나는 그의 저서 《대화》에 하나님과의 문답을 기록해놓았다.

"나의 주님! 악마들이 그 숱한 음란함을 통해 내 마음을 괴롭혔을 때 당신은 어디 계셨습니까?"

"나는 네 안에 있었다."

"오! 주님 친히 진리이신 당신 앞에 나는 엎드려 말씀드립니다. 내 마음은 혐오스럽고 더러운 생각으로 가득 차 있었는데 어떻게 당신께서 거기 계실 수 있었는지요?"

"그러한 생각과 유혹들이 네 마음 안에 무엇을 가져다주었느냐? 즐거움이었느냐, 고통이었느냐, 기쁨이었느냐, 슬픔이었느냐?"

"큰 고통과 갈등이었습니다."

"네 마음 중심에 숨어 있는 내가 아니라면 누가 너를 고통스럽게 만들 수 있었겠느냐. 내가 거기에서 현존하지 않았더라면 음란한 생각이 가득 찼을 때, 너는 쾌락에서 즐거움을 느꼈을 것이다. 나는 네가 원수들로부터 유혹당하는 것을 허락했지만 너의 구원을 위해 숨어서 아무 흔들림 없도록 너를 보호하고 있었다. 지금부터 나는 네게 더 친밀하게, 더 자주 나를 드러내 보이리라."

깊은 영적 깨달음이다. 18세 되던 해에 카타리나는 도미니코 제 3회에 입회했다. 세속에 머물면서 도미니코의 정신을 실천하는 모임이었다. 카타리나는 빈민층, 병자, 과부를 돌보는 일에 진력했다. 배운 것이 없는 터였지만 그는 여성 가운데는 단 두 명에게만 부여된 '교회의 박사'라는 명예로운 호칭을 얻었다. 카타리나의 깊은 영성 덕분이었다. 카타리나의 몸에는 프란체스코의 몸에 나타났던 것과 같은 오상이 있었다고 한다. 고행과 기도생활, 고된 봉사활동을 하나님은 신비한 경험으로 갚아주신 것인지도 모르겠다. 카타리나의 집 위에 세워진 작은 예배당에 앉아서 왜 중세에는 여성 신비가들이 그렇게 많이 나타났는지를 생각해보았다. 어쩌면 그것은 여성에 대한 사회적·심리적·종교적 억압 때문일 것이다. 당시에는 여성이 아담을 범죄로 이끈 유혹자라는 생각이 널리 퍼져 있었고, 따라서 여성의 몸은 혐오스러운 교정의 대상으로 여겨졌다고 한다. 카타리나는 그런 남성중심사회의 편견에 도전하기보다는 그것을 오히려 내면화하고 자기를 극복하는 길을 채택했다. 음식 섭취를 극소화한다든지, 잠자리에 거의 눕지 않는다든지, 몸에 채찍질을 한다든지, 힘에 부칠 정도로 봉사활동을 함으로써 카타리나는 자기 속에 있는 욕망과 조우하기를 피했다. 그런 과정 가운데 신비체험을 많이 한 것이다. 성령 체험, 환시, 기적 등은 교회 안에서 새로운 영적 자산이 되었다. 그 체험들은 당시 교권을 장악하고 있는 이들이나 남성 학자들과는 또 다른 차원의 영적 권위를 만들어냈던 것이다. 그 때문인가? 교황조차도 카타리나의 말을 경청하기 시작했다. 카타리나는 평생 교황권을 지켜내기 위해 애썼지만, 교황과 교회를 서슴없이 비판하기도 했다.

"교회는 스스로 선택한 가난과 보잘것없는 어린양의 거울이어야 하고, 가난한 이들에게 부를 나누어주어야 하건만, 이 얼마나 부끄러운 일입니까? 그러기는커녕 세상의 사치와 야망, 그리고 허망 속에서 살고 있지 않습니까? 그것은 세속인들보다 천 배는 더 나쁜 것입니다."

《대화》에 나오는 이 말은 카타리나가 하나님의 마음에 깊이 뿌리내리고 있음을 입증한다. 하지만 그렇다고 하여 카타리나가 무오류의 사람은 아니다. 그도 또한 자기 시대의 한계 안에 갇혀 있었다. 사람들에게 주님을 위해 십자군 전쟁에 출정할 것을 권고하기도 했고, 부자들에게 그 비용을 충당할 것을 요구하기도 했다. 결국 인간의 인식이란 부분적일 수밖에 없는 것일까? 카타리나의 집에 앉아 엉뚱하고 불경하게도 나는 '인간 인식의 한계'와 '억압받는 여성 주체들'에 대해 생각하지 않을 수 없었다.

The Sacred Journey
6. 29.

집을 떠나 두 번째 맞이하는 주일이다. 언제나 그러하듯 헤른후트 기도서로 새날을 맞는다. "수고하고 무거운 짐 진 자들아 다 내게로 오라. 내가 너희를 쉬게 하리라"마 11:28. 예수님이 세상의 모든 죄를 짊어지셨다는 말은 어쩌면 인간이 유한함 때문에 겪을 수밖에 없는 온갖 모순과 죄 그리고 슬픔의 무게까지도 다 받아 안으셨다는 말이 아닐까? 그 품에서 제외되는 사람은 없다. 다만 그분께로 나아가고 안 가고는 각자의 선택일 뿐이다. 가끔 누군가에 대한 원망과 미움이 찾아올 때가 있다. 떨쳐버리려고 해도 잘 안 된다. 무거운 짐이란 그런 것일 게다. 그 짐을 주님께 가지고 나간다는 것은 그 한량없는 자비하심 앞에 푹 고꾸라지는 것이 아니겠는가? 그분 안에서 바라보면 지금 나를 괴롭게 하고 있는 이들조차도 다 에덴의 동쪽을 서성이고 있는 가련한 이웃들이다. 오늘 내 품은 잘 열릴 것인가?

세 번째.

"내 계명을 지켜 살며 내 법을 네 눈동자처럼 지키라"^{잠 7:2}. 하나님의 법을 눈동자처럼 지킬 수 있을까? 위험이 다가오면 본능적으로 눈을 감듯이 그렇게 주님의 계명을 지킬 수 있을까? 순간순간 영원에 잇대어 살지 않는 한 무망한 노릇이다. "쉬지 말고 기도하라" 이르신 까닭이 여기에 있을 듯하다. 니체는 《즐거운 지식》에서 대낮에 등불을 들고 광장에 나가 "나는 신을 찾고 있다"고 외쳤던 광인 이야기를 한다. 신을 믿지 않는 이들은 "신이 길을 잃었는가?" "신이 숨어버렸는가?" "그는 우리를 겁내는가?" 하면서 광인을 비웃었다. 하지만 신은 길을 잃은 것도, 숨은 것도, 도망친 것도 아니다. 다만 우리가 눈을 감고 있을 뿐이다. 예민한 아픔으로 세상과 만나지 않는 한 신의 현존을 경험할 수 없다. 세상에 가득 찬 슬픔이 무지근한 아픔이 되어 다가온다. 슬픔의 관념 말고, 슬픔의 현장과 더 깊이 연루되어야 한다.

짐을 챙겨 들고 시에나 역으로 나갔다. 예정된 시간이 되어도 오지 않는 로마행 버스를 기다리며 마음이 조금 초조해졌다. 그러다 아리아나 허핑턴이 《제3의 성공》에서 한 말을 떠올리며 혼자 웃었다. 그는 가젤이 자신의 역할 모델이라 말한다. 가젤은 위험을 감지하면, 예컨대 표범이나 사자가 접근하면 최선을 다해 도망친다. 그러나 일단 위험이 지나가면 곧바로 멈춰서서 마치 아무런 근심도 없다는 듯이 평화롭게 풀을 뜯는다. 천진함일까, 정신의 복원력일까? 낯선 곳일수록 이런 느긋함을 충분히 발휘해야 한다. 그렇지 않으면 불안해져서 아무것도 볼 수 없기 때문이다. '오든지 말든지 맘

대로 해라' 하는 순간 차가 왔다.

로마로 가는 길, 토스카나 지방의 여름 풍경을 즐길 수 있었다. 완만한 구릉, 아담한 크기의 나무들, 마을 입구마다 보이는 사이프러스 나무, 키 작은 해바라기가 끝 간 데 없이 피어 있는 밭, 길가에 피어 있는 접시꽃, 모두 정겨운 친구들이었다. 작은 호숫가마다 주말의 남은 때를 즐기려는 이들이 한가롭게 모여 앉아 거늑한 풍경을 이루고 있었다. 삶의 무게에 짓눌리지 않기 위해서는 예정된 휴식 시간predictable time off이 필요하다는 말에 공감한다. 지금 안식을 누리는 연습을 하지 않으면 언젠가 한가한 시간이 주어져도 그것을 누리지 못한다. 휴식도 훈련이 필요하다. 진정한 삶이 무너진 시대에 살기에 이반 일리치의 말이 더 큰 울림이 되어 다가온다.

"마을의 공유지에 참나무가 한 그루 서 있다. 여름이면 그 나무 그늘은 양들의 쉴 곳이 되고, 도토리들은 인근 농민들이 키우는 돼지의 먹이가 되며, 마른 나뭇가지들은 마을의 과부들에게 땔감으로 제공한다. 봄철에 새로 생긴 잔가지들은 성당을 꾸미는 데 요긴하게 쓰인다. 그리고 해 질 무렵이면 그 참나무 밑에서 마을 의회가 열린다."

창밖을 우두커니 내다보다가 절벽 위에 세워진 도시가 불쑥 나타나 시선을 빼앗기도 한다. 그 도시들은 대개 고색창연하여 비교적 새뜻한 산 아래 마을과 대조된다. 도시 국가 간의 잦은 전쟁과 질병을 피해 높은 곳을 찾아 올라간 이들이 일군 삶의 터전을 그 후손들이 지키며 살고 있는 것이다. 불편한 게 어디 한두 가질까만, 그래

세 번째.

도 그들은 그 삶을 즐기는 법을 익혔을 것이다. 사람만큼 환경에 잘 적응하는 동물이 또 있을까?

로마에 있는 신앙인들과의 만남은 짧았지만 따뜻했다. 그곳에서 음악을 전공하는 이들이 바치는 찬양은 경이로웠다. 그들이 내는 소리는 높은 천정과 벽에 부딪치고 돌아와 공간을 가득 채웠다. "존귀 존귀 존귀하신 주, 주의 크신 영광 주의 크신 권능. 주의 크신 선함과 은혜 … 주의 뜻을 알도록 나를 가르치소서. 어둠에서 빛으로 걸어가게 하소서. 주와 함께 언제나 동행하게 하시고 영원하신 빛으로 인도하여 주소서." 마음 깊이 '아멘'으로 화답했다.

짧은 만남을 뒤로 하고 기차를 이용해 피렌체로 이동했다. 르네상스의 중심 도시이자 수많은 예술가들과 문인들의 고향이다. 바깥 풍경에 눈길을 주다가, 잠시 단테의 《신곡》의 몇 대목을 뒤적이다 보니 벌써 피렌체. 예약해둔 숙소가 게스트하우스와 유사한 곳이라 눈에 띄는 간판이 있는 것도 아니어서 하마터면 지나칠 뻔했지만 그래도 수월하게 잘 도착했다. 예정된 체크인 시간에 맞춰가지 못했더니 주인은 굳게 닫힌 문 앞에 장문의 편지가 든 봉투를 놓아둔 채 사라지고 없었다. 그래도 문을 열고 들어갔으니 다행 아닌가? 물을 사러 나갔다 돌아오니 주인이 반겨준다. 딸들로 보이는 아가씨들은 수줍은 미소로 인사를 대신한다. 이곳에서는 어떤 인연이 기다리고 있을까? 서쪽 하늘이 붉게 물든 것을 보고 들어왔는데 요란한 천둥소리와 함께 세찬 비가 내리기 시작했다. 장쾌한 천둥소리와 빗소리가 왜 이리 반가운 것일까?

어린 시절 시골에 살던 때가 떠오른다. 비가 오면 아버지는 물꼬를 보러 도롱이를 걸치신 채 논으로 가시고, 어머니는 비설거지 하느라 분주하셨다. 비에 발이 묶여 친구들을 찾아가지도 못할라치면 인생이 그렇게 쓸쓸할 수가 없었다. 그때마다 안방 뒤꼍으로 난 여닫이문을 열어젖히고는 장독대에 떨어지는 빗방울을 망연히 바라보곤 했다. 어떤 때는 마루 끝에 걸터앉아 발을 대롱거리며 처마 끝에서 떨어지는 낙숫물의 궤적을 헤아려보려고 안간힘을 다하기도 했다. 무료함을 이기기 위한 몸부림이었다. 비 오는 날 나를 찾아오곤 했던 존재론적 질문을 지금도 생생하게 기억한다. '나는 왜 중섭이가 아니지? 내가 중섭이 집에 태어났으면 중섭이처럼 생각할까?' (중섭이는 바로 옆집에 살던 친구이다.) 비는 갑자기 '나'를 낯설게 만들었던 것이다. 이 질문은 내게 매우 심각한 질문이었다. 물론 비가 물러나면 이 질문 또한 금방 잊혀졌다. "빗소리 들리면 떠오르는 모습 달처럼 탐스런 하얀 얼굴"(둘다섯 〈긴 머리 소녀〉)은 없지만 빗소리를 타고 오는 기억조차 막을 수는 없는 노릇이다.

피렌체의 이 우거에서 두서없이 찾아오는 생각을 방치해둔다. 비 때문이다. 생각은 달리고 또 달려 변영로 선생의 일화에까지 이르렀다. 어느 날 공초 오상순, 성재 이관구, 횡보 염상섭 선생이 그를 찾아갔다. 호방하기로 둘째가라면 서러워할 사람들이었다. 의기투합하여 교외에 나가 거나하게 술을 마신 것까지는 좋았는데, 난데없는 구름장이 한 장 뜨더니 그것이 커지고 퍼져 마침내 비를 뿌리기 시작했다. 처음엔 비를 피할 생각도 있었겠지만 결국은 속수무

세 번째.

책으로 흠뻑 젖고 말았다. 그때 공초 오상순이 기상천외한 제안을 했다. 입고 있는 옷을 모두 찢어버리자는 것이었다. 동료들이 쭈뼛 거리자 공초는 서슴없이 옷을 찢었다. 나머지도 뒤질세라 옷을 찢 었다. 노래를 부르고 춤을 추며 언덕을 내려오던 그들은 소나무에 매어 놓은 소까지 잡아타고 시내로 들어갔다 한다. 가히 광태라 할 수 있지만 왠지 그런 이들이 그리워지는 밤이다. 좀처럼 길들여지 지 않는 사람들 말이다. 빗소리 장단에 귀를 기울이며 잠을 청한다.

The Sacred Journey
6. 30.

언제 그랬냐는 듯 날이 맑게 개었다. 이른 아침 아직 사람들의 내 왕이 뜸할 때 아르노Arno 강변을 따라 한 시간쯤 걸었다. 아펜니노 산맥에서 발원하여 피렌체와 피사를 거쳐 지중해로 흘러가는 아르 노 강은 평화롭기만 하다. 조깅을 하는 이들이 더러 보인다. 아침 강은 주변의 풍경을 품고 있을 뿐 고요하기 이를 데 없다. 아침 산 책을 마치고 두오모 옆에 있는 조토의 종탑에 올랐다. 높이 85미터 에 폭 15미터인 이 탑의 설계자인 조토는 그림으로도 유명하지만 건축에도 탁월한 재능을 보였다. 그는 역원근법을 이용하여 종탑을 만듦으로써 종탑의 위와 아래 크기가 같아 보이게 설계했다. 실제 로는 아래보다 위쪽이 더 넓다는 말이다. 곁에서만 보아도 그만인

종탑에 오른 까닭은 피렌체를 조감하고 싶어서였다. 스탕달Stendhal 은 피렌체에서 만날 수 있는 르네상스 시대의 놀라운 예술 작품 앞에서 "심장의 박동이 빨라지고 정신이 혼미해지는 경험을 했다"고 한다. 그래서 예술 작품을 보다가 쓰러질 정도의 감동에 사로잡히는 것을 일러 '스탕달 신드롬'이라 한다. 스탕달의 그런 체험을 조금이라도 공유할 수 있을까?

조토의 종탑에서 내려다본 피렌체는 붉은 색 지붕의 도시였다. 곳곳에 이정표가 될 만한 커다란 성당이 곳곳에 산재해 있었다. 산타 마리아 델 피오레 두오모, 산타 마리아 노벨레, 산 로렌초, 산 크로체, 산 마르코 성당 등이 한눈에 들어왔다. 베키오 궁전 정문 아치 위에는 베르나르도 성인의 마크 아래, 메디치 가문의 상징인 사자상을 좌우로 거느린 채 'Rex Regum et Dominus Dominantinum'이라는 구절이 새겨져 있다. 피렌체는 '만왕의 왕, 만주의 주'이신 예수 그리스도만을 섬긴다는 뜻일 것이다. 그 말이 결코 허언이 아님을 알 수 있었다.

하지만 나의 관심은 그 커다란 성당들이 아니었다. 시뇨리아 광장Piazza della Signoria이야말로 피렌체에서 가장 오래 머물고 싶은 곳이었다. 광장의 역할은 다양하다. 사람들이 만나 서로 소통하는 자리인 동시에, 선동과 혁명의 못자리이기도 하다. 과거의 독재자들은 광장을 크게 만들어 다중을 동원하고 또 그들을 체제의 도구로 삼으려 했지만, 지금의 권위주의적인 정치인들은 광장을 없애고 싶어 한다. 그곳을 시민의식의 학습장 혹은 기존 질서에 대한 집단적

세 번째.

불만을 표출하는 장소로 여기기 때문이다. 시뇨리아 광장 한 켠에는 메디치 가문의 위대한 자 코시모도의 기마상이 서 있고, 그 맞은편에는 도나텔로가 만든 사자상 '마르조코'가 앞발로 피렌체의 상징인 '백합꽃 문양'을 들고 좌대에 앉아 있다.

베키오 궁전 가까운 곳에 있는 란치의 회랑Loggia dei Lanzi에는 여러 점의 수준 높은 르네상스 시대의 작품이 전시되어 있다. 그런데 그 작품들은 그저 감상하라고 그 자리에 있는 것이 아니다. 그 작품들은 제각기 피렌체의 역사를 반영하고 있다. 몇 작품만 소개한다. 첼리니가 1554년에 완성한 청동조각상 〈메두사의 머리를 벤 페르세우스〉는 완성도가 높은 작품이라 말할 수는 없다. 페르세우스의 우람한 근육은 지금의 보디빌더를 연상케 할 정도이다. 하지만 소재가 주는 긴장감 때문인지 작품은 생동감이 넘친다. 그런데 왜 이 작품은 꼭 여기에 서 있어야 하는 것일까? 이 작품을 주문한 사람은 코시모 데 메디치이다. 그는 절대 권력에 도전하는 자들이 맞이할 수밖에 없는 운명을 메두사를 통해 보여주고 싶었던 것인지도 모른다.

1460년 도나텔로가 완성한 청동조각상 〈유딧과 헬로페르네스〉는 이와는 다른 메시지를 전달하고 있다. 유딧은 외경에 등장하는 인물로 아시리아에 포위되었던 마을을 구하기 위해 적장을 술로 유혹한 후에 그의 목을 베어버린 여성 영웅이다. 무능한 메디치 가문의 통치에 저항하던 시민들은 메디치 궁에 있던 이 작품을 란치 회랑으로 끌어낸 후 좌대에 이런 문구를 새겼다 한다. "왕국은 호사를 통해 멸망하며 도시는 미덕을 통해 일어난다. 보라! 겸손의 손에 의해 효수된 자의 머리를." 피렌체 통치에 대한 의지를 보여주기 위해 메디치 가문의 주문으로 제작되었던 작품이 거꾸로 무능한 정치가들에 대한 엄중한 경고로 의미 변화를 겪은 것이다.

베키오 궁전 정문 앞에는 두 개의 거대한 조각상이 서 있다. 하나는 미켈란젤로의 〈다비드〉이고, 다른 하나는 바르톨레메오 반디넬리의 작품인 〈헤라클레스와 카쿠스〉이다. 나란히 서 있는 두 작품이 그렇게 사이 좋아 보이진 않는다. 〈다비드〉 상의 진품은 훼손을 우려해 아카데미아 미술관으로 옮겨져 있지만, 모사본인 이곳 작품 역시 장엄하다. 미켈란젤로가 1504년에 완성한 이 작품은 시민들이 독재 권력을 몰아내고 공화국을 되찾은 것을 기념하기 위해 이 자리로 옮겨왔다고 한다. 골리앗을 물리친 다윗을 '시민 저항'의 상징으로 삼은 것이다. 다윗 손에는 눈에 잘 띄지도 않는 작은 돌이 하나 쥐어져 있을 뿐이다. 하지만 〈헤라클레스와 카쿠스〉는 또 다른 상황을 반영하고 있다. 헤라클레스는 커다란 몽치를 들고 있다. 헤라클레스는 열 번째 시련을 완수하고 게리온의 소 떼를 몰고 '카쿠스'가 사는 곳을 지나갔다. 그런데 소가 탐났던 카쿠스는 몇 마리를 훔쳐 달아났다. 그를 추격한 헤라클레스는 그를 죽이고 소를 되찾았다. 메디치 가문은 재집권에 성공한 후 이 작품을 세움으로써 시민들에게 무언의 경고를 하고 싶었던 것이 아닐까?

광장 한복판에는 직경 1미터가 채 안 되는 동판이 박혀 있다. 동판은 바로 그 자리에서 마르코 수도원의 원장이었던 사보나롤라 Girolamo Savonarola가 그의 제자 두 명과 함께 화형된 곳임을 알리고

세 번째.

있었다. 이 동판은 4세기 후의 사람들이 추모의 뜻을 담아 만든 것이다. 도미니코회 수도원장이었던 사보나롤라는 1498년 메디치 가문을 추방하고 시민정부를 세웠던 사람이다. 시민들의 열렬한 환영을 받았음은 물론이다. 그는 그런 열정적 지지를 기반으로 신정 정부를 세우고 싶어 했다. 가슴이 뜨거웠던 그는 성직 매매를 일삼는 로마 교황청과 허영심에 사로잡힌 피렌체 시민들을 준열하게 비판했다. 그의 사자후는 많은 사람들을 회개케 했다.

하지만 언제나 지나친 종교적 열정은 화를 부르게 마련이다. 그는 자기 한계를 지키지 못하고 지나치게 확신에 찬 지도자가 되고 말았다. 1497년, 카니발 축제 때 그는 허영의 화형식을 거행하면서 사람들이 소중히 여기던 것들을 시뇨리아 광장에 쌓아놓고 불을 질렀다. 시민들의 반감을 샀음은 물론이다. 이를 기화로 교황청은 사보나롤라를 이단으로 정죄했고 시민들은 그를 붙잡아 화형시키고 말았다. 과유불급過猶不及이라지 않던가? 지나치게 자기 확신에 찬 종교 지도자들은 늘 위험하다. 세상의 모든 근본주의는 차이를 인정하려 하지 않는다. 자기의 오류 가능성을 결코 시인하지 않는다. 그렇기에 어느 종교이든 근본주의는 역사에 어두운 그늘을 드리우게 마련이다. 시민과 정치인, 교회와 국가가 창조적 긴장 속에서 서로를 존중하는 세상의 꿈은 몽상에 지나지 않는 것일까? 수많은 관광객들이 사진 촬영에 여념이 없는 시뇨리아 광장에서 나는 내 나라를 생각하지 않을 수 없었다.

햇살이 조금씩 따가워질 때 도심을 벗어나기로 했다. 피렌체를

두 평도 채 되어 보이지 않는 그곳에서 그들은 그리스도와의 깊은 일치를 소망하며

기도에 정진했다. 열어놓은 작은 창을 통해 들어오는 환한 빛이 마치 그들의 존재인 양 싶어

옷깃을 여미지 않을 수 없었다.

세 번째.

에워싼 산들 가운데 아주 높은 곳에 세워진 마을 피에솔레Fiesole에는 작고 아담한 프란체스코 수도원Chiesa di San Francesco이 서 있었다. 가파른 언덕을 허위단심으로 걸어 올라가니 한눈에 보기에도 소박한 수도원이었다. 프란체스코가 세상을 떠나고 얼마 지나지 않아 그가 시성되자 형제들 가운데는 수도원을 크게 지어야 한다는 이들이 생겨난 반면 원래의 뜻을 저버리면 안 된다는 이들도 있었다. 이 수도원은 그런 입장을 따르는 이들이 중심이 된 수도원이다. 그곳에는 베르나르도 성인을 비롯한 초기 수도사들이 기도에 정진하던 방이 보존되어 있었다. 낡은 책상과 의자 하나, 그리고 딱딱한 나무 침대가 전부였다. 두 평도 채 되어 보이지 않는 그곳에서 그들은 그리스도와의 깊은 일치를 소망하며 기도에 정진했다. 열어놓은 작은 창을 통해 들어오는 환한 빛이 마치 그들의 존재인 양 싶어 옷깃을 여미지 않을 수 없었다.

크고 화려한 예배당보다 이런 작고 소박한 장소에 설 때 마음이 말랑말랑해지는 것을 보면 나는 역시 큰 종 체질은 아닌가 보다. 하나님과의 깊은 일치를 지향했던 수도사들의 염원과 그리움에 사로잡혀 있는데 난데없이 정호승의 시 〈스테인드글라스〉가 떠올랐다. 시인은 스테인드글라스를 통과한 저녁 햇살의 눈부심을 이야기한다. 그리고 "모든 색채가 빛의 고통이라는 사실을 / 나 아직 알 수 없으나 / 스테인드글라스가 / 조각조각 난 유리로 만들어진 까닭은 / 이제 알겠다"고 말한다. '이제 알겠다'라는 구절은 '내가 산산조각 난 까닭도'란 말과 함께 한 번 더 반복된다.

세 번째.

언젠가 어느 수사님 한 분에게 수도원 생활이 어떠냐고 물었더니 그저 쓸쓸하게 웃었다. 그리고 지나가는 듯한 어조로 말했다. "부모 형제 다 버리고 온 독한 사람들이 모여 사는 곳이니 오죽하겠어요? 힘들 때도 있어요." 더 물을 수가 없었다. 다만 그의 깊어짐을 위해 기도할 뿐이었다.

다시 아르노 강변으로 내려갔다. 저녁나절이 되어서인지 노천 카페에 사람들이 제법 많았다. 선선한 바람이 마음을 상쾌하게 한다. 쌓였던 피로가 물러가는 느낌이다. 카누를 타는 사람들을 바라본다. 그리고 가족들이 함께 보내는 즐거운 한때를 흘깃거린다. 탈진 예방을 위해 이탈리아 사람들로부터 배울 수 있는 것이 몇 가지 있다 한다. 리포소riposo는 오후의 휴식 시간이다. 그들은 참 잘 쉰다. 파세지아타passeggiata는 해 질 무렵 사람들이 모여 마을을 천천히 걷는 것을 이르는 말이다. 그 걸음을 통해 마을은 하나가 된다. 만나는 사람들은 흉허물 없이 안부를 묻고 이야기를 나누기도 한다. 아이들과 어른들의 대화 모습도 참 자연스럽다. 잠시 머물다 가는 사람이 이들의 속사정을 깊이 알 수는 없는 노릇이지만 강변에 나온 시민들의 표정이 참 좋다. 하루가 또 이렇게 저물어간다.

네 번째.

멈추어 서는 시간

네가 이타카로 가는 길을 나설 때,

기도하라, 그 길이 모험과 배움으로 가득한

오랜 여정이 되기를

라이스트리콘과 키클롭스

포세이돈의 진노를 두려워 마라.

네 생각이 고결하고

네 육신과 정신에 숭엄한 감동이 깃들면

그들은 네 길을 가로막지 못하리니

네가 그들을 영혼에 들이지 않고

네 영혼이 그들을 앞세우지 않으면

라이스트리콘과 키클롭스와 사나운 포세이돈

그 무엇과도 마주치지 않으리.

"정직한 자들에게는 흑암 중에 빛이 일어나나니 그는 자비롭고 긍휼이 많으며 의로운 이로다"시 112:4. 마음을 열고 말씀 앞에 엎드리면 내면에 질서가 생기고 고요함이 생성된다. 해석하려고 하지 않아도 괜찮다. 특히 아침에는 그렇다. 말씀으로 세상을 창조하심과 같이 나를 향해 "빛이 있으라" 하시는 그분의 음성만 기다리면 된다. "진리를 알지니 진리가 너희를 자유롭게 하리라"요 8:32. 이 말씀만 꼭 붙들면 된다. 삶이 복잡할수록 단순한 진실에 충실해야 한다. 박이약지博而約之라 했다. 두텁게 알아야 하지만 그것을 하나로 꿸 수 있어야 한다는 말이다. 그 '하나'는 책을 통해서가 아니라 삶을 통해서만 찾아진다. 오늘 하루가 우리에게 선물로 주어진 것은 그 하나를 찾으라는 뜻이 아닐까? 마치 보물찾기처럼 정답이 어딘가에 숨겨져 있다는 말이 아니다. 찾음의 과정 자체가 그 하나를 향해 우리를 이끌어 갈 것이다. 답은 생성되는 것이다.

아침 일찍 우피치 회랑을 다시 둘러보았다. 르네상스를 만든 사람들의 입상을 피렌체 사람들은 자랑스레 세워놓고 있다. 그 입상은 보이지 않는 그들의 자부심이다. 위대한 정신을 낳은 도시라는 자부심 말이다. 인물은 시대가 낳는 것인가? 어쩌자고 하나님은 재능 있는 사람들을 같은 시대, 같은 도시로 보내셨단 말인가? 화가, 조각가, 건축가들의 입상 앞에 멈춰 서서 낯익으면 낯익은 대로, 낯설면 낯선 대로 그들의 이름을 가만히 불러보았다. 그러다가 단테,

네 번째.

보카치오, 페트라르카에 이르렀을 때에는 조금 가슴이 벅차올랐다. 그들은 인문주의를 만든 사람들이다. 지금도 이탈리아의 표준어는 피렌체 말인데, 그것은 바로 이들이 이탈리아의 모국어를 가장 아름답게 가꾸었기 때문일 것이다.

피렌체 르네상스는 어떻게 가능했을까? 십자군 전쟁 시기를 지나면서 유럽은 전반적인 사회 변동을 겪고 있었다. 이슬람 세계에서 유입된 책들로 인해 자연 과학이 급속도로 발전했고, 농업 중심의 경제 활동은 상업 중심으로 재편되었다. 피렌체는 그런 변화의 와중에 급속히 부를 축적했다. 도시는 사람들에게 다양한 직업을 제공했기에 많은 이들이 농촌을 떠나 도시로 몰려들었다. 그런데 직업을 얻기 위해서는 나름대로의 전문 지식이 필요했고, 그런 지식을 획득하기 위해서는 언어 습득이 필수였다. 학문 세계에서 주로 통용되던 라틴어가 아닌 대중들이 사용하는 이탈리아어에 대한 수요가 늘어나고 있던 바로 그 시기에 앞서 언급한 그 세 사람이 이탈리아어를 아름다운 언어로 다듬었던 것이다. 새로운 시대는 새로운 사람을 찾는 법이다. 그 시대는 지식과 덕과 인격을 갖춘 사람을 요구했다. 인문학이 발달할 수밖에 없었던 것은 그 때문이다.

우피치 회랑을 서성이다가 페트라르카의 입상 앞에 서서 가만히 그의 얼굴을 바라보았다. 월계관을 머리에 쓴 그는 하늘을 바라보고 있다. 물론 시선이 향한 곳은 창공이 아니라 자기 내면일 것이다. 그가 36세 되던 해에 일어났던 한 사건이 떠올랐다. 아비뇽 근처에 있는 해발 1912미터의 몽방뚜Mont Venntoux에 올라간 그는 아

그 줄 끝에 서서 대체 어떤 힘이 이들을 자발적으로 이곳까지 불렀나 생각했다.

작품은 그저 그곳에 있을 뿐이다.

자기 존재를 드러내기 위해 아무런 일도 하지 않는다.

네 번째.

름다운 풍경을 즐기다가 책벌레답게 가지고 간 책을 펼쳐들었다. 아우구스티누스의 《고백록》이었다. 아우구스티누스는 그 책에서 산의 아름다움, 풍랑이 이는 바다의 아름다움, 굽이치며 흐르는 강물의 아름다움, 별들의 운행을 경이롭게 바라보면서도 정작 자기 내면의 아름다움을 살피지 않는 인간의 버릇을 탄식했다. 페트라르카는 그 대목에서 책을 덮었다. 자기 자신의 모습을 보는 듯했기 때문이다. 그는 눈에 보이는 아름다움은 인간 영혼의 아름다움에 견줄 수 없다는 사실을 깊이 자각했다. 의식의 코페르니쿠스적 전환이 일어난 것이다. 이 사건이 그의 문학적 변모의 모멘텀이었다. 그는 소네트 형식을 완성한 사람이라 평가된다.

단테와 피렌체의 만남은 그렇게 우호적이지 않다. 그의 본명은 '장수하는 날개가 달린 자'라는 뜻의 두란테 알리기에리Durante Alighieri인데 줄여서 단테라고들 부른다. 젊은 시절 베아트리체의 모습을 한번 본 후 연모했으나, 그 사랑은 이루어지지 않았다. 둘은 서로 다른 이들과 결혼했다. 하지만 베아트리체는 단테의 가슴에 아내 이상의 존재로 깊이 머물고 있었다. 그는 베아트리체를 그리며 《새로운 인생Vita Nuova》이라는 작품을 썼다. 그런데 귀족 출신의 이 천재적인 작가는 피렌체의 복잡한 정치 상황에 연루되어 고향에서 추방 당하고 만다. 여러 차례 귀향의 기회를 엿보지만 결국 돌아오지 못했다. 그는 자기를 따뜻하게 맞아준 라벤나에 머물며 《신곡》을 집필했다. 피렌체는 때늦은 후회를 했으나 단테는 결국 라벤나에서 죽어 그곳에 묻혔다. 그 때문인지 피렌체에서 볼 수 있는 단테의 동상은 우울해 보인다.

이 시대에 천재적인 예술가들이 동시에 쏟아져 나온 까닭은 무엇일까? 이 시대는 인간의 정신의 아름다움, 인간의 몸의 아름다움을 재발견한 시기였다. 그리고 종교적 억압이 약화되는 시기였다. 그래서 부유한 사람들은 자기들의 대저택이나 별장을 유명한 화가들의 회화작품이나 조각으로 장식하고 싶어했다. 이렇게 해서 예술은 교회라는 장벽을 넘게 된 것이다. 이러한 풍조로 인해 초상화가 발달하기 시작했고, 풍경화도 등장했다. 물론 풍경화가 꽃이 피기까지는 아직 더 많은 시간이 필요했지만 말이다. 나체도 등장했다. 미켈란젤로는 바티칸의 시스티나 경당 천장과 벽에 나체 인물들을 등장시켰다. 죄의 도구로 여겨졌던 몸이 바야흐로 해방되고 있었던 것이다.

아침 7시 30분도 안 됐는데 우피치 미술관에 들어가기 위해서 사람들이 서서히 모여들기 시작했다. 그 줄 끝에 서서 대체 어떤 힘이 이들을 자발적으로 이곳까지 불렀나 생각했다. 작품은 그저 그곳에 있을 뿐이다. 자기 존재를 드러내기 위해 아무런 일도 하지 않는다. 그러나 사람들은 찾아온다. 그 작품과의 만남을 통해 감동을 맛보고 싶기 때문일 것이다. 끝없이 사람들을 부르고 가르치고 새로운 삶을 요구하지만 메아리를 얻지 못하는 설교자의 운명에 대해 생각했다. 수만 마디의 말로도 좋은 작품 하나가 전달하는 무언의 메시지에 미치지 못하는 현실이 아렸다. 엄중한 보안검색 절차를 거쳐 미술관에 들어섰다. 르네상스 시대의 걸작들을 볼 수 있는 절호의 기회였다. 아주 오랫동안 미술관에 머물며 시대에 따른 작품의 변천을 살폈다. 사람들이 가장 많이 몰리는 곳은 역시 보티첼리의 〈비너스의 탄생〉과 〈봄〉, 라파엘로의 〈종달새의 성모〉 등 익히 알려진 작품들이었다. 그 작품 속에 담긴 서사성과 알레고리적 의미를 읽어내는 일은 역사와 신화 그리고 종교에 대한 깊은 지식 없이는 불가능한 일이 아닌가 싶다. 치마부에, 조토, 소도마, 마사초, 파올로 우첼로, 프라 안젤리코, 필리포 리피, 티치아노…. 정말 수많은 대가들의 작품 속에서 부유했다. 그런데 내 발걸음을 꽤 오래 잡아챈 작품들은 주로 고행자나 기도자, 혹은 진지하게 학문에 정진하는 사람들의 모습을 담은 그림이었다. 리피가 그린 〈성 제롬〉이나 후세페 리베라의 〈참회하는 성 제롬〉, 라파엘로의 〈공부 중인 아우구스티누스〉, 한스 멤링이 그린 〈성 베네딕토〉 등이다. 제 눈에 안경이라더니 관심이 그쪽에 쏠리는 것은 어쩔 수 없는 노릇이다.

다리 쉼도 할겸 시장기도 달랠 겸 노천 카페를 찾았다. 신학과 미학의 연관성에 대한 생각에 몰두하다가 피렌체의 명소로 발걸음을 옮겼다. 메디치 가의 경당Cappelle Medicee은 화려하기 이를 데 없었다. 색색의 대리석을 정교하게 배치해 만들어낸 바닥과 벽의 문양들, 화려하고 장식적인 의례용 기구들을 보면서, 이것이 깊은 종교성과 어떤 관계가 있을까 의심이 들었다. 하지만 메디치 가문의 줄리아노와 로렌초의 묘를 장식하기 위해 만든 미켈란젤로의 조각 작품 〈낮〉과 〈밤〉 그리고 〈새벽〉과 〈황혼〉을 보고 있노라니 시간 속에서 바장이며 살아가는 인간의 운명이 둔중한 아픔으로 다가왔다.

미켈란젤로는 낮과 밤, 새벽과 황혼을 나란히 배치함으로써 시간을 총체적으로 파악하며 살 것을 넌지시 요구하고 있다. 시간을 의인화한 그 인물들은 감상자에게는 아무런 관심도 없다는듯이 누워 있다. 무덤덤하기도 하고, 나른하기도 한 표정이다. 시간이란 본래 그런 것이 아니던가. 다만 그 속에서 살아가는 인간만이 허둥댈 뿐이다.

이제 내일 아침이면 피렌체를 떠난다. 저물녘 두오모 앞 식당에 앉아 지나가는 사람들을 바라보았다. 어딜 가나 사람 사는 모습은 다 똑같다. 희로애락, 노소, 미추가 한데 어울려 한 세상을 이루고 있었다. 불현듯 모든 이들이 애처로워 보였고, 또 친근해 보였다. 햇빛이 두오모의 커다란 돔 위를 비껴 지나가자 세상이 한결 아늑해 보였다.

The Sacred Journey
7. 2.

안식의 여정에 오르기 전 잘 아는 독일인 목사에게 이탈리아에서 추천할 만한 곳이 있냐고 묻자 그는 서슴없이 라벤나에 가보라고 했다. 지명조차 생소한 그곳을 추천하는 이유를 묻자 비잔틴 교회의 초기 형태와 더불어 모자이크가 가장 아름다운 곳이라고 말했다. 덧붙여서 단테가 그곳에서 《신곡》을 완성했고 그곳에서 죽어

묻혔다고 말했다. "그렇다면 가야지요." 이게 내가 라벤나를 향하게 된 계기였다.

아침 일찍 게스트하우스 주인에게 친절한 보살핌에 감사한다는 인사 편지를 써놓고는 피렌체역으로 나갔다. 차편을 확인하고 간단한 요기를 했다. 카푸치노 한 잔에 빵 한 조각이면 충분하지만, 건강하게 여정을 계속하고 있는 나를 치하하는 의미에서 오렌지 주스까지 한 잔 마셨다. 지정된 선로에 갔더니 겨우 세 량짜리 미니 기차가 대기하고 있었는데 2등 열차이기에 지정된 자리도 없었다. 다행히 열차는 한산한 편이어서 창가에 자리를 잡고 앉았다. 에어컨도 당연히 없다. 마치 오래전 비둘기호 기차를 타고 여행하는 느낌이었다. 역마다 정차하고, 선로가 복잡할 때는 다른 기차가 다 지나갈 때까지 기다리곤 했다. 그래도 기차를 들어서 옮기라고 하지 않으니 다행이랄까? 나지막한 산 위로 흰 구름이 넓게 퍼져 있었다. 올리브 나뭇잎에 반사되는 햇살이 은은했다. 사람이 만든 스테인드글라스만 아름다운 것은 아니다. 키 작은 해바라기가 만발한 밭도 지났다. 이따금 밭 한복판에 외로운 섬처럼 서 있는 나무 한 그루가 보였다. 농부들은 밭이 외로울까 봐 그것을 베지 않고 남겨둔 것이 아닐까? 그렇다면 그 나무는 농부의 유머다. 두서없이 떠오르는 생각을 따라가다가, 수첩에 적어두었던 콘스탄틴 카바피의 시 〈이타카〉를 찾아 읽었다.

네가 이타카로 가는 길을 나설 때,

네 번째.

기도하라, 그 길이 모험과 배움으로 가득한

오랜 여정이 되기를

라이스트리곤과 키클롭스

포세이돈의 진노를 두려워 마라.

네 생각이 고결하고

네 육신과 정신에 숭엄한 감동이 깃들면

그들은 네 길을 가로막지 못하리니

네가 그들을 영혼에 들이지 않고

네 영혼이 그들을 앞세우지 않으면

라이스트리곤과 키클롭스와 사나운 포세이돈

그 무엇과도 마주치지 않으리.

생각이 고결하고, 육신과 정신에 숭엄한 감동이 깃들면 우리 앞 길을 가로막을 것이 없다는 말이 내 혼 깊숙한 곳에 스며든다. 삶의 힘겨움은 경탄하는 능력을 잃은 데서 비롯된다는 오랜 생각을 재확인한다. 세상의 모든 것이 당연한 것이 될 때 삶의 권태가 찾아온다. 사람들은 권태와의 불유쾌한 만남을 회피하려고 분주함 속으로 뛰어들곤 한다. 분주함은 성찰의 적이다. 성찰하지 않는 삶에 감동은 없다. 쭈뼛거리지 말고 삶의 한복판으로 기꺼이 뛰어들 일이다. 급할 것 하나 없다는 듯 여유로운 이 기차가 참 좋다.

도시가 워낙 작으니 길을 찾기가 어렵지 않았다. 그런데 라벤나는 마치 오수에 빠진 것 같다. 도시 전체가 고요하다. 길을 걷는 사람도 별로 없고 관광객들도 많이 보이지 않는다. 가끔 나무에 기대 가만히 서 있는 이들이 보인다. 마치 이상한 나라에 온 앨리스가 된 것 같다. 사실 라벤나는 아주 잠깐 동안이지만 서로마 제국의 수도였었다. 395년에 로마 제국이 동서로 나뉜 후, 서고트 족의 위협을 받던 서로마 제국의 황제 호노리우스는 402년에 밀라노를 떠나 라벤나로 왔다. 70년 남짓한 세월 동안 라벤나는 화려한 시기를 맞았다. 라벤나를 찾는 이들은 대개 그 시기에 조정된 종교적·문화적 걸작인 모자이크화를 보기 위해 온다. 모자이크는 비잔틴 신학과 밀접한 관계를 맺고 있다. 정교회는 하나님과 인간의 합일을 지향하는데, 모자이크의 특색이라 할 수 있는 빛이야말로 그러한 합일의 상징인 것이다. 정교회 신학에서 변화 산의 변용 사건이 매우 중요하게 다뤄지고 있는 것도 그 때문이다.

5세기 후반 혹은 6세기 초에 테오도리크 황제의 요청으로 지어진 산타폴리나레 누오보Sant'Apollinare Nuovo는 구원자이신 그리스도에게 바쳐진 예배당이다. 원통형의 종탑이 우뚝 서 있는데, 이것은 라벤나 교회 건축의 한 특징이라 한다. 실내에 들어서자 건물을 지탱하고 있는 24개의 고린도식 기둥들이 네이브를 가르고 있었다. 그리고 놀랍게도 그 공간은 비어 있었다. 의자조차 놓여 있지 않은 텅 빈 실내는 침묵이 가득했다. 구원자 그리스도를 묘사한 정교한 모자이크를 중심으로 양쪽 벽면을 가득 채우며 늘어서 있는 성인들과 예언자들의 모습은 마치 왕 앞에 시립하여 서 있는 문무백관들

네 번째.

처럼 보였다. 그 앞에서는 누구도 침묵을 깨기 어려웠다. 모두가 아주 깊은 고요 속으로 침잠하고 있었다. 압도하지 않으면서도 침묵으로 인도하는 공간의 힘이 강렬했다. 금빛이 두드러지면서도 그렇게 화려해 보이지 않는 것도 인물들의 몸짓이 가지런하고 고요하기 때문일 것이다. 엉뚱하게도 종묘 정전宗廟 正殿이 떠올랐다.

　라벤나에 왔으니 단테의 묘에 가서 수인사修人事라도 드리는 게 맞을 것 같아 점심도 거른 채 묘를 찾아갔다. 묘는 소박했다. 신고전주의 스타일의 아주 작은 포르티코였지만 돔과 쿠폴라까지 있어 구색은 갖추고 있었다. 단테의 관 아래 묘석에는 청동으로 된 월계관이 놓여 있었고, 그 위로 독서대 옆에서 깊은 생각에 잠겨 있는 시인의 모습이 대리석에 부조되어 있었다. 천장에서부터 내려진 작은 램프에는 희미하게 불이 밝혀져 있었다. 그 등을 밝히기 위해 사용되는 기름은 정치적인 이유로 귀향을 허락받지 못한 채 이곳에서 세상을 떠난 단테를 추모하기 위해 매년 피렌체 시가 보내온 비용으로 충당한다고 한다. 피렌체는 그렇게 해서라도 단테와의 인연의 끈을 이어가고 싶었던 것일까? 피렌체 출신의 교황 레오 10세가 단테의 시신을 피렌체로 옮겨가려 하자 프란체스코회 수도사들이 그 시신을 빼돌리기까지 했다고 한다. 시인이 이렇게까지 존경받는다는 사실이 감격스럽기까지 하다. 단테는 《신곡》의 〈천국편〉 제25곡에서 고향으로 돌아가 계관시인의 영예를 누리고 싶은 자기 마음을 이렇게 기록했다.

　"하늘과 땅이 도움을 주었으며 여러 해 동안 나를 야위게 했던 이

성스러운 시가 혹시라도, 싸움을 거는 늑대들의 적으로서 어린 양처럼 잠들어 있던 나를 우리 밖으로 몰아냈던 잔인함을 이긴다면, 이제 나는 다른 목소리, 다른 모습의 시인으로 돌아가, 내가 세례 받았던 샘물에서 월계관을 받을 것이다."

산 비탈레Basilica Di S. Vitale 성당은 로마 군인 출신으로 초기 기독교 회의 순교자였던 비탈레를 기념하여 만들어졌다. 콘스탄티노플에 다녀온 에클레시오 주교가 이 예배당을 세웠다 한다. 그 때문인지 서방 교회의 전형적인 양식인 세 개의 네이브로 이루어지지 않고, 돔을 지탱하는 여덟 개의 기둥과 아치들로 이루어진 하나의 중심을 갖는 팔각형 모양으로 되어 있다. 돔과 커다란 벽감에는 프레스코화가 그려져 있다. 하지만 비탈레 성당을 유명하게 만든 것은 정교하고 아름다운 모자이크이다. 앱스에는 푸른색 지구 위에 걸터앉은 그리스도의 모습이 보인다. 지구를 지탱하고 있는 커다란 바위에서는 네 개의 물줄기가 솟아나오고 있다. 그리스도가 계신 뒷편의 금빛 배경 위로 붉은 색, 푸른 색, 그리고 흰색 구름이 일곱 띠를 이루고 있다. 주님은 천사와 함께 서 있는 비탈레에게 왕관을 건네주신다. 반대편에는 교회 모형을 들고 있는 에클레시오가 천사와 더불어 서 있다. 그의 발 아래에는 아름다운 꽃이 핀 녹색 풀밭이 펼쳐지고 있고, 돔의 중앙에는 네 천사의 경배를 받는 어린양이 있다. 그곳에서 세상의 온갖 피조물들이 조화롭게 지내고 있다. 인도 선교사 스탠리 존스는 기독교를 가리켜 '상처 입은 어린양을 우주의 중심으로 고백하는 종교'라고 말했다. 세상의 모든 아픔을 몸으로

모양과 색을 적절히 배치함을 통해 사람들을 거룩함의 자리로 이끄는 그들이야말로

성인들이 아니겠는가?

짊어진 상처 입은 어린양 예수, 그분이야말로 구원이 아닌가? 영웅적 승리자가 아니라 세상의 고통을 다 짊어짐으로 모든 이의 고향이 되신 분이 바로 우리의 구원자이다.

산 비탈레 성당 벽면에는 신앙을 고취시키기 위해 선택된 성경 이야기와 역사 이야기들이 모자이크 속에서 생동감 있게 표현되고 있다. 선한 목자 예수, 아벨과 멜기세덱의 제사, 세 천사를 영접하는 아브라함, 기둥 뒤에 숨은 사라, 십계명을 수여받는 모세, 예레미야와 이사야, 유스티니아누스 황제와 테오도라 황비의 모습 등이 그러하다. 하지만 모자이크는 실재의 재현을 목표로 삼지 않는다. 재현은커녕 오히려 물질적인 요소가 연상될 수 없도록 해야 했다. 그것은 이미지가 원형을 대신할 수 없기 때문이다. 사용되는 색채가 자연색과 별 연관이 없어 보이는 것은 그 때문이다. 모자이크는 원근법도 사용하지 않는다. 오히려 역원근법을 사용한다 할 수 있다. 원근법이 시간과 공간의 제약을 받는 한 사람의 시선과 관련된다면, 역원근법은 대상과 관찰자 사이의 거리감을 해소함으로써 시간과 공간을 뛰어넘을 수 있게 해준다. 이러한 화면 구성은 하나님의 영원성과 초월성을 나타내기 위한 의도적인 장치인 것이다.

모자이크화가 숨겨둔 혹은 들려주고 싶은 메시지를 가늠하느라 벽과 천장을 바라보면서 연신 그 조형적 아름다움과 빛의 조화에 감탄하다가, 그 힘겨운 일을 감당했던 이들이 떠올랐다. 수없이 많은 점을 찍어 형태를 만들어가는 점묘법 화가들처럼 그들은 빛나는 돌 조각 하나하나를 끼워 맞춰 이런 형태를 창조해냈다. 모양과 색

네 번째.

을 적절히 배치함을 통해 사람들을 거룩함의 자리로 이끄는 그들이 야말로 성인들이 아니겠는가? 돌조각 하나하나를 붙이는 일이 기도가 아니었을까? 하지만 그 장인들은 이 일을 고역이 아니라 기쁨으로 받아들였을까? 창백했을 그들의 얼굴과 영혼이 떠올랐다. 가리사니 없는 마음이 괜히 시큰해진다.

모자이크가 주는 충격은 갈라 플라시디아Galla Placidia의 영묘靈廟에 갔을 때 절정에 이르렀다. 이것은 테오도시우스 황제의 딸로 알려진 갈라 플라시디아를 위해 만들어진 것이었다. 그가 여기 묻혀 있지는 않다고 한다. 겉에서 볼 때는 붉은 벽돌을 쌓아올린 작고 아담한 건물처럼 보인다. 하지만 내부에 들어서는 순간 커다란 충격이 찾아온다. 건물은 벽체의 맨 아래 부분만 빼고는 온통 화려하고 정교한 모자이크로 되어 있다. 쪽빛을 배경색으로 하여 기하적인 무늬가 촘촘히 박혀 있다. 그 쪽빛은 마치 창조의 신 새벽을 보여주는 것 같다. 중력의 지배를 받는 우리를 들어 올려 하늘로 이끄는 듯한 느낌이다. 초월과 절대의 세계가 색채 속에 오롯이 담겨 있었다. 쪽빛을 배경으로 하여 중앙에 우뚝 선 금빛 십자가, 동심원을 이루며 십자가를 감싸는 금빛 별들, 그것은 분명 다른 세계였다. 영묘를 돌아 나오다가 입구의 초승달 보루에 새겨진 선한 목자 예수상에 눈길이 머물렀다. 수염이 없는 예수는 왼손으로는 왕홀처럼 보이는 금빛 십자가를 붙들고, 오른손으로는 양 한 마리를 쓰다듬고 있다. 여섯 마리의 양들의 시선은 한결 같이 목자를 향해 있다. 그 광경을 보며 생각에 잠겨 있는데, 안으로 들어오는 사람들마다 자기도 모르게 헉 소리를 냈다. 예기치 않은 색채의 충격 때문이었을 것이다. 그런데 그렇게도 화려한 영묘를 그래도 부드럽게 만들어주는 것은 설화석고 색 대리석을 통해 은은하게 유입되는 빛이었다. 그곳에 머물다 보니 다른 무엇을 보아야 한다는 생각이 아예 없어졌다.

밖으로 나오자 후드득 빗방울이 떨어지기 시작하더니 순식간에 장쾌한 비로 변했다. 바람에 날린 빗줄기가 만들어내는 우주의 춤에 자못 마음이 흥겨워졌다.

The Sacred Journey

7. 3.

느지막이 숙소를 출발해 역으로 향했다. 역시 한적하다. 아직 기차 시간이 많이 남아서 주변을 서성이는데 대부분의 사람들이 급할 것 없다는 듯이 느긋하다. 라벤나와의 만남은 일종의 안식이었다. 겨우 하루를 머물고 이 도시의 인상을 말한다는 것이 적절치 않음을 잘 알지만 한 가지 분명한 것은 나는 이 도시의 느린 속도 속에서 쉼을 얻었다는 사실이다. 자동차 운전자들은 보행자인 나를 위해 언제나 멈춰선 채 먼저 지나가라는 손짓을 했다. 익숙지 않은 상황이라 마치 대접을 받는 느낌이었다. 로마의 운전자들과는 사뭇 대조적이다. 그들은 매우 폭력적으로 차를 몰았다. 대도시에 살수록 마음의 여백이 줄어드는 것인지도 모르겠다. 겯거니틀거니 하며

네 번째.

사느라 다들 지쳐 있는 것이다. 도시를 만든 것이 가인이라는 성경의 이야기는 시사해주는 바가 많다.

한가함은 신이 가장 사랑하는 이에게 주시는 선물이라는데, 도시인들은 한가함을 못 견뎌 한다. 몸과 마음이 분주함에 길들여졌기 때문이다. 속도와 효율을 숭상하는 세상에서 한가한 이들은 실패자처럼 보이게 마련이다. "신들을 찾아 나선 여행길이 고되어서 지쳤으면서도 너는 '헛수고'라고 말하지 않는구나. 오히려 너는 우상들이 너에게 힘을 주어서 지치지 않았다고 생각하는구나"사 57:10, 새번역. 돈이라는 우상, 출세라는 우상이 우리에게 힘을 주는 것 같지만 사실은 우리를 내적으로 무너뜨리고 있지 않은가? 분주하면 잊지 말아야 할 것을 잊게 마련이다. 내가 누구인지, 어떻게 살아야 할지를 묻기 위해서는 멈추어 서는 시간이 필요하다.

성경에서 안식일 계명은 지켜도 되고 안 지켜도 되는 것이 아니다. 그것은 하나님의 엄중한 명령이다. 멈추어 설 줄 모르는 사람은 자기에게도 타자에게도 폭력적이다. 안식일은 자신과 가족은 물론 남녀 종들과 가축, 그리고 나그네들까지도 누려야 할 하나님의 선물이다. 하지만 우리는 이 선물을 선물로 받지 않는다. 그래서 자기 착취적이다. 우울증과 정신 질환이 늘어나고 인간관계가 파편화되는 것은 어쩌면 당연한 일인지도 모른다. 안식일은 하나님의 창조의 리듬 속에 몸과 마음을 맡기는 날이다. 고된 노동의 시간을 통해 팽팽해진 혹은 느슨해진 마음을 조율하는 날이라는 말이다. "사람들은 엿새 동안 힘써 일함으로 역사에 참여하고 이렛날을 성별함으로 역사를 넘어선다"라는 아브라함 요수아 헤셸의 말은 참 적실하다. 길을 잃어도 좋고, 굳이 보아야 할 것을 다 보지 못해도 괜찮다고 생각하니 마음에 여유가 생긴다.

많은 교회에서 예배당 바닥에 새겨진 미로를 보았다. 살아간다는 것은 혹은 신앙생활이란 하나의 중심을 찾는 과정이라는 뜻일까? 중심에 가까이 다가섰다 싶은 순간 멀어지기도 하고, 멀어진 순간 또 다시 중심에 접근하기도 하는 것이 인생이다. 삶의 중심에 일직선으로 다가설 수는 없는 법이다. 수없이 많은 시행착오를 거치고, 수많은 난관들을 하나하나 극복해가면서 조금씩 나아가야 한다. 누구도 정답을 줄 수는 없다. 아리아드네의 실 따위는 없다. 하지만 우리가 중심을 향해 나아갈 수 있는 것은 중심이신 분의 이끄심 덕분이다. 지금 우리에게 필요한 것은 그분에 대한 그리움이다.

라벤나를 떠난 2등 열차는 천천히 이탈리아 중북부에 있는 작은 도시 볼로냐로 향했다. 14-15세기의 피렌체 사람들은 자식을 볼로냐 대학에 보내는 것을 대단히 영예스럽게 여겼다고 한다. 단테, 에라스무스 등의 인문주의자들과 코페르니쿠스 같은 과학자들이 이 대학을 나왔다. 볼로냐 대학은 《장미의 이름》으로 유명한 기호학자 움베르트 에코가 가르친 대학으로도 유명하다. 그는 아주 박식한 학자이지만 그것을 대중과 나누기 위해 필요한 언어를 찾은 사람이다. 《세상의 바보들에게 웃으며 화내는 방법》같은 책은 얼마나 흥미로운가. 기독교가 가지고 있는 아름다운 유산을 세상과 나누기 위해서는 그것을 인류 보편의 언어로 번역할 수 있는 사람들이 필

네 번째.

요하다. 그런데 근본주의적 신앙에 사로잡힌 이들, 자기 확신에 찬 이들은 그런 사람들에게 의혹의 시선을 던진다. 자기들의 신앙을 부정하는 것처럼 보이기 때문이다.

볼로냐 역은 라벤나와는 사뭇 달랐다. 사람들의 내왕이 많았다. 버스를 타고 숙소 근처에 내렸는데, 도무지 길을 찾을 수가 없다. 여러 사람에게 물었지만 대개 다른 길을 가르쳐주었다. 그들도 자기 사는 곳 말고는 도로명에 익숙하지 않은 탓일 것이다. 같은 길을 몇 차례 오간 끝에 영어가 익숙한 한 중년 사내의 도움으로 정확한 장소를 찾을 수 있었다. 성 도미니코회에서 순례자들을 돌보기 위해 마련한 숙소였다. 저렴한 숙소를 찾다 보니 이곳까지 왔는데, 문제는 비행장까지 너무 멀다는 사실이었다. 싸게 지내려다가 비싼 택시를 타게 생겼다. 내게 배정된 방은 작고 아담했지만 작은 책상 두 개와 스탠드까지 마련돼 있어 날마다 책상 앞에 앉아 하루를 정리하는 내게는 안성맞춤이었다. 잠시 쉬다가 그저 볼로냐 사람들의 일상을 구경하자는 속셈으로 거리로 나갔다. 붉은 색조의 거리, 그리고 필로티Pilotis. 이것이 이 도시의 특징이었다. 필로티 덕분에 햇볕을 피해 걸을 수 있었다. 이것은 로마 시대의 건축 전통이라는데, 유독 이 도시에만 그 전통이 살아 있었다. 필로티 위로 집을 지었기 때문에 바닥층보다 위층이 넓은 건물이 많았다.

볼로냐에 오면서 꼭 보고 싶은 것이 몇 가지 있었다. 볼로냐 대학 도서관과, 유럽에서도 가장 모범적인 협동조합이 운영되고 있다는 현장을 보고 싶었다. 2차 세계대전 중 생활고에 시달리던 이들이 자신들의 주거, 노동, 식생활을 해결하기 위해 조직한 협동조합이 모태가 되었는데 지금은 400개가 넘는 협동조합이 운영되고 있다고 한다. 우리가 흔히 생각하는 소비자 협동조합뿐만 아니라, 소외계층 돌보기, 영유아 교육, 주택, 노숙인 문제, 유기농 먹을거리, 전통보전, 건설, 문화, 예술 등 상상할 수 있는 모든 협동조합이 이곳에 있다 할 수 있다. 길에서 가끔 'coop'라고 표기된 마트를 볼 수 있었다. 그것은 협동조합에서 운영하는 가게라는 표시였다. 시민들은 협동조합 운동을 통해 지역사회 발전에 기여하고, 자기의 권리를 지키고, 다른 이들과 협력하는 공공적 삶을 배우고 실천하고 있는 것이다. 경쟁이 아니라 협동을 중요한 가치로 선택한 이 도시는 이탈리아 내에서도 소득 수준이 아주 높다고 한다.

  잠시 동안의 경유만으로는 그 도시의 속살을 볼 수 없는 법이다. 그래서 편히 쉬기로 했다. 인연이 아니면 애쓴다고 해도 이루어질 수 없다. 하지만 마음을 내려놓으면 새로운 인연이 찾아오게 마련이다. 터덜터덜 걷다가 잠깐 다리쉼을 할 겸 문이 열린 예배당 안으로 들어갔다. 평범한 예배당이었다. 잠시 기도를 올리고, 제대 근처를 휙 둘러보고 돌아 나오려는데, 수사 복장의 한 사람이 좌측에 있는 문을 가리켰다. 몇 개의 계단을 내려서니 그곳은 별천지였다. 초기 기독교의 유적이 그곳에 있었다. 그곳은 산토 스테파노 수도원 Abbazia di Santo Stefano에 속한 곳이었다. 이곳 지하에서는 맑은 물이 솟아올랐다고 하는데, 밀의 종교가 유행하던 주후 1세기경부터 사람들은 이곳을 이시스(Isis, 지혜와 아름다움, 그리고 부의 여신)를 섬기는 성소로 삼았다. 정화의식과 입문의식을 위한 좋은 조건을 구비하고 있었기 때문이다. 사람들은 나일 강에서 떠온 물과 이곳 지하에서 나오는 물을 섞어 나름의 종교 의식을 거행했다고 한다. 그런데 로마가 기독교화한 후에 이시스 의식이 거행되던 이곳의 운명이 바뀌었다. 사람들은 이곳을 기독교 세례식을 위한 공간으로 바꿨다. 중세기를 통과하는 동안 여러 차례 부침을 겪었지만, 예배당이 하나씩 덧붙여져서 지금은 여러 개의 교회가 한 몸을 이루고 있었다. 사람들은 이 교회를 특별히 세례당이 예루살렘에 있는 성묘 교회와 형태적으로 유사하다 하여 볼로냐에 있는 '성묘 교회'라고도 부른다.

성묘 교회의 동쪽 면에는 빌라도의 뜰이 있다. 요한복음 19장 13절을 재현한 것이다. 빌라도는 돌을 깐 뜰(litostrotos, 히브리 말로는 '가바다')에 재판석을 차리고 예수님을 재판했다. 교회는 그런 장소를 만들어놓음으로 그분의 죽음이 우리와 무관하지 않다는 사실을 상기시키고 있었는지도 모르겠다. 중정에는 아름다운 정원을 조성하는 것이 관례인데 이곳에는 풀이나 꽃 대신 돌을 깔아놓은 것이 이채로웠다. 벽돌을 둥근 십자가 모양으로 쌓아올린 기둥으로 지탱되는 회랑 한쪽에는 14세기 무렵에 대리석으로 제작된 '베드로의 수탉'이 놓여 있다. 어디선가 닭 울음소리가 들리는 듯했다. 베드로가 된 심정으로 회랑 한켠에 걸터앉아 그날의 광경을 떠올려보았다.

산토 스테파노 수도원 건물 가운데는 볼로냐 출신의 순교자 비탈레Vitale와 아그리콜라Agricola를 기념하는 예배당이 있다. 장식이라곤 롬바르드 양식의 주두柱頭 밖에 없었다. 붉은 벽돌을 쌓아올린 벽체와 천장은 투박해 보였는데, 마치 신앙이란 이렇게 단순한 것이라고 말하는 듯 했다. 앱스에 뚫린 작은 창에는 빛을 투과시키는 설화석고를 박아놓아 빛을 한결 부드럽게 만들어주고 있었다. 제단 아래 놓인 석관에는 죽음이 아니라 삶을 연상시키는 동물들이 새겨져 있었다. 삶과 죽음이 고요하게 조응하고 있었다. 장조보다는 단조에 더 반응하는 영혼을 타고난 때문일까? 아무도 없는 그 공간이 마치 날 위한 공간처럼 느껴졌고 기도가 저절로 깊어지는 듯했다.

수도원을 거니는 동안 이곳저곳에 아름답게 장식되어 있는 기하학적 문양에 눈길이 갔다. 사실 이것은 오래된 교회 건물에 갈 때마다 보았던 것이다. 대개 그런 문양은 교회 바닥에 있지만 이 수도원처럼 내부나 외부 벽면에 있는 경우도 있다. 정교하고 질서 있게 배치되어 아름답다는 느낌을 주는 것도 있지만, 복잡한 패턴을 보이는 것들도 많다. 그럼에도 불구하고 그 문양들은 질서정연하다. 그리고 하나로 연결되어 있다. 무슨 뜻일까? 단순한 미학적 장식은 아닐 것이다. 사실 이것은 중세의 신학이 건축에 반영된 것이다. 기하학적 문양을 새기는 순간 그 건물은 신성한 곳이 된다. 그 문양들은 복잡하면서도 질서정연한 세상을 만드신 하나님에 대한 신뢰와 감사를 나타낸다. 하나님께서 우주의 질서를 지탱하고 있다는 사실을 중세인들은 그렇게 표현하고 있었던 것이다. 그 무늬는 또한 악의 세력이 침범하지 못하도록 지켜달라는 기원의 의미도 있다. 그 무늬 하나하나를 묵상하는 것만으로도 좋은 수행이 되지 않을까? 교회 건축을 하는 이들이 참고하면 좋을 것 같다.

네 번째.

시간마다 울리는 은은한 교회 종소리를 들으며 다가오는 어둠의 시간을 맞이한다. 저녁은 휴식과 성찰의 시간이다. 차 소리조차 들리지 않는 한적한 수도원 작은 방에서 지금까지 허위단심으로 걸어온 길을 돌아본다.

The Sacred Journey

7. 4.

수도원 숙소에서 일어나 하루를 말씀 묵상으로 시작한다. "먼 데 사람들이 와서 여호와의 전을 건축하리니 만군의 여호와께서 나를 너희에게 보내신 줄을 너희가 알리라"슥 6:15. "너희도 성령 안에서 하나님이 거하실 처소가 되기 위하여 그리스도 예수 안에서 함께 지어져 가느니라"엡 2:22. 오랜 포로생활에서 귀환한 이들에게 필요한 것은 생활의 방편을 넘어 살아가야 할 이유였고, 정신의 등뼈를 곧추 세우는 일이었을 것이다. 성전을 짓는다는 것은 무너졌던 하나님의 백성으로서의 정체성을 다시 세우는 일이었다. 그렇기에 지도자들은 온갖 어려움 속에서도 제2성전을 짓는 일에 힘썼다. 시내산에서 하나님과 언약을 맺은 이스라엘이 비전을 공유한 하나의 '나라'가 되었던 것은 성막을 세우는 창조적인 일이 있었기 때문이다. 스가랴는 중첩되는 어려움에 지쳐가고 있던 백성들에게 하나님이 돕는 이들을 보내주실 것이라고 확언한다.

하지만 새로운 하나님의 백성으로서의 교회는 건물이 아니다. '하나님이 거하실 처소'가 되기 위해 함께 지어져가는 공동체야말로 진짜 교회이다. 오늘의 교회를 생각한다. 하나님이 그 안에서 기쁨을 누리실까? 그 안에서 평안하실까? 조금 암담하다. 예수님은 본래의 존재 이유를 잃어버리고 억압의 도구로 전락한 성전이 무너질 수밖에 없음을 예고하셨다. 종교적 권위의 외투를 걸친 채 사람들을 오도하는 이들을 향해 '독사의 자식', '회칠한 무덤'이라 꾸짖기도 하셨다. 하나님의 분노가 그를 사로잡았던 것이다. 분노가 없이는 정신의 날이 예리하게 설 수 없다. 탄식하고, 외면하고, 비꼬는 것만으로는 교회가 새로워질 수 없다. 필요한 것은 분노다. 아픔이다. 철저한 절망이다. 철저히 무너지지 않고는 다시 세울 수 없다. 죽어야 산다. 십자가의 어리석음을 붙들어야 한다. 아니, 그것에 사로잡혀야 한다. 하지만 어리석어지려 하지 않는다. 무시 당하기 싫어하고, 꽤 괜찮은 사람이라는 평판에 집착한다. 복음을 위해 가난해질 생각이 없고, 세상을 거슬러 나아갈 근기도 없다. 기독교 교양인으로 만족한다. 이 아침, 다시금 프란체스코를 떠올린다. 리처드 로어Richard Rohr는 프란체스코의 삶을 이렇게 요약했다.

그것은 순수하고 소박한 삶의 방식이었다. 그것은 시간과 공간 속에서 지속되는 성육신이었다. 그것은 절대적 진지함으로 받아들여진 성령의 임재였다. 그것은 단순히 예수를 경배하는 것이라기보다는 예수가 되는 것이었다. 프란체스코회의 진가는 말이나 윤리에 있지 않다. 한계를 부정할 수 없

네 번째.

가난을 잃어버렸다는 것, 가난해질 수 있는 능력을 잃어버렸다는 것, 그것이 교회를 타락으로 이끈다. 돈과 교회의 위험한 결합은 결국 교회를 망가뜨리고 말 것이다. 과연 가난의 능력을 회복할 수 있을까? 자본주의에 깊이 침윤된 오늘의 현실에서 거의 불가능한 것으로 보이는 게 사실이다. 하지만 돈이 행복을 줄 수 있다는 환상으로부터 벗어나는 이들이 있다는 사실이 희망이다. 자본주의와 맞서 싸우느라 진을 뺄 것 없이 행복을 누리는 다른 방식을 찾아내야 한다. 돈으로 환원될 수 없는 소중한 가치를 발견하는 능력을 키워주고, 그것을 향유할 수 있도록 격려하고, 또 함께 그런 삶을 누릴 수 있는 공동체를 만들어가야 한다. 신앙생활이란 바로 그런 생활 신앙이 되어야 한다.

볼로냐 공항에서 이륙한 비행기가 정상 고도에 진입했을 때 구름 사이로 언뜻 보이는 아드리아 해가 보석처럼 빛났다. 수많은 사람들의 꿈과 열정이 명멸했던 바다. 위에서 바라보니 고요하기만 하다.

"바다가 그 모태에서 터져 나올 때에 문으로 그것을 가둔 자가 누구냐"욥 38:8.

주님이십니다.

"네가 바다의 샘에 들어갔었느냐, 깊은 물 밑으로 걸어 다녀보았느냐"^{욥 38:16}.

아닙니다.

"주께서 바다의 파도를 다스리시며 그 파도가 일어날 때에 잔잔하게 하시나이다"^{시 89:9}.

아멘. 아멘.

"내가 모래를 두어 바다의 한계를 삼되 그것으로 영원한 한계를 삼고 지나치지 못하게 하였으므로 파도가 거세게 이나 그것을 이기지 못하며 뛰노나 그것을 넘지 못하느니라"^{렘 5:22b}.

주님, 경배받으소서.

2시간 30분 동안의 비행 끝에 터키의 이스탄불에 도착했다. 공항에서 시내로 들어가는 길, 교통 체증이 심했지만 그들이 잘 쓰는 말을 떠올리며 웃었다. '인샬라.'

마르마라 바닷가에 있는 소박한 민박집에 여장을 풀고 가까이에 있는 하기아 소피아와 블루 모스크 주변을 어슬렁거렸다. 뭔가 본격적으로 보기보다는 몸을 푼다는 기분으로, 동네 산보하듯 구름 위의 산책처럼 느긋하게 걸었다. 광장에 나와 있는 이들도 편안해 보였다. 여러 해 전 스치듯 이곳에 들른 적이 있는데, 그때보다 눈에 띄는 것은 호객행위를 하는 이들이 늘었다는 것이고, 베일을 쓴 여성들이 많아졌다는 사실이다. 베일은 흔히 이슬람 세계에서 박해받는 여성의 상징처럼 인식되지만 이곳은 좀 성격이 다르다. 세속 정부는 공공장소에서의 베일 착용을 금지하고 싶어 한다. 하지만

네 번째.

많은 여성들이 자발적으로 베일을 쓴다. 그것은 세속주의에 대한 저항인 동시에 자기 전통 문화를 지키겠다는 결연한 의지의 표현일 것이다. 7월인데도 저녁 바람은 서늘하다. 후드득 빗방울이 조금 떨어지더니 얼마 지나지 않아 다시 해가 나왔다. 마르마라 해 위로 커다란 무지개가 솟아올랐다.

The Sacred Journey
7. 5.

숙소 바로 아래에 있는 식당에서 아침을 먹었다. 행동이 시원시원한 주인이 대충 주문을 받더니 접시에 빵을 듬뿍 담아가지고 왔다. 자기가 먹고 있던 오이, 토마토, 치즈 그릇을 가리키더니 "저것도 줄까?" 하고 묻는다. 덕분에 신선한 야채를 먹을 수 있었다. 마실 온 동네 노인인 듯한 분이 간간이 눈길을 보내다가 미소 지었다. 나도 미소로 응답했다. 노인과 말은 통하지 않지만 정이 느껴졌다. 주문을 하지 않았는데도 주인은 차이 한 잔을 가져와 노인 앞에 슬쩍 밀어 놓았다. 마치 삼촌을 대하듯 허물이 없다. 또 다른 노인이 들어와 침묵의 대열에 합류했다. 그 침묵이 전혀 어색하지 않았다. 주인은 커다란 냄비를 들고 가면서 "닭고기 스튜인데 한 그릇 줄까?" 하고 물었다. 경계심도 젠체하는 태도도 없이 '너도 인간, 나도 인간' 하는 느낌으로 대해주니 여간 편한 게 아니었다.

행장을 꾸리고 거리로 나왔다. 도시 곳곳에 주인 없는 개들이 많기도 하다. 늙고 병든 개들은 비실비실 배회하거나 구석진 곳에서 잠을 청하고 있다. 먹이를 찾아 떠돌고 있는 고양이들은 사람을 경계하지 않는다. 앉아 있는 사람 무릎에 천연덕스럽게 올라가 잠을 청하기도 한다. 그곳 사람들은 으레 그러려니 하는 듯 무표정하게 그 무람없는 고양이의 행동을 허용한다. 도시가 마치 늙은 것 같다. 노벨 문학상 수상 작가인 오르한 파묵이 이야기하는 '늙은 도시의 비애'를 왠지 눈으로 보고 있는 것 같은 느낌이다. 오스만 제국의 후예라는 자부심을 가지고 있지만 여전히 유럽의 변방에 있는 이들의 고색창연한 마음을 훔쳐본 듯한 느낌.

〈고요한 집〉의 마지막 장면에서 오르한 파묵은 이미 늙어버린 파트마의 독백을 들려준다. 파트마는 어린 시절 어머니를 따라 쉬크뤼 파샤의 저택에 가곤 했던 기억을 따라가다가, 마차를 타고 집으로 돌아오는 길에 늘 뒤쪽을 바라보던 자기 모습을 떠올린다. 그리고 이제는 보이지 않는 쉬크뤼 파샤의 저택이 아니라, 우리가 뒤로 한 길, 생각하면 아주 기분이 좋아지는 과거를 보고 있다고 생각한다. 책은 이렇게 끝난다. "넌 삶을, 단 한 번의 그 마차 여행을, 끝나면 다시 시작할 수 없어. 하지만 손에 책 한 권이 들려 있다면, 그 책이 얼마나 복잡하고 모호해도 다 읽고 나서, 그 모호함과 삶을 다시 이해하기 위해, 원한다면, 처음으로 돌아가 다 읽은 책을 다시 읽을 수 있어. 그렇지 않니, 파트마?"

《고요한 집》을 읽으면서 어느새 나는 파트마와 이스탄불을 겹쳐

네 번째.

서 읽고 있었다. 마차에 앉아 뒤돌아보는 파트마의 모습이 이스탄불의 현재인 것 같았다. 파트마의 돌아봄은 애잔하기 이를 데 없다.

〈거대한 뿌리〉에서 "나에게 놋주발보다도 더 쨍쨍 울리는 추억이 / 있는 한 인간은 영원하고 사랑도 그렇다"라고 노래했던 김수영의 오연함과는 사뭇 다르다. 그렇다고 터키가 혹은 이스탄불이 쇠퇴했다는 말은 아니다. 도시 속에 감춰진 비애가 느껴지더라는 말이다.

이스탄불을 찾는 이들이 꼭 찾는 하기아 소피아를 찾아갔다. 긴 역사만큼이나 다양한 변화를 겪은 건물이다. 그것은 이스탄불이라는 도시의 운명과 무관할 수 없었다. 그리스 메가라 출신의 비자스 Byzas가 창건했다 하여 비잔틴이라고 불린 이 도시는 로마 제국을 재통일한 콘스탄티누스 황제가 이곳으로 수도를 이전하면서 '새로운 로마'라는 뜻의 '노바 로마Nova Roma'라는 이름을 붙였다. 사람들은 콘스탄티누스가 새로 만든 도시라 하여 콘스탄티노플이라는 별칭으로 부르기를 더 즐겼다. 콘스탄티누스가 제국의 수도를 이곳으로 옮긴 것은 이곳이 유럽과 아시아의 교차점에 위치하여 교역에 유리했을 뿐만 아니라, 다뉴브 강과 흑해 너머의 이민족들, 그리고 사산조 페르시아의 침입을 효과적으로 막아낼 수 있는 지역이었기 때문이다. 그러나 이 도시는 1453년 오스만투르크에 의해 함락되면서 이스탄불이라는 새로운 이름을 부여받는다. 도시의 주인이 바뀔 때마다 하기아 소피아의 용도도 변경되곤 했다. 처음에는 성당으로 지어졌으나 오스만투르크 시대에는 모스크로 사용되었고, 1차 세계대전 후 초대 대통령이었던 아타튀르크의 개혁 조치에 의

네 번째.

하기아 소피아에서 그의 영혼은 '너는 어떻게 살겠느냐?'라고 묻고 있었다.

해 지금은 박물관으로 사용되고 있다.

지금의 하기아 소피아는 그곳에 세 번째 지어진 건물이다. 최초로 지어진 목조 바실리카 교회는 이 도시에 소요사태가 벌어졌을 때 분노한 군중들에 의해 불태워졌고, 얼마 후 다시 지어진 교회 건물 역시 또 다른 소요사태로 무너지고 말았다. 꽤 오랜 시간이 흐른 후에 스스로 신의 뜻을 수행한다고 자부했던 동로마 제국의 황제 유스티니아누스(재위 527-565)는 제국의 위엄을 드러내는 동시에 하나님의 도우심으로 제국을 든든히 세울 것을 염원하면서 아름답고 견고한 성당을 지으라고 지시했다. 트랄레스 출신의 안테미오스와 밀레투스 출신의 이시도로스가 그 책임을 맡았다. 철학과 수학에 탁월한 이들이었다. 그들은 이 건물에 기독교 신앙의 핵심을 담으려 애썼다. 건물의 구조는 신플라톤 철학이 반영되어 있다. 중앙의 돔은 반원의 형태이고, 그 돔을 지탱하기 위해 세운 4개의 아치가 교차하는 곳에는 삼각형 모양의 펜던티브가 생긴다. 그 구조를 지탱하기 위해 아치 아래에 4개의 기둥 벽을 세웠다. 원으로부터 반원으로, 반원에서 삼각형으로, 삼각형에서 사각형으로 진행되는 이 흐름은 우연이 아니다. 하나의 근원으로부터 만물이 생성되는 과정을 보여주는 것이다. 거룩함의 기하학이 여기에 작동하고 있는 것이다.

그런데 정작 내 마음을 뒤흔든 것은 교회가 두 번이나 불탔다는 사실이다. 실화가 아니라 방화였다는 것이 문제다. 콘스탄티누스에 의해 로마의 공인 종교가 된 기독교는 황실의 비호를 받으며 급속도로 세를 확산해나갔다. 황제는 새로운 종교인 기독교가 제국 통합의 이데올로기로 사용하기에 적합하다고 믿었던 것이다. 카타콤베 시절을 벗어난 기독교는 금세 권력의 단맛에 취하기 시작했고, 소박하고 신실한 이들의 종교였던 기독교는 권력과 밀접한 관계를 맺게 되었다. 이른바 '제국의 종교'가 탄생한 것이다. 각지에 흩어져 있던 기독교 종파들의 믿음 체제가 저마다 달라 분쟁이 잦은 것을 본 황제는 교리적 난맥상을 해소한다는 명목으로 325년에 황제의 별궁이 있던 니케아에 주교들을 소집했다. 이 회의에서 예수와 하나님의 본질이 같다는 내용을 핵심으로 하는 니케아 신경이 채택되었다. 황제는 교리 문제에까지 깊은 영향력을 행사했다. 성령의 지위에 대한 논쟁으로 교회가 또 시끄러워지자 테오도시우스 1세는 381년에 이레네Irene 성당에 주교들을 불러모아 제1회 콘스탄티노플 공의회를 열었고, 여기에서 삼위일체에 대한 교리를 확정했다. 기독교에서 중요하게 생각하는 교리가 제국의 통합과 밀접한 관계가 있음을 알 수 있다.

교리 문제는 일단락되었는지 모르지만 권력자의 자리에 올라서게 된 주교들과 성직자들은 점점 민중적 삶으로부터 멀어지게 되었다. 교회와 성직자에 대한 원망이 커졌다. 그때 그들의 마음에 꼭 맞는 목자가 콘스탄티노플에 왔다. '황금의 입'으로 불릴 정도의 탁월한 설교가요 전례 개혁가이자 후에는 교회 박사라는 영예로운 호칭으로 불린 크리소스토무스349-407가 제37대 콘스탄티노플 대주교로 임명된 것이다. 그는 수리아 안디옥에서 고급장교의 아들로 태어났으나 곧 아버지를 잃고 어머니의 품에서 자랐다. 370년에 세례를

받고, 젊은 시절 다소의 디오도레에게서 신학 수업을 받았다. 386
년에 사제품을 받았는데 그의 성경 해석은 비유적allegorical 해석을
중시하는 알렉산드리아 출신 학자들과는 사뭇 달랐다. 그는 성경이
탄생한 사회적 맥락을 중시했다. 그의 설교가 사회적 현실과 밀접
한 관계를 맺은 것은 그 때문이다. 그는 신비보다 행위를 강조했고,
빈민들에 대한 구제를 중시했다. 가난한 이들의 영적인 필요는 물
론이고 물적인 필요에도 응답하는 것이 기독교인의 마땅한 책임이
라고 가르쳤다. 그는 대주교로 봉직하는 동안 교구청에 있던 화려
한 기구들과 장식품을 팔아 가난한 이들에게 주었다. "돌로 된 성전
보다 살로 된 성전이 더 가치 있다"라는 그의 가르침은 다른 주교
들과 사제들의 비위를 건드렸다. 그가 결정적으로 위기에 빠진 것
은 귀족층의 방만한 삶을 직접적으로 비판했기 때문이다. 그는 과
도하고 화려한 연회를 비판하고, 지나치게 화려한 여성의 의상을
비판했다. 당시 동로마 제국의 황제인 아르카디우스의 아내 유독
시아는 크리소스토무스의 그런 선포가 자기를 표적으로 삼은 것이
라고 생각하여 앙심을 품었다. 사람들이 유독시아의 은제 동상을
하기아 소피아 옆에 세우려 하자 크리소스토무스는 거룩한 분노를
드러냈다.

"다시 한 번 헤로디아가 분노했도다. 다시금 혼란을 일으켰도다.
다시금 접시에 올려진 요한의 머리를 요구했도다."

여기서 '요한'은 세례 요한을 지칭하고 있지만 사실은 자기 자신
을 가리킨다. 그의 이름이 '요한'이었던 것이다. 그는 죽음을 각오

네 번째.

하고 황후의 교만을 책망했다. 결과는 불을 보듯 뻔했다. 진노한 황후, 그리고 대주교로 인해 특권을 누리지 못하던 사제들과 주교들이 공모하여 그를 몰아낼 준비를 했다. 알렉산드리아의 대주교인 테오필루스의 주도로 보스포루스 해협의 건너편에 있던 오크 궁에서 열린 종교 회의는 크리소스토무스에게 문제가 있다고 결론을 내렸다. 이에 따라 황제는 대주교를 해임하고 도시 밖으로 추방했다. 황제도 그를 감싸줄 마음이 없었다. 대주교는 일찍이 불의한 권력에 대해서는 복종할 의무가 없다고 말하여 황제의 미움을 샀던 것이다. 황후와 주교들은 크리소스토무스의 추방으로 이제 모든 문제가 일단락되었다고 믿었을 것이다. 하지만 그것은 더 큰 문제의 시작일 뿐이었다. 희망을 잃어버린 민중들의 반란이 일어났고, 반란의 열기는 하기아 소피아를 불태우는 사건으로 이어졌다. 이런 일이 두 번이나 반복되었다. 유스티니아누스 황제 때 세운 건물은 지금도 든든히 서 있지만, 그 전에 있었던 일을 교회는 두렵고 떨리는 마음으로 기억해야 할 것이다.

크리소스토무스라는 한 사나이, 지치고 상처 입은 민중들에게는 부드러우면서도 유머러스하게 복음적 삶을 가르치는 친절한 교사였지만, 불의를 향해서는 사자와 같은 용맹으로 맞섰던 사람이다. 그의 선포는 머리에서 나온 것도, 가슴에서 나온 것도 아니다. 하늘로부터 온 것이다. 그렇기에 그는 진정한 예언자였다. 예언자의 운명은 비극적 죽음이다. 유배되어 있음에도 불구하고 크리소스토무스의 영향력이 줄어들지 않자 황제는 그에게 흑해 동쪽 끝에 있던 피티우스로 떠나라고 명한다. 크리소스토무스는 병약한 몸으로 그 곳을 향해 가다가 세상을 떠났다. 그의 마지막 말은 "모든 것을 인하여 하나님께 영광을 돌리라"였다. 그는 세상에 의해 버림을 받음으로 진실한 하나님의 일꾼이 되었다. 하기아 소피아에서 그의 영혼은 '너는 어떻게 살겠느냐?'라고 묻고 있었다.

저녁 9시쯤 되어 블루 모스크 앞 광장으로 나가니, 광장은 물론이고 잔디밭 구석구석에 사람들이 가득 차 있었다. 해가 지고 난 후 그들은 가족들과 함께 라마단 금식을 깨기 위해 음식을 싸들고 광장으로 나왔던 것이다. 게다가 주말의 밤이었다. 사람들의 표정에는 행복이 넘쳤다. 라마단 금식을 통해 자기들의 공동체성을 확인하고, 금식을 해제하는 축제를 통해 그들은 삶을 긍정하고 있었다. 블루 모스크 위로 환한 반달이 모습을 드러냈다. 단란한 가족들의 모습을 보니 그리움이 찾아왔다. 게다가 반달까지 환하니 말이다. 백제의 향가 〈정읍사井邑詞〉를 떠올렸다.

달님이시여 높이 돋으시어

멀리 비춰주십시오.

어긔야 어걍도리 아으 다롱디리.

내 님은 시장에 다니시던가요.

아, 진 데를 디딜까 두렵습니다.

어긔야 아강됴리.

어느 것이든 다 놓아버리십시오.

네 번째.

아, 내 님 가시는데 날이 저물까 두렵습니다.

어긔야 어강됴리 아으 다롱디리.

The Sacred Journey
7. 6.

주일 아침이어서인지 6시가 다 되었는데도 통행하는 사람들이 보이지 않는다. 먹이를 두고 다투는 갈매기들의 끼룩거리는 소리를 빼고는 사위가 고요하다. 새벽 공기가 제법 선선하다. 오늘은 체코의 종교개혁자인 얀 후스1372-1415가 화형에 처해진 날이다. 진리에 충실하려고 하던 이들의 운명이 언제나 죽음으로 귀결된다는 사실이 참 가슴 시리다. 그는 옥스퍼드 대학교의 존 위클리프의 영향을 받아, 성경에 입각해 타락한 교회질서를 준엄하게 꾸짖고 본질을 잃어버린 교회의 개혁을 부르짖다가 죽임을 당했다. 20대에 이미 프라하 대학의 철학부에서 강의를 했고, 겨우 서른 살이던 1402년부터 3천 명 가량이 모이던 프라하 베들레헴 성당의 설교자로 활동하던 탁월한 인물이었다. 1409년에는 프라하 대학의 총장이 되었다. 대우받는 자리에 익숙해질 수도 있었지만 그는 대쪽같이 종이 되는 믿음의 길을 지켰다. 그렇기에 사회개혁과 교회개혁을 부르짖었다. 교회의 탐욕에 대한 준열한 비판은 운명의 시간을 앞당겼다. 그는 교권주의자들에 의해 프라하에서의 모든 종교 활동을 금지 당했다.

하지만 그는 소박한 민중 속에 들어가 진리를 설파했고, 교황청의 잘못을 지적한 라틴어 저작 《교회론De Ecclesia》을 출간했다. 교황청은 '교회의 개혁과 일치'를 도모한다는 명분으로 공의회를 소집하고, 후스에게 콘스탄츠로 출석할 것을 명령했다. 지지자들의 만류를 물리치고 공의회에 참석한 후스는 지금까지의 주장을 철회할 것을 요구받았지만 단호하게 거절했다. 그는 결국 이단자로 몰려화형을 선고받았다. 다시 한 번 신학적 주장을 철회할 것을 종용 당했지만 그는 당당하게 죽음을 받아들였다. 지금도 수많은 사람들이찾아가는 체코의 한 광장에서 그의 동상은 쓸쓸하게 세상을 내려다보고 있다. 하지만 그는 자기 몸을 불 속에 던지는 것이 결국에는주님의 팔에 자기를 맡기는 것이라고 믿었던 사람이다. 행·불행을기준으로 그의 삶을 평가할 수 없는 까닭이 거기에 있다. 그는 죽음의 자리에서 적대자들에게도 자비를 베풀어달라고 기도했다. 하나님은 그런 기도를 어떻게 들으실까? '진리가 너희를 자유케 하리라' 하신 말씀을 몸과 마음으로 체득한 이들은 얼마나 행복한가?그런 신앙의 거인들을 생각하면 왜소하기 이를 데 없는 내 정신의크기가 떠올라 비참해진다.

인터넷에 올라온 교회 주보 순서를 따라 개인 예배를 드린 후 토카피 궁전 옆에 있는 이레네 성당을 찾았다. 그곳에 가서 고요함을마음에 한껏 채우고 싶었기 때문이다. 콘스탄티누스 대제의 지시에의해 360년에 완공되어 평화의 왕이신 하나님께 봉헌되었던 이 성

네 번째.

당은 하기아 소피아가 건립되기 전까지는 콘스탄티노플 주교좌가 있던 가장 중요한 곳이었다. 하지만 이것도 532년에 있었던 '니카'의 반란 때 불에 탔고, 유스티니아누스 황제의 명령으로 복원되었다고 한다. 굳이 이 예배당을 찾아간 것은 바로 이곳에서 제1회 콘스탄티노플 공의회가 열렸기 때문이다. 그 공의회를 통해 삼위일체 교리가 확정되었고, 또 시민들의 지지를 받던 크리소스토무스에게 유죄를 선고하여 결국 죽음의 길로 내몬 현장이기도 하다. 복잡한 심사로 그곳에 들어섰다. 하지만 그곳은 그저 오래된 건물만 덩그러니 있을 뿐, 그런 역사와 관련된 흔적은 어디에서도 찾아볼 수 없었다. 하나의 네이브와 두 개의 측랑, 그리고 앱스와 나르텍스를 가진 전형적인 바실리카 양식의 건물이기에 그곳이 교회였다는 사실을 짐작할 수 있을 뿐이었다. 비잔틴 제국의 가장 오래된 기념물이 이렇게 홀대받고 있는 것이다. 이 건물도 도시의 운명과 더불어 부침을 거듭했다. 1453년 메메드 2세에 의해 콘스탄티노플이 정복된 후 교회는 병기고로, 또 전리품 보관 장소로 사용되었다. 그러다가 술탄 아흐멧 3세(재위 1703-1730) 때 무기 박물관으로 개조되었다가 근세에 와서는 군사 박물관이 되었고, 지금은 가끔 공연장으로 활용된다고 한다. 제단 앞에 설치된 무대 위로 검은 고양이 한 마리가 마치 자기가 주역이라도 되는 양 느릿느릿 걷고 있었다.

그런데 내 심회를 더욱 어지럽힌 것은 돔 중앙에 그려진 그림 때문이었다. 본래 그곳은 '판토크라토르(만유의 주)'이신 예수님이 계신 곳이다. 그런데 그곳에는 각종 무기들이 그려져 있었다. 평화가 아

니라 '무기'가, '폭력'이 세상을 지배한다는 말을 하고 싶었던 것일
까? 무모한 군인들의 몰상식이었을까? 평화의 하나님께 바쳐졌던
예배당이 무기고가 되고, 가장 높은 돔 중앙에 무기 그림이 그려져
있다는 사실이 지구촌의 암담한 미래를 예고하는 것 같아 안타까웠
다. 평상시에 좋아하던 정현종 선생의 〈요격시〉가 떠올랐다.

다른 무기가 없습니다.
마음을 발사합니다.

토마호크 미사일은 떨어지면서 새가 되어 사뿐히 내려앉았습니다.
스커드 미사일은 날아가다가 크게 뉘우쳐 자폭했습니다.
재규어 미사일은 떨어지는 순간 꽃이 되었습니다.
패트리어트 미사일은 날아가다가 공중에서 비둘기가 되었습니다.
지이랄 미사일은 바다에 떨어져 물고기가 되었습니다.
도라이 미사일은 사막에 떨어지면서 선인장이 되었습니다.
자기악마 미사일은 어떤 집 창 앞에 떨어지면서 나비가 되었습니다.
디스페어 미사일은 어떤 집 부엌으로 굴러들어가 숟가락이 되었습니다.
플레이보이 미사일은 어떤 아가씨 방으로 숨어들어가 에로스가 되었습
니다.
머어니 미사일은 어느 가난한 집 안방에 들어가 금이 되었습니다.
우라누스 미사일은 땅에 꽂히는 순간 호미가 되었습니다.
제구덩이 미사일은 저를 만든 공장으로 날아가 그 공장을 날려버렸습니다.

네 번째.

머커리 미사일은 아주 작아져 어떤 아이 호주머니 속으로 들어가 속삭였

습니다.

이걸로 엿이나 바꿔 먹어.

(후략)

시인의 상상이 현실이 된다면 얼마나 좋을까? 공상은 무력하지
만 상상은 힘이 세다. 하나님을 믿는다는 것은 역사를 새롭게 하기
위해 세상 속으로 들어오시는 하나님을 영접하는 것이다. 하나님은
평화로운 세상, 생명이 넘치는 세상을 향해 몸을 돌린 이들을 통해
이 세상에 들어오신다. 이레네 성당 유적을 떠나며 이 사실을 가슴
에 새겼다.

이슬람 세계 한복판에서 비잔틴 시대의 모자이크와 프레스코화
가 비교적 잘 보존된 코라 교회Chora Church를 찾아갔다. 코라 교회는
지금은 키리예 박물관으로 이름을 바꾼 채 비잔틴 예술에 관심이
많은 사람들을 불러들이고 있었다. 교회에 들어서는 순간 마주치는
것은 '산 자의 설 땅으로서의 그리스도'라는 모자이크이다. 가슴에
성경책을 품고 있는 예수는 오른손으로 사람들을 축복하는 자세를
취하고 있다. 예배당에 들어오는 이들은 모자이크 속의 예수에게서
마음의 큰 위안을 얻었을 것이다.

'산 자의 설 땅'이라니? 비록 죽음의 음침한 골짜기를 거닐며 살
았을지라도 그분 앞에 서는 순간은 마치 풍랑이 이는 바다에서 시
달리던 이들이 포구에 닻을 내린 기분이었을 것이다. 누군가의 설

땅이 되어주는 것처럼 아름다운 일은 없다. 예수는 모든 산 자가 발을 딛고 설 수 있는 땅인 동시에 가슴 시린 모든 이들의 품이다. 바깥쪽 나르텍스와 안쪽 나르텍스에는 성모의 삶과 예수의 행적이 파노라마처럼 전개되고 있었다. 제자들과 성인들의 이야기, 교회를 든든히 세우기 위해 헌신한 사람들의 모습이 아름답게 어울려 평화의 한 세상을 이루고 있었다. 아기 예수를 안고 있는 성모 옆에는 '담을 수 없는 것을 담는 그릇'이라는 말이 적혀 있었다. '하나님의 어머니'를 주장하는 정교회의 신학이 반영된 표현일 것이다. 내부에 있는 성모의 임종 장면은 독특하다. 어머니의 임종 자리에 동참한 아들 예수가 어린 아이 하나를 안고 있다. 그 아이는 천국에서 새로운 존재로 태어나게 될 어머니의 영혼을 상징하는 것이었다. 어머니는 아들을 낳고 아들은 어머니를 낳는 되먹임의 관계가 그림 속에 잘 표현되고 있었다. 바깥 나르텍스 한 구석에 있는 프레스코화는 특히 인상적이었다. 십자가에 처형된 후 음부에 내려가신 예수는 관 속에 있는 두 사람의 손을 잡아 끌어 올리고 있다. 그 둘은 인류 전체를 상징하는 아담과 하와였다. 고개를 위로 들고 장시간 어떤 이미지에 집중한다는 것은 무척 어려운 일이다. 모스크로 용도 변경되었던 과거를 상기시키기라도 하듯이 몇 개의 미나렛이 교회 바깥에 세워져 있었다. 이제 그 공간은 거룩하신 하나님과의 친밀한 사귐의 장소가 아니라, 사람들에게 역사의 덧없음을 상기시키는 장소가 되고 있었다. 그럼에도 불구하고 훼손되지 않고 남아 있는 모자이크와 프레스코화는 마치 남은 불씨처럼 그곳을 찾는 이들

네 번째.

의 가슴 속에 조용히 파고들었다.

바람도 쐴 겸 풍경도 감상할 겸 비잔틴 황제 테오도시우스 2세가 쌓은 성벽을 따라 조금 걸었다. 오가는 사람이 거의 보이지 않는 한산한 소읍이었다. 그런데 저만치에서 많은 사람이 웅성거리는 것이 보였다. 궁금증에 다가가 보니 거대한 새 시장이 열리고 있었다. 카나리아와 비둘기를 가지고 나온 새 주인들은 사람들에게 새의 날개를 펼쳐 보이며 건강한 새임을 증명하려 애썼다. 그 이색적인 풍경을 사진에 담고 싶었으나 낯선 이들에게 카메라를 들이대는 게 무례한 일인 것 같아 망설이자 몇몇 사람이 서슴없이 자기를 찍으라고 손짓한다. 다른 이들은 호기심 가득한 눈으로 바라보면서도 수줍은 미소만 짓고 있었다. 비둘기를 골칫거리로 이해하는 데 익숙해서인지 비둘기를 사고파는 그들의 모습이 이채로웠다. 새 시장 한켠에서는 장작불을 때가면서 빵을 굽고 음식을 조리하여 파는 이들이 있었고, 노박이로 주저앉아 감 놔라, 배 놔라 참견하는 사람들도 있었고, 뭔가 흥미로운 게 없나 하는 표정으로 두리번거리는 소년들도 보였다. 그거 몇 마리 판다고 무슨 돈이 될까 싶었지만, 사실 그들에게 더 필요한 것은 사람들과의 살가운 만남이었는지도 모르겠다.

숙소로 돌아와 오후의 뜨거운 열기를 피해 있다가 오래전부터 가보고 싶었던 오르한 파묵의 '순수박물관'에 다녀왔다. 골목골목 아주 어렵게 찾아갔다. 이렇게 찾기 어려운 곳에 누가 찾아올까 싶었는데, 수십 명의 사람들이 이미 박물관을 견학하고 있었다. 작가의

네 번째.

열혈 독자들일 것이다. 이 박물관은 오르한 파묵의 동명 소설에 등장하는 일상의 소소한 것들에 관련된 기억과 의미를 드러내기 위해 수집한 것들을 전시하고 있다. 작가는 소설 구상과 박물관 구상을 거의 동시에 했다고 한다. 허구인 소설이 박물관과 결합함으로 마치 실재처럼 보이도록 하려는 것일까? 소설은 이스탄불에서 살았던 두 가족의 이야기를 기억과 회상을 통해 재구성하고 있다. 소설은 대략 1950년부터 2000년까지의 이스탄불의 모습을 반영하고 있다. 총 83장으로 구성되어 있는데, 파묵은 83개의 장식장 안에 각 장의 소재가 된 물건들을 정교하게 배치해놓았다. 순수박물관을 천천히 돌면서 그 물건들과 사귀다 보면 저절로 소설의 시공간 속으로 진입하게 된다. 사라지기 쉬운 것, 잊히기 쉬운 것들을 되살리기 위해 작가는 소설과 더불어 박물관을 만든 것이다. 문자로 된 텍스트와 그 텍스트를 가시화해주는 물건들을 보면서 소설의 장래에 대해 생각하지 않을 수 없었다.

맨 위층에는 오르한 파묵이 이 소설을 구상할 때 했던 메모부터 각 장을 써나갈 때의 수고手稿가 전시되어 있었다. 여러 차례 첨삭과 수정을 거친 흔적이 고스란히 담긴 원고를 작가는 만천하에 공개하고 있었다. 원래는 의도했으나 나중에는 소설에서 생략한 부분도 많았다. 자기 글이 탄생하는 비밀을 그렇게 남김없이 드러내는 작가의 용기에 경의를 표하지 않을 수 없었다. 그는 글쓰기란 바늘 하나로 우물을 파는 것과 같다고 말했다. 과연 그 말이 그에게는 진실임을 알 수 있었다. 순수박물관에 온 이들은 대개 고도의 집중력을 가지고 그 물건들과 만나고 있었다. 구석 어두침침한 자리에 앉아 파묵의 책을 읽고 있는 이들도 보였다. 이런 개인 박물관이 늘어날 때 문화가 풍부해질 수 있겠다는 생각이 들었다.

다섯 번째.

영혼을 가만히 흔드는 종소리

새벽, 가까운 곳에서 은은한 교회 종소리가 들려온다.

울림 좋은 종소리는 물결처럼 다가와 영혼을 가만히 흔든다.

창밖으로 새벽빛이 변하는 모습을 물끄러미 바라본다.

미묘한 변화를 알아채려고 애써보지만

이내 마음이 다른 곳으로 달려간다.

얼른 말씀을 붙들고 묵상하다가 향심기도에 집중한다.

감사하다는 생각이 절로 든다.

아침에 창문을 열면 언제나 같은 자리에 앉아 차를 마시는 이가 보인다. 달관한 사람의 표정으로 그는 묵묵히 앉아 있다. 개가 다가와 옆에 드러누워도 본체만체, 고양이가 다가와 매달려도 모른 척한다. 호들갑스럽게 반기지도 않고 싸늘하게 거부하지도 않는다. 그냥 그렇게 공서하는 것이다. 그의 모습을 우두커니 보고 있자니 상대의 반응에 일희일비하며 살아가는 우리의 조급한 모습이 되비쳐 보인다. 과도하게 친밀감을 드러내거나 적의의 시선을 보내곤 하는 이들 사이에서 산다는 것은 참 피곤한 일이다. 이곳에는 유적지마다 편하게 드러누워 잠을 청하고 있는 개들이 정말 많다. 고양이들도 따뜻한 자동차 보닛 위에서 졸고 있거나 음식을 먹고 있는 이들에게 다가가 애처로운 눈짓을 보내기도 한다. 그래도 사람들은 쫓아내려 하지도 않고 다가가 쓰다듬지도 않는다. 개와 고양이도 그곳에 있을 권리가 있음을 인정하는 것일까? 도시 미관을 해친다거나 관광객들에게 혐오감을 줄 수 있다는 발 빠른 계산 같은 건 아예 없는지도 모른다. 궁벽진 마을의 골목길을 걷다 보면 우리가 두고 떠나온 세월이 보이는 듯했다. 허름한 발을 친 실내에서 들려오는 여인들의 수런거림, 오랜 세월을 견디며 검게 변해버린 목조건물, 집밖에 내놓은 의자에 하염없이 앉아 있는 사람들. 오르한 파묵도 그런 장소에 대한 친밀함을《이스탄불》에서 드러내고 있다.

이스탄불 사람들이 가난한 변두리 마을에서 느끼는 아름다움은, 폐허 상태인 도시 성벽이나, 어린 시절에도 그랬던 것처럼 루멜리히사르 혹은 아나돌루히사르의 성벽과 탑들 위에 풀, 잡초, 담쟁이덩굴, 나무들이 자랄 때 드러난다. 이 아름다움은 가난한 변두리 마을에 있는 부서진 분수, 페인트칠이 벗겨지고 반쯤 허물어진 오래된 저택, 100년 된 가스 공장의 폐허, 오래되어 검게 변한 목조 건물의 벽, 담쟁이덩굴과 플라타너스 나무들이 특별히 결합했을 때 우연히 드러난다. 어린 시절에 변두리 마을로 놀러 가면, 그림을 보듯 멈춰서 보고 싶은 이러한 '회화적인' 아름다움들이 얼마나 많았던지 어느 시점 이후에는 우연이라고 하는 것도 옳지 않은 것 같았다.

그런 장소가 사라진다면 그 장소가 주었던 안온한 느낌조차 사라질 것이다. 그러면 삶은 얼마나 빈곤해질 것인가? 현대화된 도시는 다양한 삶에 대한 기억을 말끔히 제거함으로 삶을 획일화한다. 균질화된 기억처럼 비극적인 게 또 있을까? 오래된 도시의 뒷골목, 사람 냄새나는 그곳에서 나는 서울이라는 아주 낯선 도시(?)를 생각했다.

며칠간 정들었던 골목길 숙소를 떠나 정교회의 나라 조지아로 떠난다. 구 소비에트에게 당했던 기억을 지워버리고 싶은 듯 그루지야라는 소련식 발음을 버리고 미국식 발음인 조지아로 개명한 나라이고, 가장 오래된 기독교 전통이 남아 있는 나라 중 하나이다. 2시간 30분 동안의 비행 끝에 조지아의 수도 트빌리시에 도착했다. 입국 심사관들이 앞사람들과 오랜 시간 실랑이를 하기에 좀 시간이

걸리겠다 싶어 마음을 장기전 모드로 전환했는데 웬일인지 내게는 그저 이스탄불에서 오는 길이냐고 묻더니 '웰컴' 한 마디를 던지고는 도장을 쾅 찍어준다. 왠지 대접받은 것 같은 느낌이 들어 기분이 좋았다. 사람은 이렇게 단순하다. 공항에서 숙소로 가는 길에 젊은 기사는 묻지도 않은 말을 한다. "나는 미국을 사랑해요." 뜬금없는 말에 왜 미국이 그렇게 좋으냐고 묻자 "프리덤!" 하고 외치고는 쓸쓸하게 웃는다. 그는 미국을 기회의 땅이라고도 말했다. 자기는 조지아를 사랑하지만 다른 곳에 가서 살고 싶다고 했다. 미국에 대한 그의 생각이 옳은지 그른지를 따질 능력은 내게 없지만 현실의 굴레를 벗어던지고 싶은 그 젊은이의 마음을 트빌리시 거리를 걸으며 어렴풋이 느낄 수 있었다. 퇴락한 집들, 여기저기 파손된 도로, 매연을 내뿜으며 달리는 자동차들, 허름한 차림의 사람들. 그는 그런 조국의 가난이 싫은 것이다. 미국이라는 나라에 가면 삶이 달라질 것 같은 막연한 환상, 그것은 비단 그 젊은이만의 꿈은 아닐 것이다. 이 나라가 처해 있는 현실이 그 젊은이의 한마디 말 속에 다 녹아 있는 것 같았다.

숙소에 짐을 풀고 잠시 산책 겸 도시와 눈인사라도 나누려고 가까이에 있는 사메바 대성당Sameba Cathedral, Holy trinity Cathedral을 찾아갔다. 조지아 정교회가 자치 독립교회로 인정받은 지 1,500년을 기념하여 1995부터 2004년 사이에 건축한 주교좌 성당이라 한다. 조지아인들은 구소련이 파괴해버린 아르메니아 성모 교회 자리에 이 교회를 세웠다. 조지아 정교회의 전통 건축양식과 비잔틴 양식이

정면에서 볼 때는 비례가 맞지 않는 듯 불안정해 보였는데,

가까이 다가갈수록 묘하게 균형감이 느껴졌다.

묘하게 섞인 교회였다. 교회당으로 이어지는 들머리에서 인부들이 석비에 거룩한 인물들의 모습을 새기고 있었다. 지금도 건축이 진행되고 있는 것이다. 건물이 정면에서 볼 때는 비례가 맞지 않는 듯 불안정해 보였는데, 가까이 다가갈수록 묘하게 균형감이 느껴졌다. 측면의 열린 문을 통해 교회에 들어서는 순간 여행자 모드를 해제하지 않을 수 없었다. 성경을 음송하는 소리가 웅얼웅얼 들려오고, 그 말씀에 응답하는 노랫소리가 간헐적으로 들려왔다. 말씀 봉독대 가까운 곳에 서 있던 여성은 거룩 앞에 선 것 같은 큰 경외심으로 그 말씀을 경청하며 연신 십자 성호를 그었다. 사람의 표정과 몸짓이 저렇게도 곡진할 수 있구나 싶었다. 성화 앞에 촛불을 밝히고 그 앞에 서서 고요히 기도를 올리는 사람들, 성화에 입을 맞추는 사람, 그 앞에 무릎을 꿇어 경의를 표하는 사람들, 사제와 마주 서서 이야기를 나누는 사람들. 모두가 간절한 눈빛이었다. 간혹 사제 한 사람이 분향한 향로를 들고 실내를 한 바퀴 돌았다. 모두가 각자의 사연과 직무를 가지고 그 자리에 있었지만, 그 공간을 가득 채우고 있는 공기는 신성했다.

말씀 앞에 서 있는 여성의 모습에 자꾸만 눈길이 갔다. 대체 어떤 사연이 있기에 그 여성은 그리도 간절한 것일까? 하지만 그 간절함은 매어달리는 간절함이 아니라, 자기를 드리는 간절함이었다. 사람의 몸은 거짓말을 하지 못하는 법이다. 사진을 찍으려던 생각을 거두고 가만히 들려오는 소리에 몸을 맡겼다. 단 한 마디도 분별할 수 없었지만 그 음조를 타고 전달되는 말씀의 힘은 느낄 수 있었다.

다섯 번째.

그 말씀은 물처럼 다가와 내 더러워진 마음을 씻어주었고, 바람처럼 다가와 내 영혼을 어루만졌다. 미화하려는 것도 아니고 정교회의 우월성을 말하려는 것도 아니다. 그 순간 나는 분명히 어떤 영의 현존을 감지할 수 있었다. 전혀 예상치 못한 곳, 예상치 못한 시간에 하나님은 내 영혼을 흔드셨고, 주체할 수 없는 떨림이 느껴졌다. 그동안 찾아 헤매던 중심에 언뜻 접촉한 듯한 느낌이었다. 가만히 밖으로 물러나와 예배당 뜰 한켠에 앉았다. 세찬 바람이 불었다. 그때까지도 그 음송 소리가 마치 이명증처럼 내 귀에 남아 있었다. 어느 결에 찬송가 하나가 찾아왔다. "곤한 내 영혼 편히 쉴 곳과 풍랑 일어도 안전한 포구. 폭풍까지도 다스리시는 주의 영원한 팔 의지해. 주의 영원하신 팔 함께하사 항상 나를 붙드시니 어느 곳에 가든지 요동하지 않음은 주의 팔을 의지함이라" _{찬송가 406장}.

마을을 한 바퀴 돌았다. 사람들은 낯선 이방인의 등장에 호기심 어린 눈길을 보냈다. 도대체 저 사람이 왜 여기에 왔을까 탐문하는 듯한 눈길이었다. 하지만 적대감은 느낄 수 없었다. 한 호기심 많은 젊은이가 일본 사람이냐, 아니면 중국 사람이냐 하고 묻기에 한국인이라고 했더니 대뜸 "아, 삼성" 하고 응대한다. 좋아해야 하는 건지 말아야 하는 건지 모르겠다. 골목에서 축구를 하고 있던 두 아이는 내 손에 들린 카메라를 보더니 쪼로로 달려와 포즈를 취한다. 아이들은 어디를 가든 천진하다. 그 아이들이 곱고 예쁘게 자랄 수 있기를 빌며 화살기도를 날렸다.

한 줄기 세찬 비가 지나가더니 한층 청신해진 바람이 귓볼을 스친다. 너무 안달할 것도 없고, 너무 달관할 것도 없다. 매 순간 찾아오는 인연을 소중히 여기고, 매 순간 떠나가는 인연을 잘 보내주면 된다. 서정주 선생의 〈연꽃 만나고 가는 바람 같이〉가 떠올랐다. "연꽃 / 만나러 가는 / 바람 아니라 / 만나고 가는 바람같이… // 엊그제 / 만나고 가는 바람 아니라 / 한두 철 전 / 만나고 가는 바람같이…."

그렇게 살 수 있을까? 조지아는 내 인생 여정 가운데 또 어떤 인연을 빚어낼 것인가? 아니, 이건 너무 세속적 표현이다. 하나님은 어떤 만남을 예비해놓으셨을까?

The Sacred Journey
F. 8.

사메바 성당의 조과 기도회에 참석할까 하여 일찍 숙소를 나섰지만 문이 굳게 닫혀 있었다. 어쩌면 그곳에 속한 사제들과 수도자들만 참여하고 있는지도 모르겠다. 기왕 나선 김에 동네 한 바퀴를 돌았는데 저절로 축복하는 기도를 드리지 않을 수 없었다. 마을 어디서나 궁색함이 묻어났다. 새벽 출근을 서두르는 사람들, 그리고 거리를 쓰는 청소원들은 진기한 구경거리라도 만난 듯 낯선 이방인을 노골적으로 혹은 슬쩍슬쩍 훔쳐본다. 모두가 행복의 꿈을 꾸는 사람들이다. 기쁘면 웃고, 슬프면 우는. 아무리 낯설어도 한꺼풀만 벗

다섯 번째.

겨보면 인간. 괜히 애잔하고 서러웠다. 멀리 교차로에서는 한 남자
가 사메바 성당을 바라보며 연신 십자 성호를 긋는다. 그에게 있어
신앙이란 어떤 것일까? 복을 비는 것일까? 공경일까?

"우리 각 사람이 이웃을 기쁘게 하되 선을 이루고 덕을 세우도록
할지니라"롬 15:2. 헤른후트 기도서로 읽은 오늘의 말씀이다. 그렇지,
이 말씀만 꼭 붙들자. 나를 기쁘게 하려니 문제지, 이웃을 기쁘게
하려는 마음만 진실하다면 인생이 뭐 그리 복잡할까.

평화란 그 마음이 빚어내는 삶의 열매요, 불화란 그 마음을 잃어
버린 결과일 뿐이다. 이웃을 기쁘게 한다고 하여 우리 속에 기쁨이
사라지는 것은 아니다. 오히려 더 깊은 기쁨이 우리 속에 유입된다.
이웃을 기쁘게 하는 일은 선을 이루고 덕을 세우는 일과 분리될 수
없다. 사랑의 단면은 정의여야 한다. 오늘 내게 주어진 소명은 '이
웃을 기쁘게 하는 것'이다. 그럴 수 있는 힘을 달라고 기도했다.

좀 먼 데 떨어진 수도원 몇 곳을 방문하기 위해 기사 달린 차 한
대를 빌렸다. 선하게 생긴 자자Zaza는 세 아이의 아빠였는데 영어를
거의 못했다. 서먹서먹함을 깨느라 손짓발짓을 다 동원하여 "조지
아에서는 포도주가 유명하다며?"라고 묻자 나른하던 그의 눈빛이
환하게 빛나면서 엄지손가락을 세워보였다. 한참을 달리다가 갓길
에 차를 세우더니 맞은편에서 마침 다가오고 있던 차로 달려간다.
차에서 누구와 통화를 하더니 포도원을 운영하는 자기 아버지에게
포도주를 가지고 나오라고 했던 모양이다. 70대 노인이 아들의 손
님을 위해 차를 몰고 나왔던 것이다. 좀 당황스럽기는 했지만 이들

의 순박하고 따뜻한 배려에 마음 깊이 감사하지 않을 수 없었다.

다비트 가레자Davit Gareja. 트빌리시에서 남동쪽으로 60-70km 떨어진 곳에 있는 수도원이다. 6세기 경, 시리아 출신의 수도사들이 이 나라에 들어와 복음을 전했는데 그중 하나인 다비트 가레젤리 Davit Garejeli가 가레차 산 사면 바위에 동굴을 파고 돌을 쌓아 예배실을 만들면서 수도원이 시작되었다고 한다. 큰 길을 따라 달리던 차가 지방도로로 접어들자 이전과는 전혀 다른 풍경이 펼쳐지기 시작했다. 완만한 구릉이 끝도 없이 이어지고 있었고, 나무가 거의 보이지 않는 목초지가 좌우로 전개되고 있었다. 마치 몽골의 초원을 보는 것 같았다. 허허롭기 이를 데 없는 이곳, 초원 사이로 난 한 줄기 길, 통행하는 차량도 거의 없었다. 길 위에는 사람 대신 제비가 여유롭게 앉아 있다가 잽싸게 날아올라 마치 비행솜씨를 과시하듯 멋진 포즈로 창공을 갈랐다. 후투티는 경중거리며 차를 피했다. 아름다운 풍경에 감탄하면 자자는 자랑스러운 듯한 표정을 짓다가 적당한 장소에 차를 세우며 사진을 찍으라 권한다. 비가 내리지 않아 바닥을 드러낸 호수가 보였고, 물을 얻을 수 있는 곳에 옹기종기 모인 작은 집들도 보였다.

다비트 가레젤리는 어쩌자고 이런 황량한 풍경 속으로 들어간 것일까? 속세와의 인연을 끊고 더 멀리 더 깊이 들어가고 싶었던 것은 무엇 때문일까? 고독과 은수를 통해 그가 도달하고자 했던 영혼의 자리가 궁금했다. 동굴 수행자가 있다는 소문을 듣고 찾아온 이들이 다른 동굴을 파고 들어앉으면서 그곳은 일종의 동굴 수도원이

다섯 번째.

되었다. 영혼의 목마름 때문에 고독한 장소를 찾아와 철저한 수행을 실천한 그들은 과연 목마름을 해갈했을까? 알 수 없다. 하지만 그들의 존재는 속세에서 살아가는 이들의 영혼을 적셔주는 샘물이었을 것이다. 생텍쥐페리는 "사막이 아름다운 건 어딘가에 샘이 있기 때문"이라고 말했다. 어쩌면 수도자들이야말로 그런 샘인지도 모르겠다.

수도원이 기대선 거대한 바위 아래에는 집수장이 있었다. 수도사들은 건조한 그 지역에서 물을 얻기 위해 바위를 쪼아 집수장까지 이어지는 물길을 만들어 놓았던 것이다. 뙤약볕 밑에서 돌을 쪼는 수도자들의 모습이 눈에 잡히는 듯하다. 또 망치로 정을 내리치는 소리가 쩽쩽 들리는 듯하다. 그것은 일종의 기도였을 것이다. 전성기 때는 주변에 800여 명이 넘는 이들이 기거했다고 한다. 소유라곤 거친 매트 하나뿐이었고, 매일 제공되는 소량의 음식으로 연명하며, 엄격한 규율에 따라 기도에 전념했다. 가파른 계곡에 층층으로 형성된 동굴 수도처Lavra마다 이제는 사라지고 없는 수도자들의 숨결이 배어 있는 듯했다. 이 수도원 역시 파란을 겪었다. 1265년에 있었던 몽골의 침입으로 상당한 수난을 겪었고, 1615년에 있었던 페르시아의 침입으로 많은 수도사들이 목숨을 잃었다 한다. 수도원이 보관하던 진귀한 문서와 예술품들은 소실되거나 파괴되었다. 자자는 다비트 가레젤리가 숨진 장소에 무릎을 꿇고 기도를 올리고는 그곳에 경건하게 입을 맞추었다. 흰 수염에 눈빛 형형한 다비트 가레젤리의 모습을 담은 이콘이 눈길을 끌었다. 느보 산 비스

어쩌자고 이런 황량한 풍경 속으로 들어간 것일까?

속세와의 인연을 끊고 더 멀리 더 깊이 들어가고 싶었던 것은 무엇 때문일까?

다섯 번째.

고독과 은수를 통해 그가 도달하고자 했던 영혼의 자리가 궁금했다.

가 봉우리에서 약속의 땅을 내려다보던 모세의 눈빛이 연상되었다. 한 사람의 마음이 진리에 대한 열정으로 불타오르면 그의 주변도 저절로 환해지게 마련이다. 그의 영혼을 기억하며 촛불 하나를 밝혔다.

수도원에 관한 책이 있나 싶어 기념품 판매소에 갔더니 검은색 수도복을 입은 젊은 수도자가 한 구석에 앉아 졸고 있다가 눈을 떠 나를 바라본다. 그러더니 또 금방 눈을 감아버린다. 아픈 건지, 무료한 시간에 지친 것인지 모르겠다. 젊디젊은 그는 대체 어떤 괴로움이 있기에 속세를 버리고 이곳에 들어온 것일까? 저절로 그를 위해 화살기도를 드리지 않을 수 없었다. 그가 그렇게도 간절히 찾고 있을 그 중심과 만나게 해달라고.

차를 돌려 카헤티 인근에 있는 보드베Bodbe 수도원을 향했다. 그곳은 조지아인들의 마음의 고향이라 한다. 조지아에 최초로 복음을 전한 성 니노Nino가 묻힌 곳이기 때문이다. 카파도키아 출신인 니노는 어느 날 기도 중에 성모로부터 선교에 대한 명령을 듣고는 아르메니아를 거쳐 조지아에 들어왔다. 전설에 따르면 성모로부터 받은 거룩한 십자가를 잃어버리지 않으려고 그것을 자기 머리카락에 묶고 다녔다고 한다. 그래서 지금도 조지아 교회를 상징하는 니노의 십자가는 포도나무 줄기에 머리카락이 휘감긴 모습이다. 그리고 십자가의 좌우 수평축이 아래로 내려와 있다. 조지아인들은 니노를 '사도와 동등한 자', '깨달음을 주는 자'라고 부른다. 기독교의 역사가 여성들의 존재를 지워온 역사라면 조지아의 경우는 정말 특이하

다섯 번째.

다 할 수 있다. 니노에게 사도로서의 지위까지 부여하고 있으니 말이다.

조지아에 들어온 니노를 통해 치유의 기적이 나타난다는 소문을 듣고 불치의 병을 앓고 있었던 왕비 나나도 니노를 찾아가 치유함을 받았다. 당시 이베리아의 왕이었던 미리안 3세는 페르시아 제국의 종교적·정치적·문화적 영향 아래 있었기에 기독교에 대해 호감을 갖지 않았지만 그 또한 사냥터에서 길을 잃었다가 '니노의 하나님'의 도움으로 사지에서 벗어나자 기독교로 개종했다. 미리안 3세는 콘스탄틴 대제에게 주교와 사제들을 보내달라고 요청했고, 그때부터 기독교는 급속도로 전파되기 시작했다.

니노는 조지아 교회의 설립을 도운 후 보드베로 들어와 은수자로 살다가 338년경 생을 마감했다. 사람들이 그의 시신을 수도로 옮기려고 했지만 도저히 관을 움직일 수가 없었다고 한다. 왕은 그곳에 묻히는 것이 니노의 뜻임을 알아차리고는 그곳에 시신을 매장하고 그 위에 작은 예배당을 세웠다. 긴 역사를 가진 모든 교회가 그러하듯 보드베 역시 많은 어려움을 겪었다. 하지만 지금은 조지아를 대표할 만한 수녀원이 이곳에 있다. 조지아 기독교의 중요한 문헌들도 보관되어 있어서 많은 작가들이 이곳에 머물며 글을 쓰기도 한다. 예배당 아래쪽, 수도원에 딸린 밭에서 일하고 있는 이들의 모습을 한참 바라보았다. 밭을 일구고, 열매와 채소를 돌보고, 정원을 가꾸는 시간이야말로 하나님과 깊이 대화하는 시간일 것이다. 멀리 대 코카서스 연봉이 파노라마처럼 전개되고 계곡 아래로는 평원이 끝없이 펼쳐져 있었다. 자연의 아름다움을 늘 보고 사는 이들의 영성은 저절로 맑고 깊어지지 않을까 하는 생각에 가벼운 질투의 감정이 일었다.

먼 길을 다니느라 다소 피곤했지만 가까운 마을인 시그나기Sighnaghi로 향했다. 트빌리시에서 보던 퇴락한 집들과는 달리 매우 깨끗하게 정돈된 마을이었다. 붉은 색조를 띤 지붕은 도시를 한결 따뜻한 분위기로 감싸고 있었다. 알라자니Alazani 계곡과 대 코카서스 연봉, 그리고 대평원이 내려다 보이는 곳에서 한참을 머물렀다. 서늘한 기운이 몸과 마음을 기분 좋게 채워주었을 때 비가 한 두 방울씩 내리기 시작했다. 천천히 마을을 돌아 내려오고 있는데, 골목길에 앉아 있던 늙수그레한 할머니 한 분이 손자인 듯한 아이의 등을 떠밀며 뭐라고 하는 것 같았다. 언뜻 '잉글리쉬'라는 단어가 들려왔다. 아이에게 다가가 영어를 할 줄 아냐고 묻자 그렇다고 씩씩하게 대답한다. 몇 마디 주고받는 것을 본 할머니의 표정은 대견스러움으로 환해졌다. 교사가 꿈인 11세 소년 니카는 할머니와 함께 산다. 어머니에 대해 묻자 아이는 대답하지 않는다. 할머니는 니카를 통해 바로 앞에 있는 예배당 문을 열어줄까 하고 묻더니 금방 열쇠를 가져와 예배당 문을 열고는 초 몇 개를 내밀었다. 초를 밝히는 것은 당연한 일이라는 듯이. 동전 몇 개를 건네주고 받은 초를 이콘 앞에 밝히고 니카의 꿈이 이루어지게 해달라고 기도했다.

트빌리시로 돌아오는 길에 니노츠민다Ninotsminda 수도원에 잠시 들렀다. 니노가 머물던 곳이라 사람들이 귀히 여긴다고 한다. 이 수

다섯 번째.

도원은 테트라콘치tetraconch, 곧 그리스 십자가 모양대로 네 개의 앱스를 가진 예배당으로 16세기에 제작된 프레스코화가 아름다웠다고 한다. 하지만 다게스탄 공화국과거 카스피해 서안의 자치 공화국의 침입으로 파괴되었고 또 유물들도 모두 약탈 당했다. 무너진 교회를 재건했지만 결정적인 타격이 찾아왔다. 1824년과 1848년에 일어난 지진이었다. 지금 수도원 건물은 동쪽 앱스와 서쪽 벽만 남아 있다. 온전히 유지되고 있는 종탑이 없다면 아마도 폐허처럼 느껴졌을지도 모른다. 하지만 이곳에 살고 있는 여성 수도자들은 무너진 예배당 주위에 아름다운 꽃을 심고 잔디를 잘 가꿈으로써 그곳을 새로운 성지로 바꿔내고 있었다. 마치 삶의 곤고함을 이기는 비결이 여기에 있다는 듯이. 길고 긴 여정, 조지아의 기독교가 살아 움직이고 있음을 느낄 수 있었다. 삶 속에 배어 있는 공경심 때문일 것이다.

The Sacred Journey
F. 9.

새벽, 가까운 곳에서 교회 종소리가 은은하게 들려온다. 울림 좋은 종소리는 물결처럼 다가와 영혼을 가만히 흔든다. 창밖으로 새벽빛이 변하는 모습을 물끄러미 바라본다. 미묘한 변화를 알아채려고 애써보지만 이내 마음이 다른 곳으로 달려간다. 말씀을 붙들고 묵상하다가 향심기도에 집중한다. 감사한 마음이 절로 든다.

스테판츠민다로 가기 위해서는 먼저 디두베 역으로 가야 했다. 지하철 카드를 사서 개찰구를 통과하는 순간 지하까지 연결된 엄청 난 길이의 에스컬레이터와 속도에 놀랐다. 이 나라가 사회주의 국 가였다는 사실이 실감나는 순간이었다. 왠지 서두르는 듯한 느낌의 전철, 그러나 그 안에 타고 있는 이들은 덤덤했다. 피곤하고 활력 없어 보이는 얼굴들은 안쓰러웠다. 휴대전화를 들여다보는 사람이 하나도 보이지 않는다. 아직은 스마트폰이 보급되지 않은 탓일 것 이다. 시선을 빼앗아가는 것이 없다 보니 시선은 떠돌게 마련. 어른 들은 낯선 이방인의 등장을 다소 무뚝뚝한 표정으로 용납하고, 아 이들은 호기심어린 눈길을 거두지 않는다.

디두베 역에서 내려 버스 정류장에 다가가자 상당히 혼란스러웠 다. 도대체 어디에서 타야 하는지 알 수 없었다. 버스나 택시 기사 들은 손님들을 하나라도 더 태우기 위해 치열하게 경쟁했다. 스테 판츠민다로 가는 정기 버스는 이미 출발했고 다음 차를 타기 위해 서는 1시간 30분 이상 기다려야 했는데, 마침 스웨덴에서 온 젊은 커플이 택시를 대절하여 함께 가지 않겠느냐고 제안했다. 가격이 적당한 듯하여 택시를 탔다. 택시 기사는 유쾌한 사람이었다. 몇 마 디 못하는 영어로 그는 전달해야 할 모든 것을 적절하게 전달할 줄 알았다. 함께 길을 간다는 것, 참 즐거운 일이다. 스웨덴 아가씨는 한국에 대해 궁금한 게 많았다. 자기도 기독교인이라면서 반가워했 다. 스웨덴이 철저히 세속 국가가 되는 바람에 기독교인의 수가 얼 마 되지 않는다고 안타까워하기도 했다. 차는 조지아의 옛 수도인

므츠헤타를 지나 쿠라 강 길을 따라 나아갔다. 마치 덕소에서 양평으로 나가는 길 같기도 하고, 춘천에서 화천으로 가는 길 같기도 한 풍경이 반가웠다. 진발리Zhinvali 호숫가 마을 아나누리에서 잠시 숨을 돌렸다. 오래된 수도원 교회, 성채, 산, 호수가 어우러져 한 폭의 아름다운 풍경화를 이루고 있었다.

아나누리를 떠난 차는 점차 고도를 높여가며 절경 속으로 우리를 안내했다. 구불구불 산굽이를 따라 난 좁은 도로를 달리는 동안 그들 젊은 커플은 연신 카메라 셔터를 눌러댔다. "아시아의 스위스 같다"며 좋아한다. 러시아인들이 카프카스를 점령하기 위해 1799년부터 공사를 시작했다는 조지아 군용도로, 카프카스 삼국에서 러시아로 가는 유일한 육로라는 그 산길은 높고도 험했다. 해발 2,000미터가 넘는 즈바리 파스에 잠시 차를 세우고, 구름이 걸린 산봉우리들, 눈 녹은 물이 흘러내리다가 폭포가 되어 떨어지는 광경, 떨어진 물이 거침없이 내닫는 모습을 감탄하며 바라보았다. 사람은 아름다움 앞에 설 때 맑아진다. 아름다움이 세상을 구원한다는 말은 그런 뜻일 것이다.

마침내 스테판츠민다 마을에 도착했다. 통행료 징수인의 이름을 딴 카즈베기라는 마을 이름을 버리고 본래의 이름인 스테판츠민다로 개명한 것이 2006년이라 한다. 그들은 지명에서도 옛 소련의 지배를 벗어버리고 싶은 것인지도 모른다. 스웨덴 커플이 새로 지은 호텔에 예약을 했다며 떠나간 후, 얼마 지나지 않아 한 사람이 다가오더니 자기 집으로 가잔다. 조건이 맞는 듯해 그의 차를 타고 민박

덕소에서 양평으로 나가는 길 같기도 하고,

춘천에서 화천으로 가는 길 같기도 한 풍경이 반가웠다.

오래된 수도원 교회, 성채, 산, 호수가 어우러져 한 폭의 아름다운 풍경화를 이루고 있었다.

다섯 번째.

집에 들어갔다. 그리고 곧 므타츠민다Mtatsminda 산에 올랐다. 므타츠민다는 '거룩한 산'이라는 뜻이다. 14세기의 정교회 수도사였던 스테판이 은둔수도처로 만든 게르게티 삼위일체 교회(현지에서는 츠민다 사메바라 부른다)가 그 정상에 있기 때문일 것이다. 해발 2,170미터나 되는 그 산 꼭대기에 이르는 길은 만만치 않았다. 하지만 눈을 들면 구름에 가린 산허리와 언뜻언뜻 보이는 푸른 하늘이 아름다웠고, 돌아서면 카즈벡 산의 품에 안긴 작은 마을이 더없이 정겨워 보였다. 이 아름다운 절경이 그들에게는 별스러울 게 없는 풍경에 지나지 않을지도 모른다. 익숙해진다는 것, 그것은 참 편한 것이지만 둔감해지는 것이기도 하다. 당연의 세계에 감사가 없는 것은 그 때문이다.

고갯마루를 넘어서는 순간 게르게티 교회가 보였다. 카즈벡 산을 배경으로 마치 절벽 위에 걸린 듯 아스라이 서 있는 교회, 그것은 위안이었다. 허위단심으로 산을 오르다가 문득 저 멀리에 있는 교회와 마주서는 순간 순례자들은 마치 고향에 당도한 것 같은 느낌에 사로잡히지 않았을까? 작고 소박한 예배당, 성소와 지성소를 가르는 성화벽Ikonostasis조차 온전한 형태로 갖추지 못할 만큼 비좁았다. 하지만 그 공간에는 신성한 기운이 가득했다. 공간을 가득 채우고 있는 이콘들 앞에는 사람들의 염원을 담은 촛불이 밝혀져 있었다. 환하게 빛을 밝히다가 스르륵 꺼져버리는 모습을 지켜보았다. 삶과 죽음, 희망과 절망, 기쁨과 슬픔 사이를 오가는 인간의 고단한 삶이 떠올라 가슴이 저릿해졌다. 이곳에서는 엄마나 아빠 품에 안

다섯 번째.

긴 아이들도 성화에 입을 맞춘다. 그리고 말소리를 한껏 낮추어 말한다. 한 젊은 남자의 모습을 유심히 지켜봤다. 거구인 그는 예배당을 좌측에서 우측으로 돌며 모든 성화 앞에서 십자성호를 긋고 또 입을 맞췄다. 입을 맞추기 위해 다가서는 그 몸동작은 경외심의 발로 그 자체였다. 정교회에서 이콘 곧 성화는 단순한 이미지가 아니라 존재 자체이다. 이콘 속의 인물들은 그 자리에 실제로 현존하는 것으로 여겨진다. 그렇기에 정교회 신자들은 성화에 입을 맞추지 않는 이들을 이상하게 생각한다. 그 거구의 사나이가 성 게오르기우스의 이콘 앞에 서서 십자 성호를 긋기 위해 오른손을 이마로 가져가면서 '어흑' 소리를 냈다. 한동안 그 손은 가슴으로 내려오지 않았다. 그는 이윽고 가슴에 내려온 손을 들어 마치 점을 찍듯 오른쪽 어깨와 왼쪽 어깨를 짚었다. 기도하는 태도와 마음가짐이 저런 것이겠다 싶었다. 삼위일체 하나님의 은혜와 사랑과 능력을 몸과 마음에 모시고, 구원의 길인 십자가를 자기 몸에 새기는 것 말이다. 그는 자기의 존재 전체로 기도하고 있었다. 남의 눈길은 전혀 의식하지 않았다. 유난히 촛불이 많이 밝혀진 곳에는 성모자상이 있었다. 그런데 성모와 아기 예수의 얼굴이 검게 변색되어 거의 알아볼 수도 없을 지경이었다. 아마도 오랜 세월 촛불 그을음으로 인해 생긴 변형일 것이다. 그 검은빛의 성모자가 내게는 마치 세상의 모든 슬픔과 아픔을 다 짊어지고 있는 것처럼 보였다. 그곳에 와서 촛불을 밝힌 수많은 이들의 염원이 환한 빛으로 바뀔 날은 언제일까? 왜 그 순간 정채봉 선생의 〈나의 기도〉가 떠올랐는지 모르겠다. '태초'와 '순수'라는 단어 때문이었을까?

아직도 태초의 기운을 지니고 있는

바다를 내게 허락하소서.

짙푸른 순수가 얼굴인 바다의

단순성을 본받게 하시고

파도의 노래밖에는 들어 있는 것이 없는

바다의 가슴을 닮게 하소서.

홍수가 들어도 넘치지 않는 겸손과

가뭄이 들어도 부족함이 없는

여유를 알게 하시고

항시 움직임으로 썩지 않는 생명

또한 배우게 하소서.

높은 산지인지라 긴 소매 옷을 입었음에도 불구하고 한기가 느껴
졌다. 양지바른 곳에 앉아 아름다운 풍경에 넋을 잃고 있는 이들이
많았다. 수도사 한 사람이 예배당 낮은 울타리에 걸터앉아 기도 구
슬을 꿰고 있었다. 그 동작 하나하나가 일종의 수행처럼 보였다. 쉬
지 않고 기도한다는 것은 저런 것일 것이다. 일상의 모든 순간을 하
나님 앞에서 살아내는 것 말이다. 하산길은 반대쪽 사면, 급경사지
를 택했다. 경사면에 펼쳐진 그 다양한 들꽃을 차마 그냥 지나칠 수

다섯 번째.

가 없었기 때문이다. 다양한 빛깔과 형태의 꽃들이 한데 어우러져 낙원의 이미지를 연출하고 있었다. 제멋대로 피어난 듯하지만 조화를 이루고 있는 꽃들. 그런 세상을 만드시고 "참 좋다" 하셨던 하나님의 심정을 알 것 같았다. 마을에 가까워졌을 때 몸을 돌이켜 므타츠민다 산을 바라보았다. 무심히 서 있는 저 산이 '거룩한 산'인 것은 장소성의 문제가 아니라, 그 산을 오르는 이들의 간절한 마음 때문일 것이다. 구소련은 1988년에 마을에서 산정에 이르는 케이블카를 설치했으나, 소련이 물러간 후 주민들은 거룩한 산에 케이블카를 운행하는 것은 있을 수 없다 하여 시설을 철거해버리고 말았다 한다. 놀라운 결정이 아닐 수 없다.

몸속 깊이 한기가 느껴지는 저녁, 두툼한 이불을 꺼내 몸에 두른 채 자기가 하나님의 형상임을 잊고 사는 이들과, 눈물 마를 날 없는 세월을 보내고 있는 이들을 위해 기도를 올렸다.

The Sacred Journey
7. 10.

이불을 두 개나 덮고도 추위에 잠을 설쳤다. 하지만 어김없이 새벽은 밝아온다. 새벽 미명의 카즈벡 산을 바라본다. 비쭉비쭉한 바위들이 장엄하다. 수천 년, 수만 년을 그 자리에 서 있으면서 오고가는 세월을 온몸으로 겪어냈을 산, 나무 한 그루 자라지 못하는 정상부를 바라보니 비본질적인 것들을 다 걷어내고 본질로만 서 있는 것 같다. 언젠가 보았던 오승윤 화백의 산 그림들이 떠올랐다. 화려한 오방색을 주로 사용하는 오 화백은 계절마다 모습을 바꾸는 산에 매혹 당했던 것 같다. 내가 찾았던 산과 오 화백이 그린 산을 비교하면서 보는 재미가 있었다. 그런데 산 그림을 그리던 초기의 작품과 그 작업이 어느 정도 진행된 후기의 작품 사이에는 현격한 차이가 있었다. 초기 작품들이 산의 수려한 모습을 담아냈다면, 후기 작품들은 산들의 외양보다는 본질을 그리는 것처럼 보였다. 나무도, 시냇물도 보이지 않고 바위 표면을 덮고 있는 흙조차 제거해버린 듯했다. 그는 눈에 보이는 산을 넘어 보이지 않는 산을 그리고 싶었던 것 같았다. 골짜기와 마루를 이루는 강강한 바위를 보면서 구부정했던 척추를 곧게 세우지 않을 수 없었다. 그것은 일종의 종교적 세계였다. 게르게티 성 삼위일체 수도원에 머물고 있는 수도사들은 마루에 흰 눈을 이고 있는 저 산을 바라보며 진리의 핵심에 도달하자고 이를 악물고 있는 것은 아닐까? "눈을 들어 산을 보니 도움 어디서 오나. 천지 지은 주 하나님 나를 도와주시네. 나의 발이 실족잖게 주가 깨어 지키며 택한 백성 항상 지켜 길이 보호하시네"_{찬송가 383장}. 저절로 찬송가가 나온다.

"사람이 감당할 시험 밖에는 너희가 당한 것이 없나니 오직 하나님은 미쁘사 너희가 감당하지 못할 시험 당함을 허락하지 아니하시고 시험 당할 즈음에 또한 피할 길을 내사 너희로 능히 감당하게 하시느니라"_{고전 10:13}. 헤른후트 기도서로 읽은 오늘의 말씀이다. 살다

다섯 번째.

보면 시험을 당하지 않을 수는 없다. 시험 혹은 시련을 반기는 이들은 없지만, 그것은 일쑤 우리를 중심으로 이끌어주는 안내인이 될 때가 많다. 사실 견디기 어려운 시험도 있다. 그러나 어쩌겠는가? 견디기 어려워도 견뎌내야 하는 것이 사람이다. 시간이 모든 것을 해결해주지는 않는다. 시간을 뚫고 영원으로 솟아올라야 삶의 전모가 보인다. 시련이 찾아올 때 본능적으로 하늘을 바라보는 것은 우리 몸속에 각인된 그분의 부름 때문이 아닐까? 시험을 감당할 수 있는 힘이 어디에서 오는지를 아는 사람은 쉽게 낙심하지 않는다. 오히려 하나님이 어디로 이끄실지 기대하며 기다린다.

민박집 거실에는 니노의 십자가를 비롯하여 여러 종류의 십자가와, 조지아 정교회의 총대주교인 일리야의 사진이 걸려 있었다. 종교 지도자에 대한 존경심이 깊었다. 대절 택시 운전을 해준 이들도 차에 일리야의 사진을 붙여두고 있었다. 조지아인들에게 있어서 정교회는 삶의 일부가 아니라 전부처럼 보였다. 물론 그들이 복음적 삶을 실천하며 사느냐는 별개의 문제이다. 스테판츠민다로 갈 때의 기사는 호방한 사나이였는데 욕도 잘하고 운전도 잘했다. 어수룩한 여행자에게 바가지를 씌우려는 과일 장수에게 시원하게 욕을 퍼붓기도 했다. 골초에 욕쟁이인 그는 그러나 운전하는 내내 십자가만 보이면 십자 성호를 몇 번씩이나 그었다. 그도 정교회 신자인 것이다. 신앙과 삶의 일치는 어디서나 영원한 과제이다.

그루지야보다 조지아라는 국명이 더 좋으냐고 묻자 그는 당연하다면서도 '사카르트벨로Sakartvelo'라고 외쳤다. 그것은 조지아인들이 자기 나라를 일컫는 말이었다. 자부심에 가득 찬 외침이었다. 조지아라는 국명은 영웅적인 사람을 뜻하는 페르시아어 구르즈Gurj, Gurg에서 나왔다는 설도 있고, 농부를 뜻하는 라틴어 '게오르고스'에서 나왔다는 설도 있다. 하지만 이 나라 사람들은 조지아라는 국명을 성 조지아Georgios와 연결시키는 것을 더 좋아한다. 조지아에는 조지아 성인의 이름으로 불리는 교회가 정확히 365개가 있다 한다. 이것은 물론 의도적인 숫자이다. 전설에 따르면 게오르기오스, 곧 조지아는 인신공양을 요구하는 용과 싸워 이긴 성인이다. 기사도 문학이 그를 즐겨 다룬 것은 어쩌면 당연한 일인지도 모르겠다.

오늘도 욕쟁이 기사를 불러 조지아의 옛 수도인 므츠헤타Mtskheta를 찾아갔다. 그곳에 조지아에서 가장 중요한 교회들이 모여 있기 때문이었다. 므츠헤타는 북쪽에서 흘러오는 아라그비Aragvi강과 므트크바리Mtkvari강이 합류하는 지점에 있다. 그 많은 교회들 가운데서도 미리안 왕과 왕비 나나의 무덤이 있는 '삼타브로 산상변화 교회'는 조지아인들이 매우 소중히 여기는 곳이다. 기독교 국가로서의 정체성이 만들어진 곳이라 여기기 때문이다. 이곳은 또한 니노가 가져온 포도나무 십자가가 있던 곳이고, 니노가 수녀회를 처음 조직한 곳이기도 하다. 니노가 기도하면서도 병자를 고쳐주던 장소인 마크블로바니(Makvlovani, '블랙베리 관목'을 뜻하는 말로 모세의 '불붙은 가시떨기'에 빗댄 것)에 세워진 성 니노 채플에는 지금도 사람들이 끊이지 않고 있었다. 삶이 곤고한 이들이 그만큼 많다는 뜻이겠다.

스베티츠호벨리Svetitskhoveli 대성당은 이야기의 힘을 여실히 보여주는 장소이다. 조지아에 살고 있던 엘리아가 어떤 일로 예루살렘에 올라갔다가 예수님의 십자가 처형 장면을 우연히 목격한다. 그는 로마 군인으로부터 주님의 옷을 구입해 조지아로 가져왔는데 여동생 시도니아가 무심코 그 옷을 만졌다가 그만 죽고 말았다. 사람들은 시도니아를 성의와 함께 묻었다. 그 자리에서 삼나무가 자라났다. 후일 성 니노가 예배당을 짓기 위해 그 삼나무를 잘라 7개의 기둥을 만들어 세우려 했는데, 7번째 기둥이 하늘로 떠올라 세울 수가 없었다. 니노가 밤새워 기도하자 기둥이 땅에 내려왔다. 그 7번째 기둥에서 성수가 흘러나왔고 그 물과 접촉한 모든 병자들이 낫는 기적이 일어났다. 이 대성당의 이름은 '기둥'을 뜻하는 '스베티'와 '생명을 주는'이라는 뜻의 '츠호벨리'가 결합된 것이다. 19세기 말, 조지아의 화가 미카일 사비닌Mikhail Sabinin은 이 이야기를 〈이베리아의 영광〉이라는 그림 속에 담아냈다. 이 그림은 조지아의 수도원 어디를 가나 만날 수 있다.

이 놀랍고 재미있는 이야기는 여전히 조지아인들의 가슴 속에 살아 있다. 이야기는 사람들이 세상을 표상하는 방식이다. 아직 세상을 합리적으로 설명할 수 없을 때 사람들은 이야기를 통해 불합리하고 부조리한 세상과 관계를 맺었다. 특히 구술문화 전통이 강한 곳에서는 이런 이야기가 많이 남아 있다. 그것이 역사적 사실이냐 아니냐는 중요하지 않다. 그들이 그렇게 믿고 있다는 사실이 중요하다. 어쩌면 현대 조지아인들 가운데는 이런 이야기가 허무맹랑하다고 생각하는 이들도 있을 것이다. 그럼에도 불구하고 그들은 그 이콘에 입을 맞춘다. 사실이든 아니든 그 이야기는 그들의 고단한 실존을 지탱해주는 하나의 기둥이 되고 있는 것이다. 신앙 안에서 직립한 사람은 이미 기둥이 아니던가.

차를 타고 강을 건너 또 산길을 따라 올라가다보면 므트크바리 강을 조망할 수 있는 가파른 벼랑 위에 즈바리Zvary 수도원이 서 있다. 성 니노가 이방 신전터였던 이곳에 큰 나무 십자가를 세우자 많은 기적이 나타났다고 한다. 6세기경 나무 십자가가 서 있던 그곳에 작은 교회당을 지었다. 즈바리는 십자가라는 뜻이다. 예배당 중앙에는 커다란 나무 십자가가 서 있어 많은 참배객들을 부르고 있다. 앱스 4개와 앱스가 교차되는 곳에 생기는 벽감niche이 묘한 공간감을 일으킨다. 앱스와 앱스가, 벽감과 벽감이 마주보면서 서로 잡아당기기도 하고 밀어내기도 하면서 공간에 생기를 불어넣고 있었다. 그러나 역시 그런 공간을 살아 있게 만드는 것은 경건한 사람들이다. 잠시 방문했든, 자주 방문하든 그들은 몸으로 한 공간의 역사를 써내는 이들이다.

출입문 근처에는 성 조지아의 이콘이 걸려 있었다. 대개 조지아의 이콘은 말을 탄 성인이 혼돈의 괴물인 용을 창으로 찌르는 것으로 형상화된다. 그러나 이곳에서는 용 대신 왕관을 쓴 왕이 조지아의 창에 찔리고 있었다. 하지만 왕은 두려움도 불쾌감도 나타내 보이지 않는다. 저 왕은 누구일까? 기독교를 반대하다가 개종한 사람일까? 아니면 민중들의 삶을 피폐하게 만드는 용과 같은 존재일까? 성 조지아의 얼굴에도 적대감은 없다. 심지어는 창에 찔리는 왕의 얼굴도 악인의 전형성을 보이지 않는다. 사실 정교회 이콘은 선과 악을 선명하게 대비되는 것으로 그리지 않는다. 악의 현실을 부정하지는 않지만 악 그 자체를 실체를 가진 것으로 여기지도 않기 때문이다. '악은 선의 부재'라는 아우구스티누스의 말은 정교회에도 적용된다. 정교회 이콘에서는 악인들, 심지어는 마귀까지도 빛이 부족한 가련한 존재로 그려진다. 하나님의 형상은 어두워질 수 있을 뿐 사라질 수는 없다는 것이 정교회 신앙의 핵심이다. 그렇게 본다면 정교회는 대단히 포용적인 교리를 갖고 있는 셈이다. 빛이 없는 상태인 어둠은 죄라기보다는 무지함에 가깝다. 무지한 이들은 하루 속히 제거해야 할 대상이 아니라 빛의 조명을 받도록 안내되어야 할 사람들이다.

바람 부는 가파른 벼랑 끝에 서서 므트크바리 강을 바라보았다. 정지된 듯 보여도 강은 멈추지 않고 흐른다. 나는 지금 어디로 흘러가고 있는 것일까? 잠시 인연이 닿아 머무는 곳에서도 자기 본분을 다 하는 강, 생명을 낳고, 품고, 기르는 강을 닮을 수 있을까? 살아 있는 생명은 더 큰 생명을 향해 자꾸만 나아간다. 그런데 나는 왜 자꾸만 비틀거리나?

"그 후에는 마지막이니 그가 모든 통치와 모든 권세와 능력을 멸하시고 나라를 아버지 하나님께 바칠 때라"고전 15:24. 이스라엘과 팔레스타인의 분쟁이 격화되고 있다는 소식이 들려온다. 이리와 어린 양이 함께 눕고 표범이 어린 염소와 함께 누우며 송아지와 어린 사자가 함께 어울리는 세상을 꿈꾸었던 이사야의 꿈이 서린 땅에서 정반대의 일이 벌어지고 있다. 해함과 상함이 일상이 되고, 미움과 증오를 확대 및 재생산하는 이들이 권력을 잡는 세상이다. '나'의 안락한 삶을 위해 '너'를 경계선 밖으로 쫓아낼 때 평화도 함께 쫓겨난다. 바람을 심고 광풍을 거둔다는 말이 바로 이것이다. 평화는 나의 있음이 기쁨이듯이 네가 있어 다행이라는 마음을 통해 역사 속에 유입된다. 하지만 현실 세계를 장악하고 있는 이들은 평화를 미워하는 사람들이다.

쫓겨난 하갈과 이스마엘의 비통한 울음소리가 소슬한 바람 소리만 들려오던 광야의 정적을 깼다. 바로 그때 하나님은 그들을 찾아오셨고, 살 길과 더불어 미래의 희망까지 제시하셨다. 그 희망은 참담한 상황 속에서도 끈질기게 살아남는 강인함과 연결되어 있다. 그 하나님은 지금 어디 계신가? 땅에서 벌어지는 참극을 살피시는 하나님은 어디 계신가? 공포와 죽음의 심연으로 빠져들던 하갈이 만났던 생명의 샘 브엘라해로이는 어디에 있는가? 이삭과 이스마엘은 평화롭게 공존할 수 없는가?

다섯 번째.

팔레스타인 작가 자카리아 무함마드는 〈취한 새〉라는 글에서 팔레스타인 남부에서 발견되는 도기에 새겨진 필리스트라는 신비한 새 문양이 갖는 상징성에 주목한다. 그 새는 목을 틀어 뒤를 바라보며 눈을 기다린다고 한다. 작가는 "나도 이 새처럼 뒤를, 과거를 바라보고 있다. 진실로 모든 팔레스타인 사람들이 과거를 바라보고 있다. 600만 난민들이 뒤를 바라보고 있다. 그들은 자기들이 제 땅에 있던 시절을 회고하고 있다. 또 자기들의 잃어버린 천국을 그리워한다. 내게는 이 새가 그런 사람들의 상징으로 여겨진다"〈팔레스타인의 눈물〉라고 말한다. 앞을 바라볼 수 없어 뒤를 돌아볼 수밖에 없는 비극. 참 시리다. 하지만 이게 팔레스타인 사람들이 처해 있는 현실이다.

이스라엘 사람들이 느끼는 공포도 간과할 수 없다. 2천 년 가까운 세월 동안 나라 없이 떠돌며 그들이 겪었던 시련은 이루 말할 수가 없을 정도였다. 사회 불안이 야기될 때마다 희생양으로 선택되기도 하고, 악하고 탐욕스러운 인물을 묘사할 때 단골 소재가 되기도 했다. 유럽에 흩어져 살고 있던 유대인들은 나치의 박해를 피해 달아나려고 해도 받아주는 나라가 없었다. 그렇기에 팔레스타인 땅에 국가를 세웠을 때 그들은 감격했고, 그 땅을 지켜내기 위해 필사적일 수밖에 없었다. 하지만 이제 그들은 더 이상 약자가 아니다. 정착촌 주민들을 보호한다는 명분으로 세운 분리 장벽은 소통 거부에 대한 완전한 상징 아닌가? 검문소에서 날마다 잠재적 테러리스트로 의심받고, 모욕 당하는 사람들의 가슴에 깃든 모멸감은 언제든 폭발할 수 있는 잠재력을 가지고 있다. 앞서 말했듯 김찬호 교수는 모멸감을 일러 '수치심을 일으키는 최악의 방아쇠'라 말했다. 그 방아쇠가 당겨지는 순간 상황은 걷잡을 수 없는 국면으로 내닫게 마련이다.

성경은 애굽의 전제정치 아래 신음하던 히브리들을 찾아오신 하나님에 대해 증언한다. 하나님은 땅에서 들려오는 신음소리를 못 들은 체 하지 않으신다. 그것은 자기 존재에 대한 부정이기 때문이다. 역사에 개입하셔서 약자들의 살 권리를 회복시키고, 그들 속에 새로운 세상에 대한 꿈을 불어넣으시는 것이 그분의 일이다. 분별력 있는 이들이라면 오늘 하나님이 누구를 향해 걷고 있는지 알아차릴 수 있다. 일단의 청년들이 불교인들의 성지에 가서 찬송가를 부르고 기도를 했다고 한다. 선교적 열정이라고 칭찬할 수 없다. 그것은 믿음을 빙자한 폭력이다. 극단적인 자기 확신은 일쑤 타자에 대한 폭력으로 바뀌게 마련이다. 거룩한 명분을 내세웠던 십자군 전쟁도 결국은 탐욕의 전시장이 되었던 것을 우리는 안다. 타자의 삶을 함부로 부정하는 일체의 행동은 폭력이고, 모든 폭력은 신에 대한 도전이다.

오늘은 평화로운 세상을 염원하며 길을 걷기로 했다. 며칠 새 트빌리시 기온이 많이 올라가 한낮에 거리를 걷는 게 고역일 정도이다. 므트크바리 강 언덕에 세워진 메테히 교회를 거쳐, 강 건너편 시오니 교회를 둘러보았다. 기도문을 손에 들고 중얼중얼 기도를 올리며 교회를 도는 이의 모습이 마치 탑돌이를 하는 불교인들의

다섯 번째.

모습처럼 보였다. 성 모자 이콘 앞에서 성경을 낭송하던 사제는 자기 앞에 있던 여성의 머리에 너울을 씌우더니 손을 얹어 축복 기도를 해주었다. 또 다른 편에서는 성의를 입은 사제를 찾아가 인생 상담을 하는지 온 마음을 다해 귀를 기울이는 여성도 있었다. 뒤에 마련된 장의자에 앉아 오랜 시간 기도하는 사람들, 그들에게 기독교 신앙은 일상의 구슬을 꿰는 실인지도 모른다. 아무도 다른 이들의 시선을 의식하지 않았다. 신심을 표현하는 것이 그들에게는 꺼려지는 일이 아닌 것이다. 그들의 믿음이 교회의 울타리를 넘어 구체적인 삶의 자리에서 빛으로 변화되게 해달라고 기도했다.

트빌리시 사람들의 삶의 자리에 들어가고픈 생각이 있어 우리나라의 남대문 시장 같은 곳을 찾아갔다. 상인들 대부분 삶에 지친 듯 무표정한 얼굴로 앉아 있었다. 오랫동안 소련의 지배를 받으면서 형성된 정서가 그들에게 그늘을 드리우고 있는지도 모르겠다. 하지만 젊은 세대들은 역시 활달했다. 길거리에서 브라흐라는 시원한 음료수 한 잔을 시켜 마시는데, 두 남녀 젊은이가 다가와 함께 사진을 찍자며 괜히 신명을 낸다. 그 유쾌한 젊은이들이 만들어갈 조지아의 미래가 밝아지기를 그래서 사람들의 얼굴에서 생기가 되살아나기를 기원한다. 내일 가게 될 아르메니아행 버스 타는 곳을 확인하고 예약까지 마친 후 숙소로 돌아왔다.

정교회 사람들의 신앙생활을 곁눈질로라도 보고 싶어 찾아왔던 이곳에서 나는 유서 깊은 교회들과 아름다운 이야기들 그리고 눈을 시원하게 해주는 장엄한 자연과도 만났다. 마음 따뜻하고 소박한 사람들을 만났고, 그리스도께 속한 사람이라는 것을 스스럼없이 표현하는 이들을 만났고, 또 그늘진 얼굴들과 영악한 얼굴들을 만났다. 세상 어디를 가든 사람들 살아가는 모습은 비슷비슷하다. 그렇기에 연대가 가능하다. 특히 아픔의 연대 말이다. 식민 지배로부터 벗어났지만 그 짙은 그늘에서 아직 벗어나지 못한 이들이 자본주의의 말단에 속절없이 편입되지 않았으면 좋겠다. 그들이 가지고 있는 아름다운 종교 전통이 오히려 물질과 탐욕의 탁류에 휩쓸려 가고 있는 많은 이들에게 던지는 구원의 밧줄이 될 수는 없을까?

다섯 번째.

자신이 하나님의 형상임을 잊고 사는 이들과

눈물 마를 날 없는 세월을 보내고 있는 이들을 위해 기도를 올렸다.

여섯 번째.

그것은 사랑!

모든 꽃이 시들듯이

청춘이 나이에 굴복하듯이

생의 모든 과정과 지혜와 깨달음도

그때그때 피었다 지는 꽃처럼

영원하진 않으리.

삶을 부르는 소리를 들을 때마다 마음은

슬퍼하지 않고 새로운 문으로 걸어갈 수 있도록

이별과 재출발의 각오를 해야만 한다.

The Sacred Journey

7. 12.

미니버스를 타고 조지아 국경을 넘어 아르메니아로 가려니 큰 짐이 문제였다. 숙소 주인에게 며칠 캐리어를 보관해줄 수 있냐고 묻자 흔쾌히 그러겠다고 한다. 어차피 아르메니아 여정을 마치고 다음 행선지로 가려면 트빌리시로 돌아와야 하기에 할 수 있는 부탁이었다. 배낭에 최소한의 짐만 챙겨 넣었다. 바랑 하나만 지고 다니는 운수납자들의 홀가분함을 알 것 같았다. 미니버스 옆자리에 앉아갈 사람이 거구가 아니기만을 바랐다. 체격이 크다는 것은 때로 다른 이에게 폐가 될 때도 있다. 트빌리시로 오는 비행기 안에서도 옆자리에 앉은 거구의 사내 때문에 어깨를 잔뜩 움츠린 채 시간을 견뎌야 했었다. 그러나 어쩌겠는가? 받아들이는 수밖에. 누가 되었든 그의 좋은 이웃이 되어보자고 다짐했다.

버스 정류장에 갔더니 벌써 많은 이들이 차에 짐을 실어놓고 있다. 낯선 얼굴의 등장에 다들 호기심 가득한 눈빛들이다. 어제 만나차 시간을 조율했던 매니저가 "하이, 킴" 하고 아는 체를 하며 다가오더니 '프론트' 하고 외친다. 특별히 앞좌석을 준다고 생색을 낸다. 강인한 인상의 기사와는 소통할 수 있는 언어가 없어서 그저 눈인사만 나누었다. 덩치 큰 사람 옆에 앉지 않아 다행이었지만, 이지역에서 차를 탈 때마다 운전기사가 피워대는 담배 연기 때문에 곤욕스러웠다. 창문 쪽으로 한껏 고개를 돌려보기도 하지만 역부족이다. 담배 연기와 더불어 연료가 불완전연소 되면서 나는 냄새까

협곡 지형을 벗어나자

정말 예상치 않은 풍경이

기다리고 있었다.

끝도 없이 펼쳐지는 목초지였다.

마치 또 다른 나라에 들어온 듯한 느낌이었다.

그것은 사랑!

지 더해진 상황에서 차를 타고 가야 하는 장거리 여행은 좀 고역이다. 기사는 거의 정확히 25분마다 담배 한 개비를 피웠다. 옆에 앉아 그를 미워하지 않으려고 무진 애를 써야 했다.

트빌리시를 벗어난 차는 한 시간 만에 아르메니아 국경에 도착했고, 출국 수속, 비자 수속, 입국 수속까지 또 한 시간을 보냈다. 수속을 위해 줄을 서서도 담배를 피우는 사람들이 많다. 국경을 넘어 돈을 조금 환전했다. 기사는 그 무뚝뚝한 손짓으로 어서 가자고 한다. 두 나라의 수도를 연결해주는 도로가 왕복 2차선이다. 기사는 아슬아슬하게 다른 차를 앞지르며 차를 몰았다. 어디쯤 가고 있는 것인지도 알 수 없고, 언제쯤 도착할지도 알 수 없는 여정이었다. 그나마 주거니받거니 이야기를 나눴던 벨기에 커플이 국경 부근에서 내리고 나니 적막강산이다. 그때는 창밖 풍경에 마음을 주는 수밖에 없다. 국경을 조금 지나면서부터 아주 험준한 산길이 계속되었다. 협곡과 협곡 사이를 감돌 때마다 풍경은 조금씩 달라졌다. 멀리 머리에 흰 눈을 이고 있는 산들이 보였다. 작은 마을을 지날 때마다 사람들은 호기심 어린 시선을 보낸다. 낯선 얼굴인 것이다. 하긴, 조지아에서 어떤 젊은이는 나를 보고 권투하는 시늉을 내면서 '타이슨'이 아니냐고 물었다. 놀리자고 하는 말이겠지만 그들 눈에는 내가 그렇게 보이나 보다.

낡은 집들, 길가에 과일을 내놓고 손님을 기다리는 할머니들, 조금쯤 나른해 보이는 표정의 남자들. 차들이 통행하긴 하지만 아직 완공되지 않은 건지 그렇게 공사를 마친 건지 천장과 벽면에 바위

여섯 번째.

들이 비쭉비쭉 튀어나와 있고, 조명이 하나도 되어 있지 않은 터널들….

협곡 지형을 벗어나자 정말 예상치 않은 풍경이 기다리고 있었다. 끝도 없이 펼쳐지는 목초지였다. 마치 또 다른 나라에 들어온 듯한 느낌이었다. 가와바타 야스나리의 〈설국〉 첫 장면이 떠올랐다. "지방의 경계에 있는 긴 터널을 빠져나가자, 설국雪國이었다. 밤의 밑바닥이 하얘진 듯했다. 신호소信號所에 기차가 멎었다." 물론 창문을 열고 역장을 부르는 처녀는 없다. 하지만 그 색다른 풍경 속에서 누군가가 걸어나올 것만 같았다. 다비드 가레자 가는 길에 만났던 풍경을 이곳에서 또 다시 보게 되다니. 눈이 다 시원해졌다. 그리고 산등성이에 짙게 낀 구름이 걷힐 때마다 설산이 보였다. 초록색 초원과 설산이 만나 하나의 풍경을 만들고 있었다. 국경에서 출발한지 3시간 40분 만에 아르메니아의 수도 예레반에 도착했다. 7월 중순의 예레반은 찜통이었다. 예약해두었던 호텔에 도착해 방으로 올라가보니 담배 냄새가 심해서 있을 수가 없었다. 담배 냄새가 나지 않는 방으로 바꾸어달라고 부탁했더니 선선히 응해주었다. 이 낯선 도시와 눈인사라도 나눠야 하지만 잠시 뜸을 들이기로 했다.

해거름에 가까워질 무렵 공화국 광장 주변만이라도 둘러보려고 일어섰다. 왠지 이 도시가 낯설지 않다. 조용하지만 따뜻한 활기가 느껴진다. 꽃 가게도 많고 꽃을 든 사람 또한 많다. 공화국 광장 건너편에 있는 공원을 산책하다가 동상 하나를 발견하고 발걸음을 멈췄다. 아르메니아의 영웅이자 수상이었던 바즈겐 사르키시안Vazgen

Sargsyan의 동상이었다. 국민적 영웅으로 추앙받던 그는 40세의 젊은 나이에 세상을 떠났다. 가까운 벤치에 앉아 있던 젊은이들에게 그의 때 이른 죽음에 대해 묻자 정치 마피아들이 수상의 개혁정치를 좌절시키기 위해 암살한 것이라고 말했다. 깊은 사연은 알 수 없지만 소련의 오랜 지배 끝에 1991년에 독립한 신생 독립국에서 일어난 권력 암투의 부정적 결과였던 모양이다. 영어가 유창하고 역사에 대한 나름의 이해가 튼실한 두 젊은이는 바쁘더라도 시간을 내 '아르메니아 학살 박물관'에 꼭 가보라고 권했다. 그럴 예정이라고 하자 아주 반가워한다.

어린이 공원에서는 초등학생 배구대회와 사생대회가 한창이었는데 부모와 아이들 모두 즐거운 표정이었다. 유니폼을 입은 배구 선수 하나가 먼 발치에서 나를 보더니 입으로 "헬로" 하고 인사를 건넨다. 손을 들어 응답을 해주니 아주 좋아한다. 공원의 다른 편을 구경하고 있는데, 그 배구선수들이 다가오더니 자기들이 이겼다고 자랑한다. 그러더니 한 녀석이 내게 "You are a good woman"이라고 말하더니 이내 자기가 뭘 잘못 표현했는지를 알아차리고는 얼른 "man"이라고 정정한다. 그러고는 뭐가 그리 우스운지 배를 부여잡고 웃었다. 웃음으로 응답해주자 용기를 얻었는지 다시 다가오더니 자기들은 오늘 배구 시합에 참여하기는 했지만 사실은 영원히 축구선수임을 잊지 말아달라고 비장하게 말한다. 그러겠다고 했더니 그러면 기념으로 사진을 함께 찍자 한다. 녀석들 덕분에 이 도시가 한결 친숙해졌다. 어느새 날이 어둑어둑해지더니 공화국 광장은

여섯 번째.

인파로 가득 찼다. 가족 단위로 나와 주말 밤을 즐기는 모습이 유럽의 어느 도시 못지않아 보였다.

세계 최초로 기독교를 국교로 선언한 나라 아르메니아의 근세사는 고난과 시련의 역사라 할 만하다. 겨우 우리나라 면적의 3분의 1에 인구는 400만 명이 채 안 되는 작은 나라이다. 하지만 유럽과 아시아를 잇는 교통로에 위치해 있기 때문에 늘 본의 아니게 분쟁에 휘말리곤 했다. 특히 오스만투르크와 페르시아가 각축을 벌이는 가운데 끼어 시달리다가 결국은 러시아 제국에 종속되고 말았다. 세계 제1차 대전 당시에는 러시아의 스파이 노릇을 한다는 혐의로 수많은 아르메니아인들이 오스만투르크에 의해 죽임을 당했다. 1991년에 소련으로부터 독립하기까지 참 어려운 시절을 살아내야 했다. 독립 이후에도 정변으로 정치상황이 혼돈 가운데 있을 때가 많았다. 이제는 그런 어두운 역사를 딛고 일어섰는지 사람들의 표정이 선선하고 밝고 자신감에 찬 듯했다.

The Sacred Journey
7. 13.

해외에서 맞이하는 네 번째 주일이다. 30년 이상을 설교자로 살아왔는데 설교를 하지 않고 지나는 이 시간이 낯설지 않은 까닭은 무엇일까. 간절함이 부족한 것일까? 예레미야는 하나님의 말씀을 전하다가 겪는 괴로움 때문에 다시는 여호와를 선포하지 않으리라 강다짐을 해보기도 했지만 "나의 마음이 불 붙는 것 같아서 골수에 사무치니 답답하여 견딜 수 없나이다"렘 20:9b 하고 고백했다. 세상을 향한 하나님의 열정에 깊이 사로잡혔기 때문일 것이다. 그런데 내게는 그런 골수에 사무치는 말씀이 없는 것인가? 세상은 여전히 하나님의 법을 떠나 공중의 권세 잡은 이들의 법을 따르는 판인데, 그 상황에 대한 절박한 아픔이 내 속에 없다. 가끔 아파하는 표정을 짓기도 했지만 온몸으로 아파하지는 않는다. 마치 달관한 사람처럼 세상은 으레 그런 것이라고 생각하며 지내온 것은 아닌가. 돌아보고 또 돌아보아도 나는 절정에서 조금 비켜난 자리에 서 있다.

헤른후트 성서일과를 묵상하며 하루를 시작한다. "너희가 짐을 서로 지라. 그리하여 그리스도의 법을 성취하라"갈 6:2. 아, 참 단순하다. 신앙의 문제는 결국 삶의 문제이다. 믿음의 진실함은 입술의 고백이 아니라 삶을 통해 입증된다. 믿음이 좋아 보이는 이들의 위선과 교만이 누군가에게 상처를 줄 때도 많고, 믿음이 없어 보이는 이들의 신실한 실천이 하나님의 현존을 드러내는 창문이 되기도 한다. 짐을 나눠지려는 마음과 그런 호의를 감사함으로 받아들이는 마음이 만날 때 하늘의 청신한 기운이 이 땅에 유입된다. 남의 짐은 함께 지려 하면서도 절대로 자기 짐은 한사코 남에게 맡기려 하지 않는 이들도 있다. 좋은 사람들이지만 영적으로 성숙한 이들은 아니다. 자기의 약함과 부족함을 인정하려 하지 않을 때 이웃들의 마음도 닫히게 마련이다. 바울이 '서로'라는 단어를 사용하고 있는 것

여섯 번째.

은 그 때문이다. 호의를 가지고 다가오는 이들에게 내 짐도 기꺼이 맡길 수 있을 때 공동체는 살아난다. "피차 사랑의 빚 외에는 아무에게든지 아무 빚도 지지 말라. 남을 사랑하는 자는 율법을 다 이루었느니라"롬 13:8. 피차 '사랑의 빚'을 진 자가 되어 살 때 신앙 공동체는 하나님나라의 모델이 된다.

어제 공화국 광장에서 우연히 만나 사귀게 된 택시 기사 게보르그의 차를 타고 에치미아진Echmiatsin 지역에 있는 교회들을 방문했다. 예레반에서 서북쪽으로 18km 떨어진 인구 6만 명이 채 안 되는 작은 도시 에치미아진은 아르메니아인들에게는 영혼의 고향과 같은 곳이다. 그곳이 아르메니아 기독교의 출발점이라고 믿기 때문이다. 에치미아진은 '독생자가 내려온 장소'라는 뜻이라 한다. 에치미아진 지역에는 에치미아진 대성당 이외에도 여성 순교자들을 기념하는 세 개의 교회가 있다. 흐립시메 교회, 쇼가하트 교회, 가야네 교회가 그것이다. 조지아 정교회를 시작했다고 할 수 있는 성 니노가 죽을 때까지 국민들의 사랑과 존경을 받았다면, 아르메니아 교회의 어머니라 할 수 있는 이 여성들은 참혹하게 죽임을 당했다. 그들이 흘린 순교의 피가 아르메니아 교회의 초석임은 말할 것도 없다.

도시 초입에 있는 흐립시메St. Hripsime 교회 경내에 들어서는 순간 "아, 참 아름답다"라는 탄성이 터져 나왔다. 예배당 주위에 조성된 정원에는 각종 꽃들이 아름답게 피어 있었다. 예배당을 찾아오는 이들은 먼저 그 아름다움의 경험을 통해 하나님의 현존 앞으로 나아가는 것인지도 모르겠다. 예배당의 바깥 공간은 마치 귀한 손님을 맞이하기 위해 마당을 깨끗하게 쓸고 흰 모래를 깔아 햇빛이 적당히 비쳐들도록 했다는 옛 선비들의 집과 같은 느낌을 주었다. 저절로 마음이 정갈해졌다. 중앙에 돔이 있는 십자가 형태의 교회는 아담하고 깨끗했다. 정교회임에도 불구하고 이콘들이 많지 않아 매우 절제된 느낌이 들었다. 지성소와 성소를 가르는 이코노스타시스도 돔 중앙에 있게 마련인 판토크라토르도 보이지 않았다. 이콘으로 가득 찼던 조지아 정교회와는 무척 대조적이었다.

615년경 흐립시메의 유해가 머물던 자리에 세워진 이 교회는 무려 1,400년 동안 한결같이 이 자리에 우뚝 서 있었다. 욕망의 물결에 뒤채이며 속절없이 흔들릴 때, 불빛 한 점 보이지 않는 캄캄한 어둠 속에 유폐된 것 같은 느낌이 들 때 언제나 그 자리에 있는 마음의 고향을 품고 사는 사람과 그렇지 못한 사람의 삶은 결코 같을 수가 없다. 이 교회는 늘 이곳에 서 있으면서 변화 많은 세상에서 상처 입은 영혼들과 방황하는 영혼들에게 크나큰 위로가 되었을 것이다. 어쩌면 교회는 시대 변화에 민감하게 반응하기보다는 시대의 흐름을 거슬러 묵묵히 자기 자리를 지키는 게 본연의 의무인지도 모르겠다.

흐립시메 교회와 더불어 유네스코 문화유산으로 지정된 쇼가하트Shoghakat 교회 역시 정갈하고 깨끗했는데, 양 몇 마리가 정원 이곳저곳을 돌아다니며 풀을 뜯어먹는 모습이 이채로웠다. "나의 왕, 나의 하나님, 만군의 여호와여 주의 제단에서 참새도 제 집을 얻고 제

비도 새끼 둘 보금자리를 얻었나이다"[시 84:3] 했던 히브리 시인의 시구가 절로 떠올랐다. 이들에게 교회 정원은 어쩌면 낙원을 이미지화한 것인지도 모르겠다.

10시가 좀 넘어 에치미아진 어머니 교회로 이동했다. 이 교회는 301년과 303년 사이에 건축된 세계 최초의 교회라 한다. 기독교가 국교로 선포됨과 동시에 건축된 것이다. 이 교회의 설립자인 성 그레고리우스는 꿈에 빛나는 얼굴의 독생자Miatsin가 하늘에서 내려오는 것을 보았다. 독생자는 손에 든 금망치로 바닥을 내리치며 바로 그곳에 교회가 세워져야 한다고 말했다. 에치미아진은 '독생자가 내려오신 곳'이라는 뜻이다. 얼마나 강력한 기원 이야기인가? 독생자의 강림은 예배를 통해 늘 재현된다. 물론 그레고리우스가 세웠던 그 첫 번째 교회의 흔적은 찾아볼 수 없지만 그가 보았던 비전은 지금도 강력하게 신자들의 마음에 살아 있다. 이번 순례 여정에 아르메니아를 넣은 것도 사실은 이 교회 예배에 참석하고 싶은 열망 때문이었다. 교회 경내임을 알리는 아치형 문 위에는 현대적인 느낌이 물씬 나는 조형물이 서 있었다. 아르메니아가 기독교를 국교로 선포한 지 1,700주년이 된 것을 기념하여 2001년에 세운 것이라 한다. 기독교를 국교로 선포한 티리다테스 왕과 그를 개종시킨 성 그레고리우스를 형상화한 석조 부조물이 십자가를 중심으로 하여 마주보고 있었다. 이 구조물을 바라볼 때마다 아르메니아인들은 세계 최초의 기독교 국가라는 사실을 뿌듯하게 상기할 것이다. 들머리 부분에는 아르메니아 교회 특유의 석재 십자가인 하치카르즈가 줄지어 서 있다. 오래된 것과 새로 제작된 것이 마치 전통과 현대의 조화를 암시하듯 나란히 서 있다. 아르메니아의 수난의 역사와 더불어 이 교회도 많은 수난을 당했다. 17세기 당시 페르시아를 지배하고 있던 압바스는 수많은 아르메니아 사람들을 강제로 이주시켰다. 그리고 귀환에 대한 꿈을 꾸지 못하도록 이 교회를 파괴했고, 제단의 돌과 그레고리우스의 오른팔 등을 이스파한으로 옮겼다. 터키에 의해 수많은 아르메니아인들이 죽임을 당하거나 박해를 당할 때에도 에치미아진 교회는 기꺼이 그들의 고통을 부둥켜안았다. 소련의 지배 초기에도 많은 어려움을 겪었지만 교회는 무너지지 않았다. 고통 받는 이들 편에 선 것이 부득이한 선택이었다 해도 사람들은 그 사실을 결코 잊지 않았다. 그래서 이 교회는 '어머니 교회'이다. 고난 당하는 이들의 현실을 외면한 채 자기 유지나 확장에만 골몰하는 교회는 머지않은 장래에 민중의 외면을 당할 수밖에 없다. 그것은 역사가 증명하고 있다. 이 교회 보물실에는 예수님의 옆구리를 찌른 창과 노아의 방주 조각으로 만든 십자가가 있다고 한다. 하지만 진짜 보물은 그 교회를 교회답게 만들어가는 사람들이다.

한 예배 공간에 많은 사람들이 모여 있기에 다가갔더니 세례식이 거행되고 있었다. 오늘 세례를 받는 아이의 어머니는 바구니에 담긴 초콜릿을 사람들에게 나누어주었다. 내게도 취지를 설명하며 초콜릿을 주기에 아이를 위해 잠시 축복기도를 드렸다. 세례식을 집전하는 사제에게 정교회에서 어린이 세례가 갖는 의미를 묻자, 성례 그 자체가 효력을 발휘하기 때문에 아이가 스스로 신앙고백을 하지 않더라도 세례의 은총은 유입된다고 말했다. 아이의 세례식을 축하하기 위해 그 자리에 동참한 모든 일가친척들은 사제의 인도에 따라 아주 경건하게 움직였다. 진지하지만 유쾌한 기운이 그들 사이에 흐르고 있었다.

11시가 가까워오자 본관 예배당 안이 거의 다 찼다. 찬양대가 한쪽에 자리 잡고 제복을 입은 신학생들도 각자의 위치에 섰다. 두건을 쓴 수도자들이 입장하면서 예식이 시작되었다. 정교회에서 가장 중요한 것은 리투르기아Liturgia, 곧 예배이다. 봉헌의식과 말씀의 전례, 성찬의 전례가 큰 틀을 이루고 있다. 기도와 송영, 전례적인 동작들이 반복되면서 예배는 점점 깊은 곳을 향해 나아갔다. 향, 촛불, 종소리가 그 공간을 신성하게 만드는 요소로 작용하고 있었다. 기도문과 성경 낭독, 찬양대의 응답, 사제들의 제의적 몸짓, 그리고 신자들의 응답을 통해 일상적 시간은 지양되고 위로부터 새로운 시간이 유입되는 것이다. 어떤 이들은 이콘 앞에 엎드려 입을 맞추고, 또 어떤 이들은 촛불을 밝혀놓고 묵상에 잠겨 있었다. 예배자들을 위한 말씀의 전례가 한쪽에서 진행되자 많은 이들이 그곳에 가서 무릎을 꿇고 말씀을 들었다. 자유로운 분위기이지만 함부로 처신하는 사람은 보이지 않았다. 성찬을 받는 이들의 얼굴에는 예수 그리스도의 살과 피를 먹고 마시는 이의 감격과 경건함이 배어 있었다. 하나님과의 신비한 합일을 지향하는 정교회는 십자가 사건보다는 부활과 하나님과의 합일에 더 집중하는 듯하다.

예전 중심의 예배이다 보니 십자가의 고난이 들어갈 자리는 적어

피차 사랑의 빚을 진 자가 되어 살 때

신앙 공동체는 하나님나라의 모델이 된다.

여섯 번째.

그것은 사랑!

보였다. 그렇다면 사회 정의에 대한 가르침이나 개인의 사회적 책임에 대한 메시지는 약화될 수밖에 없다. 정교회는 그런 딜레마를 어떻게 극복하고 있을까? 한국의 개신교회는 예배의 중심에 하나님의 말씀을 두고 있기에 예언자적 메시지를 직접적으로 전달할 수 있다는 장점이 있다. 하지만 그런 메시지를 내면화하고, 삶으로 번역해내도록 하는 장치가 부족하다는 데 문제가 있다. 한국 교회가 지금의 침체를 딛고 일어서기 위해서는 교인들이 온몸으로 예배를 드릴 수 있는 예배개혁이 일어나야 하지 않을까? 예전禮典은 타파해야 할 형식이 아니라 신앙적 삶이라는 내용을 담는 그릇이 될 수 있다. 자발적이고 즉흥적인 기도도 중요하지만, 예배 공동체가 함께 드리는 공동의 기도가 회복되어야 한다. 신실하고 깊은 영성을 담보한 기도문으로 기도를 드릴 때 기도의 지평이 확장된다.

　　예배를 마치고 가야네 교회St. Gayane Church를 둘러보고 나자 운전기사인 게보르그가 배고프지 않냐면서 자기가 아는 곳으로 안내해도 되겠느냐고 물었다. '좋다'고 하자 그는 차를 몰아 시내의 한적한 주택가로 들어갔다. 그의 집이었다. 그의 아내 수산나와 어머니가 반갑게 맞아주면서 생전 처음 만난 한국인이 신기한지 자꾸 쳐다보며 싱글벙글 웃었다. 수산나는 직접 만든 전통 차와 빵, 아이스크림까지 준비해놓고 기다리고 있었다. 게보르그의 어머니는 내게 아르메니아 인삿말 몇 개를 가르쳐주었다. 어색한 발음을 교정 받으면서 유쾌하게 웃을 수 있었다. 아르메니아의 단란한 중산층 가정이었다. 살림은 단출하지만 궁색하지는 않았다. 15년 동안 코브라 경찰 특공대의 요원으로 활동한 게보르그는 그 시절의 사진을 보여주며 매우 자랑스러운 표정을 지었다. 그의 아버지와 여동생 그리고 남동생은 모스크바에서 일하고 있다 한다. 게보르그는 "지금 이 나라에서는 일자리 얻기가 너무 어렵다"고 투덜거렸다. 멋진 환대에 마음이 흡족해진 오후였다.

The Sacred Journey
F. 14.

수학여행 온 일단의 영국 학생들의 유쾌한 수다가 아침을 깨웠다. 기독교 단체에서 온 모양인데 예절 바른 그들은 노인들이 주로 많던 아침 식탁에 신선한 기운을 불어넣었다. 그들은 이 오래된 나라에 와서 무엇을 보고 느낄까? 경제적으로 선진국 대열에 들어서지 못한 나라의 비참함을 보고 갈까, 아니면 이 나라에만 있는 아름다움을 보고 갈까? 원래 관광이란 관국지광觀國之光을 줄인 말이라 한다. 다른 나라의 빛 곧 고유한 핵심을 본다는 뜻일 것이다. 낯선 세계와의 만남, 그리고 새로운 빛과의 만남은 삶을 새롭게 하는 기회가 된다. 유명한 장소에 가서 사진만 찍고 돌아오는 것은 관광이 아니다. 부디 저 학생들이 이 나라의 빛을 볼 수 있기를 빌었다. 알면 무시할 수 없다. 누군가를 경멸하거나 무시하는 것은 자기의 무지를 드러내는 것이거나 혹은 다른 세계에 대한 의도적 무지를 드러내는 행위이다.

아침 일찍 서둘러 코르 비랍Kohr Virap을 찾았다. 코르 비랍은 '깊은 우물'이라는 뜻인데, 아르메니아의 기독교 역사에서 매우 중요한 장소이다. 아르메니아 사람들은 성 그레고리우스를 자기들 신앙의 아버지로 간주한다. 그레고리우스(이곳에서는 Grigor Lusavorich라 부른다)는 카파도키아에서 믿음에 입문했는데 287년부터 고국에 돌아와 복음을 전하기 시작했다. 그런데 불행은 과거로부터 왔다. 왕족이었던 그의 아버지가 전왕인 티리다테스 2세의 암살사건에 연루되어 처형당했는데, 그레고리우스는 일종의 연좌제에 의해 체포되었고 지금 우리가 '코르 비랍'이라고 부르는 지하 감옥에 감금되었다. 빛조차 들어오지 않는 그 비좁은 공간에서 온갖 해충들과 지내며 무려 13년의 세월을 보냈다. 그를 박해하던 티리다테스 3세는 영웅적 풍모의 사람이었던 모양이다. 그는 로마와 손을 잡고 페르시아를 몰아내는 데 성공했다. 하지만 로마 황제인 디오클레티아누스의 배신으로 서부의 영토를 잃게 되자 그는 화병으로 시름시름 앓아누웠다. 아무도 그의 병을 고칠 수 없었다. 그때 그의 누이가 꿈에 기독교를 박해해서는 안 된다는 소리를 들었다. 누이의 말을 들은 왕은 그레고리우스를 지하 감옥에서 끌어올렸고, 그레고리우스는 왕의 병을 낫게 해주었다. 감동한 티리다테스 3세는 301년 기독교를 아르메니아의 국교로 선언했다. 기원 이야기는 이렇게 드라마틱한 요소가 많다. 마치 영웅 서사가 그러하듯이.

코르 비랍을 찾은 까닭은 그레고리우스 성인과 관련된 유적을 보고자 하는 마음도 있었지만 사실은 아라랏 산이 지척이었기 때문이

여섯 번째.

다. 노아의 홍수 때 방주가 걸렸다는 그 신비의 설산 말이다. 방주가 정말 그 산에 걸렸다고 믿기 때문이 아니라 대체 어떤 산이기에 사람들은 그 거룩한 구원 이야기에 서슴없이 아라랏 산을 등장시킬까 궁금했기 때문이다. 예레반을 벗어난 차가 남쪽으로 향해 질주한 지 얼마 안 되어 우측에 아라랏 산이 나타났다. 평원을 배경으로 우뚝 선 거대한 산, 머리에 만년설을 이고 있는 아라랏은 자기의 몸체 전체를 보여줄 생각이 없는 듯했다. 뿌연 먼지와 매연으로 시계가 흐렸고, 더구나 산 중턱에 걸쳐 있던 띠구름 가운데 일부가 정상은 함부로 보여주는 게 아니라는 듯이 정확하게 산꼭대기를 가리고 있었다.

코르 비랍 주차장에 도착하자 젊은 청년들이 다가왔다. 그들의 손에는 흰색 비둘기가 든 새둥지가 들려 있었다. 한 청년이 더듬거리는 영어로 비둘기를 날려보지 않겠느냐고 묻는다. 노아가 방주에서 날려 보냈다는 비둘기를 상기시키기 위한 것이리라. 비둘기가 돌아오지 않자 노아는 비로소 홍수가 끝났다는 사실을 알게 되었다. 아라랏 산 아래에 있는 비둘기. 그럴듯하지 않은가? 저 청년들의 손에 들린 비둘기를 날려 온 세상을 집어삼키고 있는 홍수, 곧 탐욕의 제국이 물러갔다는 사실을 알아차릴 수만 있다면 몇 마리라도 날려 보낼 용의가 있지만 그럴 일은 없었다.

계몽자 그레고리우스 성인이 갇혀 있던 지하 감옥 위에 세운 예배당에는 꽤 많은 이들이 서 있었다. 사다리를 타고 그 좁은 지하로 내려가기 위해 대기하고 있었던 것이다. 차례를 기다려 아래로 내

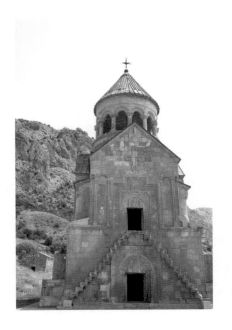

여섯 번째.

려갔다. 서늘한 우물 바닥, 습한 기운이 몸을 감쌌다. 곳곳에 있는 성인의 흔적들, 바닥과 벽에 새겨진 십자가를 찬찬히 돌아보며 그 긴 인고의 세월을 어떻게 견뎌낼 수 있을까 생각해보았다. 죽음보다 더 깊은 격절감, 그의 몸에 찾아왔을 고통과 죽음의 유혹이 얼마나 컸을까? 작은 시련 앞에서도 희뜩거리기 일쑤인 내 삶이 부끄러웠다. 여러 사람이 오고가는 동안 그 지하 공간에 꽤 오랫동안 머문 것 같다.

밖으로 나오면서 아라랏 산 정상부근을 뒤덮고 있던 구름이 걷히기를 기대했다. 장엄함을 느끼고 싶었던 것이다. 하지만 그대로였다. 장엄함은 맑음에서 나오는 것이다. 한없이 맑고 투명한 세계 앞에 설 때면 영문모를 서러움이 찾아온다. 그 서러움은 일종의 카타르시스이다. 내심 그런 순간을 기대했지만 하나님은 그런 기대에 응답하지 않으셨다.

그곳을 떠나 노라반크Nora 수도원을 찾아 떠났다. 아라랏 산을 살피느라 반대방향을 살피지 못했는데, 도로를 중심으로 해서 좌우의 분위기가 확연히 달랐다. 서쪽 그러니까 아라랏 산 방향은 만년설이 녹아내린 물로 인해 비옥한 평야지대를 이루고 있었는데, 동쪽에 있는 산들은 나무조차 자라지 않는 불모지였다.

차가 동쪽으로 방향을 틀자 이내 낯선 공간이 나타났다. 차는 황량하고 깊은 협곡들을 굽이굽이 돌며 달렸다. 간혹 보이는 마을 주변에만 초록빛 풀과 나무가 자라고 있었다. 사람들이 그곳에 모여 살기에 그런 풍경을 이룬 것인지, 그런 풍경을 이루고 있기에 그곳에 모여 살게 되었는지 모르겠다. 어쩌면 그 둘 다일 것이다. 세계의 유명한 협곡들에 견줄 것은 아니지만 그래도 단애의 협곡 사이로 달리는 기분이 남달랐다. 붉은색 이암들의 세상이었다. 마침내 그니식 강 남쪽 사면에 우뚝 서 있는 노라방크 수도원이 모습을 드러냈다. 1105년 호반네스Hovhannes 주교 겸 수도원장에 의해 처음 세워진 이 수도원은 주변의 붉은 색 바위들과 절묘하게 어울리며 서 있었다. 눈을 들어 바라보아도 그저 붉은 빛 뿐인 그곳에서 수도사들은 많은 문서를 필사했고, 또 정교한 삽화를 그려 넣기도 했다. 1238년에 있었던 몽골의 침입으로 많은 문화재급 문서와 책 그리고 보물들을 약탈 당했다. 지금의 수도원은 그 이후에 새롭게 재건된 것이다.

오벨리안Orbelian 왕가에 속한 이들과 수도사들의 무덤 교회로 지어진 가빗Gabit의 입구 박공에는 하나님과 아담의 모습이 양각되어 있었는데, 하나님을 수염 난 어른으로 표현한 것이 이채로웠다. 하나님은 왼팔로 아담을 안고 있었다. 머리 위의 비둘기로 보아 생기를 불어넣으시는 장면인 듯했다. 교회의 천장은 빛이 들어오도록 뚫려 있었다. 두 가지 모두 죽음을 넘어서는 새로운 생명에 대한 소망을 드러내기 위한 것이리라. 복층으로 이루어진 하나님의 성모교회St. Astvatsatsin Church 역시 왕가의 무덤으로 사용되었는데, 위층으로 올라가려면 건물 밖에 있는 폭이 불과 30cm 정도 밖에 되지 않는 좁은 돌계단을 아슬아슬하게 걸어 올라가야 했다. 누구도 함부로 그곳에 접근할 수 없다는 경고처럼 보였다. 이 수도원 구역에서

여섯 번째.

사람들의 감탄을 자아내는 것은 아르메니아 특유의 돌 십자가인 하치카즈Khachkars이다. 얼마나 정교하고 기하학적인지 그 아름다움 앞에 넋을 잃을 정도이다. 33세 젊은 예수의 피가 점점이 묻어 있는 십자가를 이렇게 아름답게 만들어도 되는가 싶지만, 정교회의 신학에서는 당연한 것이다. 삶과 죽음의 경계는 예수 안에서 이미 철폐되었기 때문이다.

놀라운 것은 이 수도원 건물을 짓고, 부조물을 만들고, 그림을 그리고, 다양한 하치카즈까지 만든 사람이 동일인물이라는 사실이다. 그는 1333년에 세상을 떠난 모믹 바르드펫Momik Vardpet이다. 그의 이력은 필경사에서 조각가로, 건축가로, 화가로 확장되어 나갔다. 종교적 주제에 대한 깊은 연구자로도 알려진 그는 그리스어에도 능통했다 한다. 수도원 박물관에는 모믹이 필사하고 삽화를 그린 복음서와 그림들의 복사본이 전시되어 있다. 진품은 예레반의 고대 필사본 박물관에 보관되어 있다. 새로운 천재와 만난 기분이었다. 그는 자기 작품에 대한 자부심을 작품에 남겼다. '바르드펫'이라는 이름을 작품마다 슬쩍 새겨 넣었던 것이다. 르네상스는 이탈리아에서만 꽃핀 게 아닌 것 같다.

예레반으로 돌아오는 길, 연무가 더욱 짙어져 아라랏 산은 여전히 보이지 않았다. 언제쯤이면 저 연무가 다 걷힐까? 아직 자본주의의 때가 덜 묻어 이악스럽지 않은 이 나라 사람들의 마음에는 저런 연무가 끼지 않았으면 좋겠다.

"이에 하나님이 그에게 이르시되 네가 이것을 구하도다. 자기를 위하여 장수하기를 구하지 아니하며 부도 구하지 아니하며 자기 원수의 생명을 멸하기도 구하지 아니하고 오직 송사를 듣고 분별하는 지혜를 구하였으니 내가 네 말대로 하여 네게 지혜롭고 총명한 마음을 주노니 네 앞에도 너와 같은 자가 없었거니와 네 뒤에도 너와 같은 자가 일어남이 없으리라"열상 3:11-12.

성서 기자는 솔로몬이 구한 것이 주님의 마음에 들었다고 말한다. 하나님의 마음에 들게 구한다는 것, 어쩌면 그게 기도의 본질인 동시에 딜레마이다. 우리 기도가 지향해야 하는 것은 하나님의 뜻을 기준을 삼아 내 뜻을 조율하는 것이지만 현실은 정반대인 경우가 더 많다. 내 뜻을 중심으로 하나님이 움직여주시기를 구하는 것이다. 삶이 비애로 가득 찬 것은 이 기묘한 어긋남 때문이다. 신앙생활이란 하나님의 마음에 들게 구하는 법을 몸으로 마음으로 익혀가는 과정일 것이다. 오류가 없는 사람은 없다. 솔로몬은 누구보다 우수한 사람이었지만 그 우수함이 그의 함정이요 덫이 되었다. 재판 이야기는 솔로몬의 통치가 산술적 공정함을 넘어 생명 중심적 가치를 추구하는 정치가 되기를 꿈꾸었음을 암시하지만 그는 끝까지 그런 이상을 견지하지 못했다. 황금시대가 그에게는 올무였던 것이다. 못 할 일이 없다는 것처럼 큰 유혹이 또 있을까? 능력이 많을수록, 권력이 클수록 삼가는 태도가 필요하다. 그게 자기도 구하고 남도 구하는 길이다. 자기가 어쩔 수 없는 인간이라는 사실을 자꾸만 되새기지 않는 한 권력자들은 신이 되려는 유혹에서 벗어나기 어렵다. 예수님은 우리가 먼저 구해야 할 것이 있고 나중에 구해야 하는 것이 있다고 말씀하셨다. '하나님의 나라와 그의 의'와 '그 모든 것'은 배치되거나 대립되는 것이 아니다. 다만 순서의 문제일 뿐이다. 순서를 바로 하면 삶이 든든해지고 자유로워진다. 순서가 뒤바뀌면 모든 게 뒤죽박죽이 된다. 이 단순한 사실을 체득한 채 살기란 여간 어려운 게 아니다. 그 둘을 구분하는 것도 간단한 문제가 아니다. 기준은 없는가? 절대적인 기준은 없다. 순간순간 겸손하게 여쭐 수밖에 없다. 하지만 덜 실수하기 위한 잠정적 기준은 상정해 볼 수 있다. 이해관계가 엇갈릴 때 '내가 손해 보는 쪽으로 선택'하는 것이 하나님의 뜻에 가깝지 않을까? 물론 그것이 늘 옳다고는 말할 수 없다. 그럼에도 불구하고 하나님은 우리의 그러한 선택을 대견하게 여기실 것이다. 손해 보지 않으려는 마음이 전쟁을 만들지 않던가. 오늘도 기꺼이 손해 보겠다는 마음으로 살아보자.

아르메니아에서 보내는 마지막 날이기에 들러야 할 곳이 좀 많았다. 먼저 예레반에서 북쪽으로 18km 쯤 떨어져 있는 가르니Garni를 찾았다. 그곳은 아르메니아인들의 가장 초기 주거지 가운데 하나인데 여러 왕조의 여름 궁전도 있었다고 한다. 그만큼 경관이 수려하다는 말일 것이다. 고흐트Goght 강을 굽어볼 수 있는 계곡 위에 조성된 그 유적지에는 왕궁터와 교회터가 남아 있지만 정작 사람들이 그곳을 찾는 이유는 주전 1세기 후반에 축조된 신전 건물을 보기 위해서이다. 태양신 미르Mihr, Mitras에게 봉헌된 그 신전은 거의 원형 그대로 보존되고 있다. 아테네의 파르테논 신전을 연상시키는 그 구조물은 무엇보다도 당시의 사람들이 얼마나 상징에 골몰했는지를 보여주고 있다. 그 구조물 속에는 그들이 신성시하던 숫자 상징이 도처에 숨어 있었다. 우주를 뜻하는 1, 분열을 뜻하는 2, 신을 나타내는 3, 시간과 세상을 뜻하는 4, 완성을 뜻하는 6, 가장 신성함을 뜻하는 3의 제곱수 9, 등이 건축물 속에 기하학적으로 녹아 들어가 있다. 우주와의 연결이라는 통전적 사고가 그 당시에는 가능했지만 오늘의 우리에게는 꿈 같은 이야기일 뿐이다.

　가르니에서 멀지 않은 곳에 게하르트Geghard 수도원이 있다. 게하르트는 '창'이라는 뜻인데, 예수님의 옆구리를 찔렀던 창을 보관하고 있다고 해서 붙여진 이름이다. 일단의 수도사들이 아자트 강이 흐르고 있는 이 깊은 계곡에 와서 가파른 벼랑 밑 바위를 파고 기도 생활을 시작한 것은 대략 4세기 경부터였다. 애굽의 수도자들이 사막으로 들어가 은수생활을 시작한 것이 3세기경이니까 어쩌면 그 영향인지도 모르겠다. 스케티스 사막으로 들어가 기도생활을 했던 이들을 일러 '사막의 교부들'이라 한다. 기독교 영성 전통에서 매우 독특한 자리를 차지하고 있는 이들이다. 고요를 찾아 세상에서 물러난 그들은 외적인 고요함이 아니라 내적인 고요함besychia을 추구했다. 현실 도피처럼 보이지만 그들이 궁극적으로 추구했던 것은 사랑이었다. 자기 속에 있는 속물적이고 악마적인 모든 것과 용감하게 맞서면서 결국은 사랑의 사람으로 살아가기를 구했던 것이다.

"물러나라, 침묵하라, 고요히 있어라." 이것이 그들이 지켜야 하는 계율 아닌 계율이었다. 그들의 생활은 대단히 금욕적이었다. 쾌락, 편안한 잠자리, 충분한 음식, 휴식, 목욕까지도 멀리 해야 했다. 기도와 노동과 시편 낭독이 그들 삶의 핵심이었다. 수도자들이 머물던 바위굴은 감옥의 독방을 연상시켰다. 인간의 욕망을 사갈시하며 지내는 삶이 아름답다고 말할 생각은 없다. 하지만 그들은 내면의 목마름을 채울 길 없어 바위를 뚫는 심정으로 극단적인 생활을 선택했을 것이다. 사람마다 근기가 다른 법이다. 애굽의 사막이든 게하르트든 그곳은 극단적인 환경이다. 그렇기에 그들은 오로지 자신과 하나님에 대해서만 물으며 지냈다.

게하르트 수도원 곳곳에 아름다운 하치카즈가 놓여 있었다. 마치 나무를 다루듯 돌을 다루는 장인들의 솜씨에 경탄을 금할 길이 없었다. 하치카즈의 정확한 발음을 알기 위해 기사인 다비드에게 발음을 해보라고 한 것이 탈이었다. 그는 몇 번씩이나 발음을 들려주었지만 제대로 따라 하기가 어려웠다. 설측음에 익숙하지 않은 탓이다. 첫 음절은 '흐'와 '크'의 중간 발음이고 마지막 음절인 '즈'는 들리는 듯 마는 듯했다. 문제는 다비드가 내가 십자가에 관심이 많다는 사실을 알아차린 것이다. 본래는 세반 호수에 있는 수도원까지만 가기로 했었는데, 그는 제대로 된 하치카즈를 보려면 하가진 Haghardzin 수도원과 고샤반크Goshavank에 가지 않으면 안 된다고 말했다. 그가 던진 미끼를 덥석 물고 말았다. 어휴, 그곳은 굳이 가지 않아도 무방한 곳이었다. 다비드는 그 두 수도원 가는 길에 있는 딜리

잔은 알프스 못지않다고 설레발을 쳤다. 긴 터널을 벗어나자마자 다비드는 오른팔을 척 치켜들면서 '딜리잔Dilizan' 하고 외쳤다. '놀랐지?' 하는 표정으로. 별 반응을 보이지 않자 그는 좀 삐친 듯한 표정이었다. 우리나라 어디를 가도 만날 수 있는 평범한 풍경에 감탄사를 발할 수는 없는 노릇이었다. 비교적 척박한 지형이 많은 아르메니아인들의 입장에서는 나무가 우거진 산이 있는 곳이 신비하게 보일 수도 있겠다. 수도원을 워낙 많이 보아서 건물의 구조도 익숙하고, 수도원을 유지하기 위해 초를 팔고 기념품을 파는 수도사들의 안쓰러운 모습도 익숙해졌다. 별 감흥 없이 두 곳을 돌아보았다. 나중에 그는 꽤 많은 요금을 요구했다. 적당한 선에서 타협을 보았지만 유쾌하지는 않았다.

아르메니아에서의 마지막 여정은 〈아르메니아인 학살 기념관〉 방문이었다. 아르메니아인들은 자국의 아픈 역사를 그 기념관 속에 오롯이 새겨넣었다. 아르메니아의 근현대사는 수난의 역사였다. 그야말로 고래 싸움에 새우 등 터지는 격이었다. 오스만투르크와 러시아 사이에 끼어 있는 지정학적 위치가 문제였다. 1877년에 러시아와 오스만투르크 사이에 전쟁이 일어나자 보수적인 무슬림들은 터키에 살고 있는 아르메니아인들이 러시아와 내통하고 있다는 혐의를 씌워 테러를 가했다. 아르메니아인들도 격분해서 대응 폭력에 나섰다. 그러자 당시의 집권 세력인 청년 투르크 당은 자국 내에 있던 지도적 아르메니아인들 253명을 처형했다. 폭력은 폭력을 낳는 법. 1894년에 오스만 제국에 살고 있던 아르메니아인들이 반란을

여섯 번째.

일으켰고, 그 와중에 2만여 명이 희생 당했다. 수난은 그것으로 끝이 아니었다.

제1차 세계대전 중인 1915년과 1916년 사이에 오스만투르크와 러시아가 다시 격돌했다. 이때는 아르메니아인들 다수가 러시아군에 가담하여 전쟁에 참여했다. 오스만투르크는 자국 내에 있는 아르메니아인들이 러시아와 내통할지 모른다는 우려 속에서 그들을 제거하는 작업에 착수했다. 강제 노동과 사막지대로의 강제 이주가 실시되었고 마을은 불태워졌다. 그런 집단 학살에 대해 국제사회는 침묵했다. 터키는 지금도 이 학살을 인정하지 않는다. 노벨상 수상 작가인 오르한 파묵은 아르메니아인들에 대한 학살 책임을 인정할 것을 자국 정부에 요구했지만, 그에게 돌아온 것은 극우주의자들의 살해 위협뿐이었다.

인종 청소 혹은 학살처럼 반인간적인 폭거가 또 있을까? 20세기에만 해도 피부색, 종족, 종교, 문화의 차이 때문에 일어난 인종 학살이 얼마나 많았던가? 나치 독일에 의해 희생된 유대인들은 물론이고, 그들에 비해 덜 알려지고 있지만 수많은 집시들과 장애인들이 죽임을 당했다. 1992년에 발발한 보스니아와 세르비아 내전, 1994년에 르완다에서 벌어진 후투족에 의한 투치족 집단 학살은 인류가 아직도 원시적인 폭력 상태에서 벗어나지 못했음을 반증하고 있다. 유엔은 1948년에 제정한 '인종 말살 범죄의 예방과 처벌에 관한 협정'에서 인종 말살을 "국가, 민족, 인종 또는 종교 집단의 전부 또는 일부를 파괴하려는 의도를 가지고 저질러지는 다음과 같은 행위"라고 규정했다. 거기에는 집단의 구성원을 살해하는 행위는 물론이고 그들의 신체나 정신에 심각한 해를 끼치는 행위, 집단의 파괴를 목적으로 대상자들의 삶의 환경에 고의로 영향을 미치는 행위, 출산 저지, 강제 이송 등의 행위가 포함된다. 아, 이런 행위는 얼마나 악마적인가? 하지만 이것은 미개한 나라에서만 벌어지는 일이 아니다. 오히려 선진국이라고 자부하는 나라가 못 사는 나라를 대상으로 하여 이런 일을 벌이는 경우도 비일비재다. 아프리카 사람들을 대상으로 하는 신약 실험도 그중의 하나이다.

아르메니아인들에게 자행된 인종 학살은 아직도 국제사회에서 공식적으로 인정받지 못하고 있다. 아르메니아인 인종 학살 기념관은 아르메니아의 12부족을 상징하는 사다리꼴 모양의 기둥 12개가 원을 이룬 형태로 되어 있다. 그 기둥은 안으로 굽어 있어 내부를 보호하듯 감싸고 있는 형상이었다. 그것은 수도자들이나 성인들이 머물고 있는 바위산이 마치 그들의 이야기에 귀를 기울이기 위해 고개를 숙인 것 같은 모습으로 그려지곤 하는 이콘을 연상시켰다. 사다리꼴 기둥들이 만든 원의 중심에는 꺼지지 않는 불이 타오르고 있다. 바람이 불 때마다 일렁이는 불꽃은 마치 억울하게 죽어간 이들의 혼이 추는 춤처럼 보였다. 그 앞에 추모의 꽃 한 송이를 내려놓고 죽어간 이들의 넋을 기렸다. 그리고 지금도 인종 학살과 유사한 고통 속에 살고 있는 팔레스타인 사람들을 위해 기도를 올렸다.

광장을 돌아 나오다가 매우 인상적인 동상 하나와 만났다. 〈잿더

여섯 번째.

미 속에서 일어서는 엄마〉라는 제목의 이 동상 기단 부분에는 1915년의 학살에서 죽어간 이들과 생존자들 그리고 탈출한 이들을 기억하고, 기독교 신앙과 그 전통 위에 굳게 서 있는 아르메니아인들에게 자행된 잔혹행위를 잊지 않기 위해 이 동상을 세운다는 헌사가 붙어 있었다. 공포에 질린 아이를 역시 놀람에 사로잡힌 어머니가 부둥켜안고 있는 형상이었다. 맨발의 그 어머니는 겁에 질려 그 자리에 그저 주저앉아 있지 않았다. 잿더미 같은 절망의 자리에서 벌떡 일어서 위험을 피해 어딘가로 달려가고 있었다. 아이를 살려야 하니까. 팔레스타인 가자 지구에서 벌어지고 있는 참극을 현재진행형으로 보고 있는 것 같아 눈물이 났다. 인류는 언제나 우정의 공동체를 이루어 살 수 있을까?

The Sacred Journey

F. 16.

이름 덕을 볼 줄은 몰랐다. 어제 오후에 택시 기사를 통해 트빌리시로 가는 미니버스 예약을 했는데, 호텔 프런트에 가서 자초지종을 이야기하고 변동 사항이 없는지 확인 전화를 해달라고 부탁했다. 앳되어 보이는 직원이 친절하게 출발 날짜와 시간을 상세히 묻고는 예약자의 이름이 뭐라고 되어 있냐고 물었다. 간단히 'Kim'이라고 말했더니 얼굴에 슬쩍 미소가 번진다. "나 말고 또 다른 김을 아느냐?"고 묻자 행복한 표정을 지으며 "그렇다"고 대답했다. 어떤 사람이냐고 묻자 자기는 영화감독 김기덕의 팬이라고 말했다. 김기덕 감독을 어떻게 아느냐고 묻자 필름 페스티벌에서 그의 영화를 본 후 곧바로 팬이 되었다고 말했다. 김기덕 감독은 외국에서는 인기가 있지만 한국 내에서는 소수의 사람들만 좋아한다고 말하자 알고 있다면서 안타까워했다. 그 직원은 미니버스 회사에 전화를 걸어 한참 이야기를 나누더니 좋은 소식이 있다고 말한다. 내일 아침 중앙역으로 가지 않아도 된다는 것이다. 차가 호텔 앞으로 오도록 조치를 취했다는 것이다. 추가요금 부담이 없냐고 묻자 "그렇다"면서 자기 일처럼 즐거워한다. 발랄하고 경쾌한 아가씨였다. 저녁거리를 사러 슈퍼마켓에 들렀다가 음료수 두 개를 사다 주었더니 그 사소한 나눔을 큰 기쁨으로 받아주었다.

아침이 되자 마음이 좀 불안불안했다. 과연 차가 그 시간에 올까? 우려가 현실이 되었다. 아가씨가 거짓말을 했을 리는 없고, 아마도 기사가 출발 지점에서 손님이 많으니까 그냥 태우고 갔을 것이다. 30여 분 호텔 밖에서 서성이다가 그저 쓴웃음을 짓고 국제 버스 터미널로 갔다. 마치 이런 일에 익숙한 사람처럼 처신하는 나 자신이 좀 낯설었다.

다행히 역에는 40분쯤 후에 출발 예정인 조지아행 차가 있었고 손님은 나를 포함해 3명뿐이었다. 기사는 출발을 기다리는 그 40분 동안 담배를 2대나 피웠는데 오늘도 좀 시달리겠거니 단단히 각오를 해야 했다. 하지만 그는 운행 중에는 담배를 피지 않는 꽤 매너 있는 애연가였다. 얼마나 다행인지. 국제 버스라고는 하지만 사실 이건 옛날 시골 완행버스와 비슷하다. 빈자리가 있기에 그랬겠지만 달리다가 길가에서 손을 드는 사람이 있으면 차를 세우곤 했다. 승객이 담배를 피우게 잠깐 정차하자고 해도 응해주고, 잠깐 만날 사람이 있으니 차를 세워달라고 해도 세워주었다. 그런데 그게 하나도 불편하거나 어색하지 않았다. 그냥 그들의 일상이었다. 60년대 후반, 방학이 되어 시골집에 내려갈 때의 풍경이 떠올라 오히려 정겨웠다. 기사는 또 앞자리에 앉은 사람과 마치 오랜 친구라도 되는 것처럼 예레반에서 트빌리시로 향하는 5시간 30분 동안 거의 내내 흥미진진하게 이야기를 나누었다. 한 마디도 알아듣지 못하는 말, 아니 그저 소리에 지나지 않는 말을 듣고 있자니 모국어에 대한 그리움이 새삼 밀려왔다. 동역자 한 분이 해외에 가면 심심할 거라며 휴대 전화에 넣어준 70-80년대의 가요를 이어폰을 통해 들었다. 그동안 무심히 들었던 노랫말이 가슴 절절하게 다가왔다.

  아르메니아 북부의 척박한 산악 지대를 지나면서 다시금 이 나라의 수난을 떠올리지 않을 수 없었다. 2013년 11월에 부산에서 열린 세계교회협의회 제10차 총회 개막식 설교는 아르메니아 정교회의 총대주교인 카레킨 2세가 맡았다. 그는 2015년이면 아르메니아인 대학살 100주년이 다가온다는 사실을 상기시키면서 지구상에서 이런 폭력과 비극적인 일들이 사라지기를 바란다고 말했다. 그는 WCC가 형제 교회들과 20개국 이상의 나라들과 더불어 아르메니아 대량 학살 사건을 탄핵하는 성명서를 발표해준 것에 대한 고 마음을 표하는 동시에 죄악에 대해서 저항하고 인권을 지키기 위해 진력하는 것이 교회의 책임이라고 힘주어 말했다. 세계인들을 향한 카레킨 2세의 메시지가 이 나라에서도 이루어지기를 빌었다.

십자가의 나라 아르메니아. 어디를 가도 십자가를 발견할 수 있다. 집 모양도 십자가 모양인 경우가 많고 산 중턱이나 산꼭대기에도 십자가가 서 있는 경우가 많다. 작은 수도원들은 돌 십자가의 박람회장이라고 해도 무방할 정도이다. 아르메니아 사람들은 십자가를 진khachagir 민족이라는 자부심이 강하다. 그들은 십자가 아래에서 결혼식을 올리고, 십자가 아래에서 세례를 받는다. 세례를 받는 어린이들에게 주어지는 선물도 십자가이다. 십자가 현양 축제는 아르메니아 교회의 5대 명절 가운데 하나이다. 도대체 그들은 왜 그리 십자가에 집착하는 것일까? 십자가는 생명의 길을 가리키는 징표이자 길이고 죽음을 극복하는 생명의 권능을 상징한다. 아르메니아인들은 수난의 세월을 보낼 때마다 십자가를 바라보았다. 십자가는 그들에게 추상이 아니었다. 시련의 때 도우시는 하나님의 현존 그 자체였다. 그들은 거룩한 십자가의 신비에 생각의 초점을 맞추기 위해서라도 십자가가 늘 눈에 보여야 한다고 생각한다. 가시적인 십자가는 넘치고 또 넘친다. 이제 그들 가슴과 손발에 십자가가 새겨지기를 빈다. 신앙의 진실함은 일상의 삶을 통해서만 입증되기 때문이다. 더 나은 사람이 되기 위해 끊임없이 자기를 살피는 것, 타자의 입장에 서보는 것, 다른 이들의 무거운 짐을 지기 위해 몸을 낮추는 것이야말로 십자가를 사랑하는 이들의 마땅한 자세

여섯 번째.

아닌가?

국경에서의 출입국 심사는 아주 간단하게 끝났다. 1시간을 더 달려 트빌리시에 도착하니 마음이 한결 놓인다. 이곳에서 겨우 며칠 묵었을 뿐인데. 최초의 낯섦은 간 데 없이 당당하게, 마치 이 도시를 잘 아는 사람처럼 거리를 활보했다. 에드워드 사이드의 말이 떠오른다. "자신의 고국을 여전히 달콤하다고 느끼는 이는 아직 마음이 여린 초보자다. 어디를 가나 다 자신의 조국처럼 느끼는 사람은 이미 강한 사람이다. 그러나 어디를 가든지 낯선 나라처럼 느끼는 이야말로 완성된 사람이다." 나는 어디에 해당하는가? 대체로 잘 적응하는 편이니 초보자는 면한 것 같고, 그렇다고 어디를 가나 조국처럼 느끼는 강한 사람도 아니다. 사이드가 말하는 '어디를 가든지 낯선 나라처럼 느끼는 이'는 쉽게 길들여지기를 거부하면서 분명한 지향을 가지고 가는 사람일 것이다. 낯섦을 빨리 지워버리고 싶은 유혹을 거부하면서 낯섦을 낯섦으로 받아들인다는 것, 여간 어려운 일이 아니다.

트빌리시에 와서 처음으로 들렀던 사메바 대성당을 다시 찾았다. 봉헌된 지 얼마 안 되는 곳이지만 이곳이야말로 지금 트빌리시 사람들의 신앙의 성소라는 생각이 들었기 때문이다. 늦은 오후의 뜨거운 햇빛을 받아 황금색 지붕은 더욱 빛이 났다. 그런 화려함은 내 마음을 움직이지 못하지만 그 속에서 기도를 올리는 사람들의 모습은 영적인 긴장감을 준다. 예배당에 들어서자 이전보다 훨씬 많은 사람들이 조용히 선 채 침묵에 빠져 있었다. 향 냄새, 촛불의 일렁임, 사제의 성경 낭송, 악기를 사용하지 않는 다성 음악이 실내를 조용히 그러나 충만하게 채우고 있었다. 기둥 옆에 서서 손바닥만 한 성경책을 펼쳐들고 중얼중얼 읽어나가다가 가끔씩 십자 성호를 긋는 사람들, 무릎을 꿇고 이마를 이콘에 댄 채 기도를 올리는 사람들, 정성스럽게 촛불을 밝히는 사람들…. 그들이 일상 속에서 어떤 모습으로 살아가는지는 알 수 없다. 하지만 바로 그 순간만큼은 아름다운 하나님의 형상이었다. 어떤 권위 앞에 무릎을 꿇을 줄 알아야 참 사람의 길에 접어든다고 말하면 과한 이야기일까?

내게는 하나도 분별되지 않는 저 소리, 그러나 그 진지함과 간절함이 느껴지는 소리는 오히려 나를 신비의 세계 앞으로 인도했다. 침묵의 강을 떠돌다가 늘 적어가지고 다니는 구상 선생의 시 〈하루〉를 읽었다.

오늘도 신비의 샘인 하루를
구정물로 살았다.

오물과 폐수로 찬 나의 암거暗渠 속에서
그 청렬淸冽한 수정水精들은
거품을 물고 죽어 갔다.

진창 반죽이 된 시간의 무덤!
한 가닥 눈물만이 하수구를 빠져나와

이 또한 연탄빛 강에 합류한다.

일월日月도 제 빛을 잃고
은총의 꽃을 피운 사물들도
이지러진 모습으로 조응照應한다.

나의 현존과 그 의미가
저 바다에 흘러들어
영원한 푸름을 되찾을
그날은 언제일까?

되풀이해서 읽을수록 마음이 아팠다. 그리고 잠시 후 어떤 보이지 않는 손길이 등을 토닥여주고 있는 것 같았다. 죄가 많은 곳에 은혜가 넘친다.

7. 17.

떼제 공동체로 들어가기 전에 잠시 몸과 마음을 추스르기 위해 프랑스 리옹Lyon에 며칠 머물기로 했다. 사실 리옹을 일정에 넣었던 것은 르 코르뷔지에가 건축한 라 투레트 수도원을 방문하고 싶었기 때문이지만 그곳은 생략하기로 했다. 이미 수많은 건축학도들의 보고서가 많기 때문이다. 사실 이건 "저 포도는 시어서 못 먹어" 하고 말했던 우화 속의 여우와 다를 바 없는 변명에 지나지 않는다. 접근성이 떨어지는 그곳에 하루를 들여 찾아가는 것이 좀 귀찮아진 것이다. 집 떠난 지 오래되어 생성된 나태함인지도 모르겠다. 하지만 그곳 말고도 리옹은 몇 가지 점에서 매력적인 곳이다.《어린 왕자》의 작가인 생텍쥐페리의 고향이라는 점이 우선 떠오른다. 하지만 그 못지않게 중요한 것은 중세기 가톨릭 개혁 운동을 벌이다가 파문 당한 페트뤼스 발데스(Petrus Valdes, 피터 왈도)와 새로운 신앙운동인 '리옹의 가난한 형제들'이 탄생한 곳이라는 점이다. 지금 리옹에는 그들의 흔적이 많이 남아 있지 않지만 발데스의 개혁 운동은 충분히 숙고할 만한 가치가 있다. 다른 하나는 리옹이 항독 저항운동 곧 레지스탕스 운동에서 중추적인 역할을 감당했다는 사실이다. 이런 몇 가지를 살피는 것만으로도 사흘의 시간이 모자랄 지경이다.

트빌리시 공항에 앉아 페트뤼스 발데스에 대한 이런저런 자료들을 뒤적였다. 리옹의 부유한 상인(어떤 자료에서는 고리대금업자였다고도 한다)이었던 그는 어느 날 방랑 시인이 들려주는 성자들의 이야기, 특히 5세기의 신비가인 알렉스에 관한 이야기에 귀를 기울이다가 회심을 경험했다고 한다. 알렉스는 부자였지만 복음의 정신을 따르기 위해 자기의 모든 재산을 팔아 가난한 자들에게 주고 탁발을 하며 복음을 증거한 사람으로 알려져 있다. 발데스는 다음 날 신학교를 찾아가 자기 영혼에 관한 조언을 구했다. 하나님께 나아가는 여러

가지 길이 있지만 그 가운데 어느 것이 가장 확실하고 완전하냐고 물었던 것이다. 스승은 "완전하게 되기를 원한다면 가서 가진 것을 다 팔아 가난한 자들에게 주고 나를 따르라"는 누가복음 18장의 말씀을 들려주었다.

발데스는 집으로 돌아와 즉시 재산을 처분하여 당시 기근에 시달리고 있던 사람들에게 음식을 제공하기 시작했다. 성모승천 대축일(8월 15일)에 그는 남은 돈을 마을의 가난한 이들에게 나눠주고는 "한 사람이 두 주인을 섬기지 못할 것이니 혹 이를 미워하고 저를 사랑하거나 혹 이를 중히 여기고 저를 경히 여김이라. 너희가 하나님과 재물을 겸하여 섬기지 못하느니라"(마 6:24) 하신 성경 구절을 크게 외쳤다. 사람들은 그가 정신이 이상해진 것으로 생각했다. 그러나 그는 좀 더 높은 곳으로 올라가서 외쳤다.

"나의 동료 시민 여러분, 그리고 벗님네들, 나는 여러분들이 생각하는 것처럼 정신이 이상해진 것이 아닙니다. 다만 지금까지 내가 노예로 살 수밖에 없도록 했던 나의 적들에게 보복을 하고 있을 뿐입니다. 그 적들 때문에 나는 하나님보다는 돈에 더 주의를 기울였고, 창조주가 아닌 피조물을 섬기며 살았습니다. 이렇게 공개적으로 행동하는 것에 대해 많은 이들이 비난하리라는 것을 나는 압니다. 내가 이렇게 하는 것은 나 자신 뿐 아니라 여러분을 위한 것이기도 합니다. 나를 위해서라 함은 이제부터 내가 돈을 가지고 있는 것을 본다면 여러분이 나를 미친 사람이라고 생각할 것이기 때문이고, 여러분을 위해서라 함은 여러분이 이제부터 부유함이 아니라 하나님께 희망을 두고 사는 법을 배울 것이기 때문입니다."

점점 영적으로 깊어지면서 발데스는 거리에서 사람들에게 복음을 전파하고 가르치는 일을 시작한다. 추종자들이 생기기 시작했고, 사람들은 그들을 '발도파 사람들' 혹은 '리옹의 가난한 사람들'이라고 불렀다. 발데스는 학자들을 설득하여 라틴어로 된 복음서를 프로방스 방언으로 번역하도록 했고, 그를 따르는 이들은 그 성경을 들고 사람들 속에 들어가기 시작했다. 주교들과 사제들은 그들의 활동을 노골적으로 비난했다. 자기들의 영역과 특권을 침해한다고 생각했기 때문이다. 아울러 자기들이 하지 못하는 일들을 그들이 행했기 때문이었다. 언제나 본질에 충실하지 못한 이들은 자기들의 벌거벗음이 드러날 때마다 공적 권위 뒤에 숨곤 한다. 어느 신학자는 아주 간명한 대조를 통해 예수와 바리새인의 차이를 드러냈다. "예수는 진리를 권위로 삼았지만, 바리새인들은 권위를 진리로 삼았다." 설교권의 문제를 해결하기 위해 발데스는 교황의 재가를 원했다. 하지만 그의 요구는 교황 알렉산더 3세에 의해 완곡하게 거절당했다. 해당 지역의 주교가 허락한다면 설교를 해도 좋다고 했지만 주교들이 그것을 허용할 리는 없었으니 말이다. 발데스는 교황이나 가톨릭교회의 권위보다는 성경의 권위가 더 우위에 있음을 분명히 인식하고 있었기 때문에 복음 전하는 일을 그만둘 수 없었다. 얼마 후에 열린 라테란 제3차 공의회는 발도파를 파문하지는 않았지만 그들의 활동이 불법적이라고 규정했다.

리옹에서 쫓겨난 발도파 형제들은 고원지대인 피드몽Piedmont과

루베롱 지역에 정착했다. 1184년 교황 루시우스 3세는 발데스를 파문했고, 1215년에 열린 라테란 제4차 공의회는 그 결정을 추인했다. 이후에 발도파는 많은 박해를 받았다. 이 운동을 이끌었던 발데스의 이름이 본래 피터(페트뤼스)인지는 확실치 않다. 설교를 금지했던 리옹의 주교 앞에서 그가 했다는 말과 관련하여 붙여진 이름으로 보는 이들도 있다. 그는 주교에게 "하나님께 복종하는 것이 사람에게 복종하는 것보다 낫다"고 말했다고 전해진다(*Christianity Today*와 *Internet Medieval Source Book* 참조). 이것은 베드로가 산헤드린 공의회 앞에서 했던 말이다. 어쩌면 사람들은 그에게 피터라는 이름을 부여하면서 새로운 교회를 정초한 사람으로 인정하고 싶었던 것인지도 모르겠다. 그렇다면 그가 박해를 받은 것이 하나도 이상한 일이 아니다. 박해가 발도파를 약화시킨 것은 사실이지만 지금도 이탈리아에서는 그의 정신을 따르는 발도파 교회가 여전히 살아 있다. 성경 말씀을 충실히 따르려 하고 또 가난을 추구했다는 점에서 발데스는 프란체스코의 선구자라 할 수 있다. 하지만 둘의 운명은 극명하게 갈린다. 교황청은 발도파는 교회 밖으로 내몰고, 프란체스코와 그의 형제들에게는 탁발권과 설교권을 주어 교회의 체제 안에 그들을 수렴시켰다.

왜 그랬을까? 물론 세월이 변한 탓도 있을 것이다. 하지만 발도파는 성경적 진리에 입각해 가톨릭의 한계를 벗어나려고 한데 비해 프란체스코는 교회의 가르침 안에 머물면서 복음의 본질적인 가르침을 붙들려고 했기 때문이 아닐까? 발데스와 그의 형제들은 기성

교회가 품기 어려운 이들이었던 것이다. 어느 시대에나 본질적인 것에 집중하는 이들은 어려움을 겪는다. 좌고우면하지 않기 때문이다. 무모함일 수도 있겠고 용기일 수도 있겠다. 한국 교회는 개혁의 길을 갈 수 있을까? 사실 개혁을 말하면서 '한국 교회'라는 류 개념으로 말하는 심리의 이면에는 스스로 기득권을 내려놓지 않으려는 완강한 의지가 있다. 발데스처럼 용감하게 돌진하다가 장렬하게 산화할 것인가? 아니면 프란체스코처럼 근본적인 것을 붙잡되 기존의 체제를 인정하며 나갈 것인가? 어느 것도 쉬운 길은 아니다. 무엇을 선택하든 자기 부정을 담보하지 않고는 불가능하다. 고래 힘줄보다 질긴 자아에서 벗어나 진리의 바다에 뛰어드는 일은 이렇게 힘들다. 기꺼이 '십자가를 지리라'던 젊은 날의 의기는 어디로 가고, 앞서 간 이들의 흔적을 찾아 이렇게 방황하고 있는 것일까? 발막하기만 한 나의 존재가 너무나 작게 느껴진다.

모든 꽃이 시들듯이
청춘이 나이에 굴복하듯이
생의 모든 과정과 지혜와 깨달음도
그때그때 피었다 지는 꽃처럼
영원하진 않으리.
삶을 부르는 소리를 들을 때마다 마음은
슬퍼하지 않고 새로운 문으로 걸어갈 수 있도록
이별과 재출발의 각오를 해야만 한다.

여섯 번째.

헤르만 헤세의 〈생의 계단〉 중 일부이다. 그는 우리가 공간들을 하나씩 지나가지만, 어느 장소에서도 고향에서와 같은 집착을 가져서는 안 된다면서 "여행을 떠날 각오가 되어 있는 자만이 / 자기를 묶고 있는 속박에서 벗어나리라"라고 노래한다. 과연 그러한가? 중심을 향한 순례 여정에 있으면서도 여전히 진짜 여행을 떠나지 못하는 이가 여기 있구나.

The Sacred Journey
7. 18.

새벽, 잠에서 깨어나 창밖을 내다본다. 수없이 많은 이들이 오고 가던 전날 저녁의 분잡은 사라지고 리옹 파르디유 역 광장은 고요하기만 하다. 어제 이 광장을 스쳐간 이들은 어디로 간 것일까? 샌드위치 한 조각을 우적거리며 공허한 눈으로 땅바닥만 바라보던 사람들, 벤치에 누워 나른한 꿈을 꾸던 사람들, 커다란 배낭을 땅바닥에 내려놓고 삼삼오오 모여 앉아 이야기꽃을 피우던 젊은이들, 전광판을 올려다보며 자기가 타고 갈 기차가 들어올 홈을 확인하던 사람들. 슬픔과 설렘과 권태가 섞여 흐르던 저 광장을 빔 벤더스 감독의 영화 〈베를린 천사의 시〉에 나오는 천사 다니엘이 되어 내려다본다. 다니엘은 첨탑에 올라가 물끄러미 인간들의 삶을 바라본다. 그의 시선은 흑백이다. 인간들의 생동감 넘치는 감정을 그만은 알 수가 없기 때문일 것이다. 나 또한 이 낯선 도시를 흑백으로 바라본다. 수없이 많은 사람들이 이 광장을 스쳐 지나간다. 다만 그뿐이다. 서로에게 다가서지 않는다. 스위스 출신의 조각가인 알베르토 자코메티1901-1966의 〈걷는 사람〉이라는 작품을 떠올린다. 정신적 위기 상황 가운데서 좌절감에 빠진 인간의 모습을 그처럼 잘 표현할 수 있는 사람이 또 있을까? 그가 형상화해낸 인물들은 부피감이 없다. 골격만 남은 앙상한 몸은 구부정하다. 바람이 불면 날아갈 것 같다. 그의 작품 속에서 광장을 걷는 이들은 시선을 주고받지 않는다. 서로에게 다가서지도 않는다. 어쩌면 그것이 대도시의 일반적 풍경인지도 모르겠다.

복잡한 듯해도 사람의 삶이란 거기서 거기다. 크고 작은 차이는 있겠지만 대부분의 사람들은 평범한 행복을 꿈꾼다. 하지만 그걸 누리는 이들은 많지 않다. 행복이 멀리 있어서가 아니라 그걸 누리는 법을 배우지 못했기 때문이다. 자본주의 세상은 언제나 행복을 지연하며 살도록 강요한다. 그 체제는 늘 새로운 욕망을 만들어야 돌아가기 때문이다. 지금 누리고 있는 것들에 만족한 표정을 짓는 사람들은 '패배자'라는 오명을 쓰게 마련이다. 평범한 행복, 성경은 그것을 자기가 심은 무화과나무와 포도나무 그늘 아래서 쉬고 또 그 열매를 거두어 먹고 사는 것으로 표상했다. 삶이 그러하면 되지 않겠는가? 아, 그런데 세상에는 그런 평화로운 삶을 박탈 당한 이들이 너무 많다.

세월호 참사 유가족들이 견뎌야 했던 100일의 세월, 그리고 그들

여섯 번째.

이 남은 생 동안 견뎌야 하는 그 큰 아픔을 어찌 잊을 수 있을까? 팔레스타인 가자 지구에 사는 이들은 항시적인 죽음의 공포 속에서 살아간다. '내일 봐'라는 말이 특별한 인사가 되는 세상에 살고 있는 사람들을 떠올리면 가슴이 미어진다. 의자를 가지고 언덕에 올라, 가자 지구가 폭격 당하는 모습을 느긋하게 바라보는 사람들은 대체 어찌된 사람들인가? 국가주의나 민족주의를 넘지 못하는 종교는 이미 종교일 수 없다.

어렵게 묻고 또 물어 '저항과 이산의 역사 센터'에 다녀왔다. 1889년에 설립되었던 군사의료학교 건물에 세워진 이 박물관은 나치의 광풍이 몰아치던 시기에 리옹 시민들이 벌인 저항운동과 비교적 남부에 있기에 피난처로 여기고 찾아온 이곳에서 체포되어 강제 이송되거나 죽임 당한 사람들의 이야기로 가득 차 있었다. 생존자들의 육성 증언도 들을 수 있었다(녹음된 것). 15분에서 20분 정도의 짧은 증언들이지만 영혼에 스티그마처럼 새겨진 그 기억을 되살린다는 것이 여간 어려운 일이 아니었을 것이다. 녹음기 앞에 놓인 의자에 앉아 이야기를 듣다가 자꾸만 자세를 고쳐 앉을 수밖에 없었다. 아, 인간은 얼마나 잔인한가? 그리고 얼마나 또 강인한가?

사실 이 센터가 문을 연 것은 그리 오래되지 않았다. 1965년, 나치로부터 해방된 지 20주년을 기념해서 프랑스 남부의 여러 도시에서 레지스탕스 운동을 기념하는 박물관이 세워지기 시작했다. 그러나 리옹에서 이 박물관이 문을 열게 된 것은 1987년에 열린 클라우스 바비Klaus Barbie에 대한 전범 재판이 계기가 되었다. 바비는 리옹에 주둔하고 있던 독일 비밀경찰의 책임자였는데, 제3국으로 도피하여 살고 있다가 체포되어 인간성에 반하는 범죄를 저지른 혐의로 기소되었다. 1987년 5월 11일, 리옹에서 시작된 이 재판에서 검찰은 1943년부터 1944년 사이에 그가 직간접적으로 개입해서 저지른 수많은 반인륜적 행위들을 증언과 함께 제시했다. 배심원들은 리옹의 도살자라고 불렸던 그에게 유죄를 평결했고 재판관들은 그에게 종신형을 선고했다. 당시 바비는 74세였다. 바비 재판은 많은 리옹 사람들로 하여금 잊고 있었던 아픈 기억을 되살리도록 했고, 이 박물관은 바로 그 결과물이다. 폭격으로 폐허가 되었던 곳, 나치 게슈타포 본부가 있던 곳이야말로 박물관이 들어설 자리로 제격이었다. 1992년 10월 15일 개관식에는 노벨 평화상 수상자이자 저명한 소설가인 엘리 위젤도 참여했다. 그는 죽음의 수용소에서 살아난 후 평생을 그 폭력의 역사를 증언하는 일에 바친 사람이다. 유르겐 몰트만의 《십자가에 달리신 하나님》이 위젤의 책 《흑야》로부터 촉발되었음은 잘 알려진 이야기이다. 나치 시절의 그 참혹한 이야기를 보고 들으며 오늘의 이스라엘 사람들이 저지르고 있는 반인륜적 행동에 대해 다시금 생각하지 않을 수 없었다.

인간의 위대함은 '저항'에 있다. 부자유와 인간성에 반하는 일을 강요하는 이들은 일시적인 성공을 거둘 수 있을지 모르겠지만 그들의 패배는 자명한 것이다. 예수님의 십자가가 바로 그 증거이다. 김수영의 말대로 풀은 바람보다도 먼저 눕지만 바람보다도 먼저 일어서는 법이다. 이 박물관은 억압과 아울러 저항의 역사를 보여주고

여섯 번째.

있다. 폭압이 거세질수록 저항도 가열차게 일어났다. 신동엽은 먹구름을 하늘로 알고 살아가는 이들을 향해 이렇게 외친다. "네가 본 건, 지붕 덮은 / 쇠 항아리, / 그걸 하늘로 알고 / 일생을 살아갔다. // 닦아라, 사람들아, / 네 마음 속 구름 / 찢어라, 사람들아, / 네 머리 덮은 쇠 항아리. // 아침 저녁 / 네 마음 속 구름을 닦고 / 티 없이 맑은 영원의 하늘 / 볼 수 있는 사람은 / 외경畏敬을 / 알리라."_〈누가 하늘을 보았다 하는가〉

감동과 회오가 부끄럽게 교차했다. 여전히 친일파의 후손들이 득세하는 우리 현실이 떠올랐기 때문이다. 마땅히 기억해야 할 것을 기억하지 않으면 그 일은 반드시 되돌아와 우리 삶을 짓누른다. 박물관을 돌아 나오는데 직원 한 사람이 어디에서 왔냐고 묻더니 이 도시의 역사에 관심을 가져주어 고맙다면서 브로슈어 한 장을 내밀었다. 박물관을 간략하게 소개하기 위해 제작된 것인데, 시인 장 폴 랑Jean Paulhan의 말이 인용되어 있었다. "손으로 벌을 눌러 죽일 수는 있겠지요. 그러나 벌도 그냥 죽지는 않을 겁니다. 반드시 당신을 쏠 겁니다. 당신은 별 문제 아니라고 말하겠지요. 그래요, 그건 사실 별 문제가 아니지요. 하지만 벌이 당신을 쏘지 않았다면, 벌들은 이미 오래전에 사라지고 말았을 겁니다." 강력한 메시지 아닌가?

박물관 밖에는 누구의 작품인지 총신이 엿가락처럼 휘어 고리 모양을 이룬 권총이 형상화되어 있었다. 전쟁과 폭력, 인간성에 반하는 범죄가 일어나지 않는 세상은 아직은 요원하다. "평화에 이르는 길은 없다. 평화가 곧 길이다." 존 무스트의 말로 기억한다. 불의에 끊임없이 저항하되, 내 속이 거칠어지지 않도록 경계해야 한다. 미움에 지고 말면 평화는 영 불가능하기 때문이다. 강하다 하여 남을 함부로 대하지 않고, 그를 자기에게 동화시키려 하지 않고, 서로의 다름을 인정할 뿐 아니라 존경할 수 있는 능력이 우리 속에 자리잡을 때 세상은 평화를 향한 여정을 시작할 것이다. 다른 이들의 마음에 생기를 불어넣으며 함께 살아가려는 삶을 가리켜 이반 일리치 Ivan Illich, 1926-2002는 'con-viviality'라 했다. '생기 나누기'라고 하면 너무 평범한 번역일까? 아르메니아의 여러 수도원에서 사람과 세상에 숨을 불어넣으시는 하나님의 모습을 형상화해놓은 돌 부조물을 많이 만났다. '한 숨'에서 나온 세상에 한숨만 가득하다.

The Sacred Journey
7. 19.

너희가 나에게 대항함은 어찌 됨이냐. 너희가 다 내게 잘못하였느니라 여호와의 말씀이니라 렘 2:29.

너희가 달음질을 잘 하더니 누가 너희를 막아 진리를 순종하지 못하게 하더냐 갈 5:7.

오늘의 말씀이다. 예언자는 하나님의 정념pathos에 사로잡힌 사람

여섯 번째.

이다. 그는 하나님과의 깊은 심정적 일치 속에서 세상과 사람을 본다. 보는 방식이 다르기에 늘 사람들에게 오해를 산다. 보는 시각에 따라 동일한 세상이 천양지차로 지각된다. 삶의 지향이 달라지는 것은 당연한 결과이다. 절박함은 때로 우리의 평탄한 일상 곧 당연의 세계를 뒤흔들고, 그동안 강고하게 유지해온 가치체제가 잠정적인 것임을 폭로한다. 병원에서 불치병에 걸렸다는 통보를 받는 순간부터 세상이 전혀 낯선 얼굴이 되는 것과 같은 이치이다. 하찮게 여기던 것이 소중해지고, 그동안 그렇게도 집착했던 것들이 허망하게 느껴지기도 한다. 가끔 태풍이 불어야 바다가 뒤집혀 생태계가 건강하게 유지되는 것처럼 삶을 뒤흔드는 일들은 반갑진 않지만 그렇게 불쾌하기만 한 손님은 아니다. 큰 문제에 직면하여 자기들이 할 수 있는 일이 아무것도 없다는 사실을 알 때 사람들은 온전히 하나님의 도우심만 바라본다. 유한함이라는 한계상황에 직면할 때 인간은 초월을 향한 도약의 기회를 맞게 된다. 하지만 문제가 지나가고 나면 물러났던 일상의 가치질서가 당연하다는 듯 재빨리 복귀하여 우리를 지배한다. "너희가 나에게 대항함은 어찌 됨이냐?" 안타까운 이 질문에 누가 반응할까? 입으로는 하나님을 시인하면서도 삶으로는 부인하는 것이 우리들 아닌가?

갈라디아 교인들은 사도 바울을 통해 복음을 접한 후 마치 새로운 세상에 당도하기라도 한 것처럼 열정적으로 그 세계를 탐색했다. 그러나 매혹과 환희의 순간은 짧고, 견딤으로 살아가야 할 일상은 장구한 법. 거룩을 향해 걷던 발걸음은 자꾸만 무거워지고, 급기

야는 뒤뚱거리다가, 아예 주저앉고 마는 것이 우리네 평범한 사람들의 모습이다. 단조로운 일상, 자칫 지루할 수도 있는 일상 속에 끈질기게 하늘빛을 끌어들이는 것이야말로 신앙생활의 과제 아니던가? 일상 속에 녹아들지 못한 신앙은 자칫 편견과 교만의 온상이 되기도 한다. 길 위에 있음을 잊지 말아야 할 터.

갈라디아 교인들은 아직 희망이 있다. 꾸짖어주는 스승이 있기 때문이다. 질정叱正을 받지 못할 때 정신은 황폐해진다. 나이 듦의 가장 큰 슬픔 가운데 하나는 꾸짖어줄 사람이 줄어든다는 사실이다. 대학원 시절, 세미나를 이끌던 교수님은 교실 밖에서는 흉허물 없이 제자들을 대해주는 다정한 분이었다. 하지만 강의실에서는 매섭게 돌변하셨다. 한순간도 긴장의 끈을 놓을 수가 없었다. 예컨대 퇴계 이황의 사단칠정론에 대한 공부를 할 때 선생님의 질문이 비수처럼 내게 날아온다. "야스퍼스 박사, 당신의 언어로 이 논점을 정리해보시오." 학부 시절 몇 년 동안 야스퍼스 철학에 집중해온 터라 선생님은 나를 그렇게 불렀다. 무슨 공부를 하고 있든지 자기의 입장에서 새로운 언어로 사안을 정리해내지 못하면 준엄한 꾸짖음이 내려졌다. 선생님의 질문에 제대로 답을 하지 못해 꾸중을 들은 이들 가운데 심약한 이들은 "어쩌지, 어쩌지" 하며 당혹감을 드러내곤 했다. 그 선생님이 세상을 떠나신 이후 공부가 지지부진해졌다. 꾸짖어줄 스승을 갖지 못한 이는 불행하다.

느긋하게 앉아서 이런저런 자료를 들여다보다가 문득 리옹 박물관을 놓칠 수는 없다는 생각이 들어서 지하철을 타고 박물관을 찾아갔다. 시청사 건물 근처에 있는 박물관 정문에 들어서면 수도원의 중정과 같은 뜨락이 나온다. 그리고 회랑 이곳저곳에 조각품들이 놓여 있다. 사실 이 박물관은 베네딕토회 수도원 건물을 개조하여 1801년에 개관했다고 한다. 이 박물관은 유럽에서도 꽤 손꼽히는 곳이라 한다. 4시간에 걸쳐 박물관을 둘러본 후 그런 평가가 거짓이 아님을 알 수 있었다. 고대의 예술품부터 현대적인 작품에 이르기까지 정말 많은 작품들이 시대 순으로 또 나라별로 잘 정리되어 있었다. 그 가운데서도 두 작품이 내게 많은 생각거리를 던져주었다.

하나는 오귀스트 로댕1840-1917의 〈안토니우스 성인의 유혹〉이었다. 로댕이 1889년에 만든 작품이다. 안토니우스 성인은 신앙의 순수성을 지키기 위해 사막으로 들어간 이들 가운데 가장 많은 이들의 존경을 받는 분이다. 아타나시우스는 〈안토니우스의 생애〉를 통해 안토니우스를 수도원주의를 정초한 인물로 소개하고 있다. 안토니우스는 수많은 유혹에 맞서 싸운 인물로도 유명하다. 로댕은 그런 성인의 내면에서 벌어진 고투를 대리석을 이용해 표현했다. 수도자 복장을 한 성인은 몸을 잔뜩 움츠린 채 고개를 바닥에 처박고는 필사적으로 십자가를 붙들고 있다. 그런 수도자의 등 위로 벌거벗은 여인이 아주 개방된 자세로 누워 있다. 여인의 눈은 초점을 잃은 것처럼 공허하다. 여인은 물론 거룩의 길에서 마주치게 되는 온갖 유혹의 은유일 것이다. 이 작품에서 성인의 움츠린 몸과 여인의 개방된 몸은 극단적인 대비를 이루고 있다. 그뿐이 아니다. 여인의 몸은 매끈하여 광택이 난다. 하지만 성인의 옷자락과 몸은 마치 미완성 작품인양 거칠다. 인간의 욕망을 한사코 거부하는 것이 과연 인간적이냐 아니냐의 문제는 거론하고 싶지 않다. 다만 로댕의 절제에 대해서만 말하고 싶다. 그는 안토니우스를 아름답게 표현하지 않았다. 그는 유혹에 속절없이 흔들리는 나약한 사람이었다. 그러나 그런 자신의 한계를 알기에 필사적으로 십자가를 붙들었다. 로댕은 안토니우스를 통해 진리를 향한 여정 가운데 있는 사람의 모습을 드러내고 싶었던 것일까? 아니면 진리의 길은 여전히 더 깊은 곳을 향해 열려 있다는 말을 하고 싶었던 것일까? 로댕은 이러한 질문에 답하지 않는다. 결론을 내리고 싶은 유혹을 뿌리친다는 것, 그것이야말로 정신적 성숙의 징표일 때가 많다. '지당한 말씀'은 사람들에게 경청되지 않는다. '여백이 없는 말씀'은 사람들을 변화로 이끌지 못한다. 설교자의 언어가 어떠해야 하는지 로댕의 작품을 보며 다시 한 번 생각해본다.

다른 하나의 작품은 루벤스1577-1640의 〈그리스도의 진노로부터 세상을 지키는 성 도미니코와 성 프란체스코〉였다. 대작인데 화면의 상단에는 죄악에 가득 찬 세상을 보고 진노하신 그리스도께서 손에 갈대로 만든 채찍을 들고 서 계신다. 몸에 두른 붉은 망토는 그분의 신성을 나타낸다. 그의 왼편에는 애처로운 눈빛으로 아들을 바라보며 마치 그의 손을 잡으려는 듯이 다가서고 있는 성모가 서 있다. 성모의 옷은 푸른색이고 거기에는 영롱한 별들이 새겨져 있다. 그것은 영광의 색이다. 근심스런 표정의 성부와 비둘기로 형상화된 성령도 보인다. 화면의 하단에는 뱀이 휘감고 있는 지구본 위에 걸터앉아 있는 도미니코 성인과 그 위에 손을 얹은 프란체스코 성인이 있다. 그들은 아주 간절한 눈빛으로 하늘을 바라보고 있다. 프란체스코는 맨발에 누더기 차림이다. 그들의 팔은 마치 내려치는 그리스도의 팔을 막으려는 듯이 보이기도 한다. 두 성인의 주위로 수많은 사람들이 서 있다. 루벤스가 이 작품에 착수한 것은 1602년 부터라고 한다. 종교개혁의 격랑 속에서 유럽이 표류하고 있던 때였다. 루벤스는 자기 시대를 향해 도미니코와 프란체스코 두 성인의 정신을 회복하는 것이야말로 세상을 구하는 길이라고 말하고 싶었던 것이 아닐까? 두 성인 모두 탁발 수도원 운동을 벌였던 이들이다. 프란체스코는 '가난 부인'과 결혼한 사람이었고, 도미니코 역시 그러했다. 도미니코는 세상을 떠날 때 이런 유언을 남겼다고 한다. "형제들 간에 서로 사랑하라. 겸손하라. 청빈을 자발적으로 실천함으로써 영적 보화를 만들어가도록 하라." 오늘의 교회는 과연 그리스도의 진노의 팔을 막고 있는가?

이런저런 상념에 잠긴 채 리옹의 중심인 벨쿠르Bellecour 광장으로 향했다. 론강 옆에 있는 이 광장은 그동안 유럽에서 만난 광장 가운데 가장 큰 것이 아니었나 싶다. 광장 한복판에는 태양왕이라는 별칭으로도 불렸던 루이 14세의 기마상이 우뚝 서 있다. 주말이 되어 많은 젊은이들이 광장에 나와 있었다. 거리 농구 시합에 나선 건강하고 활기찬 청년들의 역동적인 모습을 보는 일이 즐거웠다. 하지만 리옹을 떠나기 전 마지막 일정으로 이 광장을 찾은 것은《어린 왕자》의 작가인 생텍쥐페리와 만나고 싶었기 때문이다. 그는 리옹에서 태어나 아홉 살까지 살았다. 리옹 시는 그를 기념하기 위해 그가 태어난 거리를 생텍쥐페리가로 명명했다. 생텍쥐페리가 8번지가 그가 태어난 곳이다. 그의 집 앞에 작은 동상이 하나 서 있다고 해서 살펴보았는데 아무리 보아도 발견할 수가 없었다. 사람들에게 물어도 대개는 고개를 가로저을 뿐이었다. 지도를 들고 두리번거리는 나를 보았는지 한 사람이 다가오더니 자기가 도울 수 있는 일이 없는지 물었다. 생텍쥐페리의 동상을 찾는다 했더니 그는 성큼 성큼 앞서가며 따라오라고 했다. 동상이 작아서 자칫하면 그냥 지나치기 쉽다면서. 정말 그랬다. 비행사 모자를 쓴 생텍쥐페리가 작고 높은 기둥 위에 걸터앉아 먼 데를 바라보고 있었다. 그의 뒤로 '어린 왕자'가 가만히 서 있었다. 안내해준 이에게 기둥 아래 새겨진 문장의 뜻을 물었다. "내가 죽은 듯이 보일 거야. 하지만 정말로 죽는 건 아닌데…"《어린 왕자》의 거의 마지막 부분에 나오는 구절이다. 그것은 어린 왕자의 말이기도 하지만 저 동상 위의 생텍쥐페리가 우리에게 하는 말이기도 하다.

작가이면서도 죽을 때까지 비행사로 살다가 비행기와 함께 실종된 생텍쥐페리. 그가《인간의 대지》에서 들려준 이야기가 떠오른다. 그는 1935년에 파리와 사이공 사이의 장거리 항로 개척을 위한 시험 비행 중에 북아프리카의 리비아 사막 한복판에 추락한 적이 있다. 그는《인간의 대지》에서 자기 경험을 자세히 기록하고 있다. 거의 사막에 수직으로 처박혔는데도 살아남았다는 것은 기적 중의 기적이었다. 침착한 그와 동료는 치밀한 과학자의 계산으로 가능한 모든 방법을 모색하며 인간의 세계로 돌아갈 길을 찾아 헤맸다. 이런 식이다. "습도가 낮은 이곳에서 이대로 가면 24시간이 지나면 목숨이 가랑잎처럼 말라버릴 것이다. 하지만 지금 동북풍이 바다 쪽에서 불어오니 습도는 약간 높아질 것이다. 그래, 동북쪽으로 가자." 그는 밤에는 낙하산 천을 찢어 모래 위에 깔아놓았다가 새벽에 이슬을 짜서 목을 축였다. 그러나 며칠이 지나면서 구원의 여망이 사라졌다. 냉철한 그는 마지막 방법을 쓰기로 했다. 비행기의 잔해에 불을 지르는 것이었다. '세상에서 불을 다룰 수 있는 동물은 오직 인간뿐이니, 누군가가 사막에서 일어나는 불꽃을 본다면 우리는 구원받을 수도 있을 것이다.' 그러나 그 최후의 수단도 소용 없었다. 다음 날, 그는 다시 걷기 시작했다. 그대로 포기하고 싶은 생각이 시시각각 찾아왔다. 하지만 문득 그의 뇌리에 떠오른 것은 라디오 앞에 앉아 이지러진 얼굴로 절망에 잠겨 기다릴 아내의 얼굴과 불안과 초조에 사로잡힌 친구들의 얼굴이었다. 그때 섬광처럼 '조난자들은 내가 아니라 바로 그들이다. 내가 그들을 구해야 한다'는 생각이 떠올랐다. 이 눈부신 의식의 전환이야말로 구원의 서곡이었다. 아우슈비츠의 생존자인 오스트리아의 정신과 의사 빅터 프랭클은 인간이 살아가는 것은 '의미에의 의지' 때문이라고 말했다. 어쩌면 생텍쥐페리와 그는 같은 사실을 말하고 있는지도 모른다. 내가 살아갈 힘은 누군가에 대해 책임지려는 마음을 통해 유입된다는 메시지는 매우 강력하다.

벨쿠르 광장 옆 노천 카페에 앉아 에스프레소 한 잔을 마시면서 아이패드에 담아가지고 간 《어린 왕자》를 다시 읽었다. 지금 생텍쥐페리는 어쩌면 어린 왕자의 별인 소혹성 B612에 가서 바오밥나무 싹을 뽑아내고, 조그만 화산 분화구를 청소하고 있을지도 모르겠다. 아니면 해 지는 광경을 넋을 잃고 바라보고 있을지도.

그들이 일상 속에서 어떤 모습으로 살아가는지는 알 수 없다.

하지만 바로 그 순간만큼은 아름다운 하나님의 형상이었다.

일곱 번째.

네 믿음이 너를 구했다

하나님의 나라는 정의와 평화,

그리고 성령 안에서 누리는 기쁨.

오소서, 주님,

우리 안에서 당신 나라의 문을 열어주소서.

　어둑한 새벽, 잠자리를 털고 일어나 침상을 정리하고 옷을 갈아입고 단정하게 자리에 앉아 교회 홈페이지에 올라와 있는 주보 순서를 따라 예배를 드린다. 공동기도를 나직이 소리 내어 드리자 마치 내가 예배 공동체 한복판에 있는 것 같은 안도감이 몰려온다. 예배 광경이 상상 속에서 그려진다. 담임목사가 5주째 자리를 비우고 있지만 언제나 그 자리에 머물며 자신들의 역할을 감당해주는 분들의 그 익숙한 몸짓도 그리움으로 떠오른다. 설교자의 간결하면서도 정확한 문장, 그리고 신뢰가 가는 음성 속에 담긴 하나님의 뜻에 '아멘'으로 화답한다. 죽음의 공포에 몰리고 있는 사람을 위해 가까운 사람들이 올리는 간절한 기도는 하나님께도 상달됨과 동시에, 당사자에게는 어떤 경우에도 '나를 포기하지 않는 이들이 있구나' 하는 든든함을 안겨준다는 말씀을 들으며 최전방부대의 군목으로 재직하던 시절이 떠올랐다.

　주일이면 7-8군데를 돌며 예배를 인도해야 했다. GOP 부대를 방문해 사병 식당 한켠에서 예배를 드릴 때도 있었다. 마치 절해고도에 갇힌 듯 격절감에 시달리던 병사들은 참 진지했다. 함께 사역하던 군종병은 찬양을 참 잘했다. 그가 즐겨 부르던 찬양은 병사들의 마음을 부드럽게 어루만지곤 했다. "마음이 지쳐서 기도할 수 없고 눈물이 빗물처럼 흘러내릴 때 주님은 아시네, 당신의 약함을. 사랑으로 인도하시네. 누군가 널 위하여 누군가 기도하네. 네가 홀로 외로워서 마음이 무너질 때 누군가 너를 위해 기도하네." 말없이 눈물을 훔치는 이들도 있었고, 훌쩍훌쩍 우는 이들도 있었다. 혹한의 추위 속에서 상의를 탈의한 채 태권도로 몸을 단련하던 저들 속에 저리도 약한 것이 숨어 있었던 것이다. 어느 날 평화 세상을 염원하는 기도를 마치고 식당 밖으로 나오던 우리는 누가 먼저랄 것도 없이 "어어!" 하고 감탄사를 내뱉었다. 커다란 쌍무지개가 남과 북의 철책선 위에 걸쳐 있었던 것이다.

모처럼 날이 흐리다. 하늘 저편에서 우르릉 천둥소리가 들린다. 너무나 자명해서 누구도 외면할 수 없는 저 소리는 이 땅에 발붙이고 살아가는 모든 이들에게 '너희의 작음을 알라'고 말하는 듯하다. 견딜 수 없는 고통을 겪고 있던 욥은 "내가 왜 이런 고통을 겪어야 합니까?"라고 하나님께 대들듯 여쭙는다. 하나님은 그 질문에 직접적으로 답하지 않으시고 오히려 욥을 질문 앞에 세우신다. "내가 세상을 만들 때 너는 어디에 있었느냐?" "세상이 운행되는 질서를 너는 다 알고 있느냐?"

유구무언일 수밖에 없었다. 정답 없는 삶을 살아가는 것, 그것이 진정한 삶의 아름다움이요 용기이다. 하지만 정답 없는 삶이라 해도 묻고 또 묻지 않으면 길을 잃을 수밖에 없다. 세상에 한눈을 팔아 자신이 이 세상에 온 까닭을 망각하게 되기 때문이다. 수첩을 뒤적여 함석헌 선생님의 시 〈하나님〉을 찾아 읽었다.

몰랐네

뭐 모른지도 모른
내 가슴에 대드는 계심이었네.

몰라서 겪었네
어림없이 겪어보니
찢어지게 벅찬 힘의 누름이었네.

벅차서 떨었네
떨다 생각하니
야릇한 지혜의 뚫음이었네.

하두 야릇해 가만히 만졌네
만지다 꼭 쥐어보니
따뜻한 사랑의 뛰놂이었네.

따뜻이 그 사랑에 안겼네
푹 안겼던 꿈 깨어 우러르니
영광 그윽한 빛의 타오름이었네.

그득 찬 빛에 녹아버렸네
텅 비인 빈탕에 맘대로 노니나
거룩한 아버지와 하나됨이었네.

일곱 번째.

모르겠네 내 오히려 모를 일이네

먹참인지 그득 참인지 겉 빔인지 속 빔인지

나 모르는 내 얼 빠져든 계심이네.

삶이 힘겨워 내게 왜 이러시냐고 대들기도 하지만, 그래도 겪어 낼 수밖에 없고, 어느 순간 막혔던 인식의 벽이 툭 터져 결국 우리 삶은 큰 영혼이신 분 안에서 이루어지고 있음을 관념이 아닌 몸으로 깨닫게 되더라는 이야기일 것이다. 그분이 '있다'는 사실 하나만으로도 삶은 여전히 살아볼 만한 것이 아닐까. 이 세계의 문을 열기까지 가야만 하는 길이 참 멀고 또 멀다.

떼제로 가는 길. 리옹 파르디유 역에서 기차를 타고 40여 분을 달려 마콩 빌 역에 내렸다. 그리고 역 뒤에서 7번 버스를 탔다. 1940년 세계대전의 참화를 겪던 유럽의 참상을 보고는 고통 받는 이들을 돕고 또 기도에 전념할 만한 곳을 찾아 나섰던 25세 청년 로제의 마음을 헤아려보았다. 떼제로 가는 길은 정말 아름다웠다. 한적하고 평화로운 시골길, 그 녹색 세상을 바라보는 것만으로도 마음이 맑아지는 것 같았다. 50분 정도의 행복한 버스 여행 끝에 떼제 앞에 도착하고 보니 조금 암담했다. 안내하는 이도 없고, 친절한 안내판도 없었다. 특히 주일 오후는 새로운 사람들이 대거 몰려드는 날이기 때문에 정문 근처는 복잡하기 그지없다. 대개는 단체나 가족 단위로 온 이들이 많고 나처럼 혼자 온 사람은 별로 없는 듯했다. 아주 어렵게 영어를 사용하는 30대 이상 그룹에 껴 앉아 공동체

생활에 대한 안내를 받은 후 숙소를 배정받았다. 6명이 함께 쓰는 도미토리였다. 각오하고 오기는 했지만 낯선 이들과 한 방에서 일주일을 지낸다고 생각하니 마음이 편치는 않았다. 식권을 수령하면서 일주일간 머무는 비용을 냈다. 나라의 경제 형편에 따라 각기 달리 배정된 요금이 있었고 최소와 최대 사이에서 개인이 자유롭게 선택하여 내면 됐다. 숙소를 찾아갔더니 이미 다른 멤버들이 들어와 짐을 정리하고 있었다. 이층 침대의 아랫단을 차지하고 있던 미국 성공회 신부 로버트는 무릎이 아파 위로 올라가기 어려워 거기를 차지했다며 미안해했다. 다른 미국인 목사 한 명과 폴란드와 몰타에서 온 이와도 인사를 나누었다. 그들은 모두 기도 훈련에 나선 교회 그룹과 함께 떼제에 왔다고 한다. 각자가 살아온 방식도 다르고 나라나 인종도 다르지만 이들은 모두 그리스도라는 중심에 잇대길 소망하며 이곳을 찾았을 것이다.

군 생활 이후에 이렇게 공동생활을 해본 적이 없는 것 같다. 행동거지가 여간 조심스러운 게 아니다. 아래층 침대를 쓰는 로버트는 29년간 초등학교 교사로 일하다가 은퇴한 후 신학교를 마치고 신부가 되었다 한다. 지난 8년간 교회는 꾸준히 성장했고 터키에서 이주해온 무슬림 가정들을 돌보는 사역에도 공을 들이고 있다고 한다. 은퇴까지 4년 남았는데 교회 의회가 자신에게 파트타임으로 사역하는 게 어떻겠느냐고 제안해 약간 속이 상하다고 말했다. 이야기를 나누고 있는데 로버트의 교회에서 온 청소년들이 찾아와 충전기가 없냐고 묻는다. 로버트는 가방을 뒤져 충전기를 전해주고는

일곱 번째.

이런 것도 목회 사역 가운데 일부라며 웃는다. 그는 은퇴 후에는 에티오피아에 가서 봉사하며 살기를 소망하고 있었다. 그러기 위해서는 먼저 무릎부터 고치라고 했더니 박장대소를 하며 고개를 끄덕인다. 초등학교 교사 시절, 방학이면 이집트의 기독교 공동체를 방문해서 영어를 가르친 것이 아프리카와 맺은 인연의 시작인데 그 기억이 정말 아름답다는 것이다. 그는 오른 손등에 콥틱 십자가를 문신했다. 아프리카 사람들과 악수를 나눌 때 그들의 경계심을 풀어주고 싶어서였다. 문신을 하고 들어간 날 아내가 그렇게 하니 행복하냐고 묻더라며 웃었다. 아내는 그게 마음에 들지 않았던 것이다. 그는 외동딸이 결혼하지 못한 것을 안타까워하는 평범한 아버지였다. 딸은 뉴욕에 있는 큰 회사에 근무하고 있는데, 어찌나 일이 많은지 주말에도 무려 40개의 메일을 써야 한다며 혀를 찼다.

식사는 커다란 천막 아래서 진행됐다. 차가운 파스타 약간과 차한 잔이 전부인 식사였지만 불평하는 사람은 아무도 없었다. 각오를 하고 왔기 때문이다. 정말 다양한 언어가 들려왔다. 모두가 즐거운 표정이었다. 편리함과 풍요로움에 중독된 이들에게는 난감하기이를 데 없는 상황이겠지만 그런 생활에 깃든 공허함을 익히 알고있는 이들은 오히려 조촐한 삶을 통해 영혼의 해독제를 찾는 것인지도 모르겠다. 식사가 끝나자마자 '화해의 교회'에서 열리는 저녁기도회에 참석했다. 8시 30분부터 시작이지만 8시가 되기 전부터사람들이 제법 많이 앉아 있었다. 다양한 배경을 가진 수도자들도많았다. 교파나 종단에 상관없이 그들을 이곳으로 불러들이는 힘은 무엇일까? 앉아 있는 자세는 다양했지만 표정은 한결같이 진지했다. 천장에서 내려진 붉은색 천, 적당한 간격을 유지함으로 사람들을 명상으로 인도하는 이콘들, 잔잔히 흐르는 단선율 음악, 작은 사각형 상자를 불규칙적으로 쌓아올린 후 그 상자 속에 밝혀놓은 작은 촛불들의 일렁임이 마치 가물거리는 별빛 같았다. 예배에 대해 안내하는 사람도, 멘트도 없었지만 모든 게 자연스럽게 흘러갔다. 어떤 강요도 없었다. 자칫 무질서할 수도 있는 상황이었지만 자연스러운 흐름과 질서가 형성되고 있었다.

수사들도 열을 지어 들어오지 않고 한 사람씩 자유롭게 천천히 걸어 들어와 자리를 잡고 앉았다. 의자에 앉는 이, 기도 의자를 이용해 무릎을 꿇고 앉는 이, 바닥에 철썩 주저앉아 무릎을 세우고 있는 이, 그들의 자세도 참 다양했다. 앞서 들어온 이들이나 뒤에 들어오는 이들이 서로에게 눈인사도 건네지 않았다. 각자 깊은 침묵 속에서 움직이고 있었을 뿐이다. 이윽고 떼제 정문에 있는 다섯 개의 종이 은은하게 울리기 시작했다. 나른한 일상에 잠겨 있던 이들을 거룩의 현존 앞으로 부르는 것처럼 종소리는 오래 계속되었다. 종소리가 잦아들 무렵 청아하고 맑은 테너음의 노래가 들려왔고 회중들은 그 곡을 따라 부르며 기도의 세계로 진입했다. 약 50분간 계속된 기도회는 한 마디의 멘트도 없이 진행됐다. 찬양, 기원, 다양한 언어로 낭독되는 성경 말씀, 긴 침묵, 중보, 찬양. 낯설었지만 이상한 따뜻함이 참가자들의 영혼을 감쌌다. 분열된 세상에 살면서 상처 입었던 이들은 치유를 경험했을 것이다. 울고 있는 이들도 보였다. 그들은 거친 바다에 시달리다가 마침내 항구에 도달한 느낌을 받았던 것일까? 서로의 어깨를 토닥이거나 감싸주는 커플들의 모습도 보였다. 예수님은 병자들에게 "네 믿음이 너를 구했다"라고 말씀하셨다. 그 말씀은 그렇게 현재가 되고 있었다. 기도회가 끝난 후에도 찬양은 아주 오래 계속되었다.

The Sacred Journey
F. 21.

늦은 시간에 잠자리에 들었음에도 불구하고 아주 일찍 잠에서 깨어났다. 열린 창문을 통해 빗소리가 들렸고, 풀냄새도 났다. 일어나 밖으로 나가고 싶었지만 그럴 수 없었다. 깊은 잠에 빠진 다른 이들에게 방해가 될 것 같아 꼼짝도 할 수가 없었던 것이다. 다시 잠을 청해 보지만 의식은 더욱 명료해질 뿐이었다. 문득 어제 저녁 함께 부르던 찬양의 노랫말이 떠올랐다. "하나님의 나라는 정의와 평화, 그리고 성령 안에서 누리는 기쁨. 오소서, 주님. 우리 안에서 당신 나라의 문을 열어주소서."

하나님의 나라는 멀고도 멀다. 열매를 보아 나무를 안다. 오늘날 교회에서 '정의와 평화'라는 단어는 마치 1960년대 말 브라질에서 '해방'이라는 단어가 그랬던 만큼이나 불온시 되고 있다. 정의와 평화를 말하는 사람들은 체제에 대해 불만을 품은 사람들로 낙인찍히기 쉽다. 불의가 승리할 수 있는 유일한 길은 선한 이들을 침묵시키는 것이라 한다. 자신의 욕망에 충실히 복무하는 이들은 성실한 이들의 입을 다물게 하는 방법을 잘 알고 있다. 그들로 하여금 지치게 만들거나 잠재적인 비관주의자로 만드는 것이다. 아무리 애써 봐도 세상은 변하지 않는다는 사실을 거듭거듭 확인할 때 사람들은 세상에 순응하기 시작한다. 길들여진다는 것, 그것이 바로 영혼의 타락이다. 늘 새로운 삶을 향해 나아가야 하는 사람이 더 이상 나아가지 않고 안주하는 것 말이다. 서럽도록 졸렬한 세상에 길들여지지 않으려면 '성령 안에서 누리는 기쁨'이 있어야 한다. 물기 없이 푸석푸석해진 마음으로는 새로운 세상을 열 수 없다. 또 다른 떼제 찬양을 읊조렸다.

"우리는 생명의 물을 찾아 어둠 속에서 방황합니다. 목마름만이 우리를 앞으로 나가게 합니다. 목마름만이 우리를 앞으로 나가게 합니다."

목마름만이 우리를 앞으로 나아가게 한다니? 정말 그렇구나. 목마름이 없다면 물을 찾을 리 만무하다. "의에 주리고 목마른 자는 복이 있다", "내가 목마르다" 하신 주님은 "지금 너는 무엇에 목이 말라 그렇게 허위단심으로 달리고 있느냐"라고 묻고 있다.

"한번 마시면 다시는 목마르지 않은 생명의 물, 그 물을 제게도 주십시오." 사마리아 여인의 간청은 얼마나 곡진한가. 여인은 절박하다. 나는 어떤 목마름을 안고 이렇게 이곳저곳을 떠돌고 있나? 여전히 목이 컬컬하다.

서서히 아침이 밝아왔고 아침 기도회가 시작되었다. 아무도 참석을 독려한 바 없건만 강당이 꽉 찼다. 찬양이 꿈결같이 번져가고, 침묵의 맛은 참 오묘하다. 엎드려 있는 이도 있고, 얼굴을 감싸쥐고 있는 이도 있고, 팔짱을 끼고 있는 이도 있다. 침묵을 맛보는 자세가 참 다양하다. 오늘의 말씀은 이사야 49장이다. 이사야는 하나님의 은총을 이렇게 증언한다. "여호와께서 태에서부터 나를 부르셨고 내 어머니의 복중에서부터 내 이름을 기억하셨으며 내 입을 날카로운 칼 같이 만드시고 나를 그의 손 그늘에 숨기시며 나를 갈고 닦은 화살로 만드사 그의 화살통에 감추시고 내게 이르시되 너는 나의 종이요 내 영광을 네 속에 나타낼 이스라엘이라 하셨느니라" 1-3. 하지만 예언자는 자기의 일에 성과가 없다고 탄식한다. "그러나 나는 말하기를 내가 헛되이 수고하였으며 무익하게 공연히 내 힘을 다하였다 하였도다. 참으로 나에 대한 판단이 여호와께 있고 나의 보응이 나의 하나님께 있느니라"4. 수고의 결실이 눈에 보이지 않을 때 우리도 이사야처럼 절망하거나 탄식한다. 그러나 지금 당장 열매가 보인다고 자랑스러워할 것도 없고 열매가 없다고 낙심할 것도 없다. 하나님이 일하시는 방식은 참으로 다양하다. 하나님은 어리석은 자들을 택하여 지혜로운 이들을 부끄럽게 하시고, 약한 자들을 택하시어 강한 자들을 부끄럽게 하시는 분이 아닌가? 우리에게 필요한 것은 냉철한 계산이 아니라 철저한 신뢰이다.

폴란드 단스크에서 온 지지스와프는 나에 대해 궁금한 게 아주 많다. 그러나 함께 마주 앉아 있을 시간이 거의 없다. 속한 그룹이

다르기 때문이다. 아침 식사 시간에 줄을 섰다가 나를 보자 반갑게 다가와 이야기를 걸었다. 왜 그룹이 아닌 단독으로 왔는지, 한국의 종교 상황은 어떤지, 한국은 독자적인 문자 체계를 가지고 있는지, 종교와 정치가 좋은 영향을 주고받고 있는지, 신부님은 '파더'라고 부르는데 당신을 부를 때는 어떻게 호칭을 붙여야 하는지…. 가톨릭을 배경으로 하고 있는 그는 40명의 젊은이들을 인솔하는 교사의 일원으로 이곳에 왔는데, 25년 만에 다시 오게 되었다고 감격스러워했다. 그 당시 떼제를 방문한 것이 그의 인생에 중요한 사건이었냐고 묻자 그는 진중하게 고개를 끄덕이더니 당시 폴란드는 정치적으로 참 어려운 국면을 맞이하고 있었고, 자기 신앙도 정체상태를 면치 못하고 있었다고 말했다. 해외여행이 임의롭지 않던 상황에서 어렵사리 찾았던 이곳에서 그는 전 세계에서 몰려든 젊은이들과 함께 찬양하고 기도하고 말씀을 공부하는 동안 한몸 공동체로서의 교회에 대한 확고한 생각을 갖게 되었다고 말했다. 후배들에게도 이념과 교파, 인종과 나라를 넘어 모든 사람이 연대하고 일치할수 있다는 확신을 선물로 주고 싶어 길잡이를 자처했다는 것이다. 한 번의 순례 여정이 한 사람의 생을 바꿔놓을 수도 있는 것이다. 다소 날카로운 인상이지만 그가 찬양을 하는 모습을 보고 있노라면 예쁘다는 생각마저 들었다. 그의 내면의 주인이 누구인지를 짐작할수 있었다.

식사가 끝나기 무섭게 수사 한 분이 인도하는 아침 성경공부가 시작되었다. 그는 20여 분 동안의 짧은 시간 동안 창세기 전체의 메시지를 아주 훌륭하게 요약했다. 신학적으로 잘 뒷받침된 언어와 전달력이 인상적이었다. 오랜 기간 기도에 정진한 사람답게 그의 언어는 허황하지 않고 정제되어 있었다. 통찰력이 넘쳤지만 그것이 차갑거나 날카롭게 느껴지지 않은 것은 풍부한 유머 감각 때문일 것이다. 성경공부를 마친 후에는 같은 언어를 쓰는 이들 10여 명씩을 묶어 소그룹을 만들었다. 한국어를 쓰는 사람은 나 혼자였기 때문에 어쩔 수 없이 영어 그룹에 들어갔다. 미국과 네덜란드에서 온 사람들이 대부분이었다. 다들 친절하고 남을 배려하는 일이 몸에 밴 사람들이었다. 각 그룹은 이번 주간 공동체 생활을 하는 데 필요한 미션을 할당받았다. 우리 조의 미션은 점심 식사 후 설거지봉사였다. 정오 기도회, 점심, 설거지가 짬 없이 돌아갔다. 하지만 설거지 조는 모두 유쾌하게 그 일을 감당했다. 미국 연합감리교회 뉴잉글랜드 주의 감독, 뉴저지에서 온 성공회 주교, 네덜란드인 신부, 한국인 목사, 그리고 다양한 배경을 가진 이들이 어울려 설거지를 했다. 식기를 닦는 동안에도 사람들은 화음을 붙여가며 떼제 찬양을 반복해서 불렀다. 오래전부터 떼제 찬양과 기도에 집중해왔음을 짐작할 수 있었다. 스페인 화가 무리요Bartoleme Esteban Murillo, 1618-1682의 그림 〈산티아고의 기적〉이 떠올랐다. 무리요는 부엌에서 일하고 있는 이들의 모습을 보여준다. 화폭의 좌측에는 부엌문을 열고 들어오던 귀족 몇이 깜짝 놀라는 모습이 보인다. 중앙에는 무릎을 꿇고 기도를 올리는 사람, 물 항아리를 나르는 사람 등이 있고, 우측엔 채소를 다듬는 사람, 양념을 절구에 찧는 사람, 식탁을 정리하는 사람이 등장한다. 그런데 무리요는 이들의 어깨에 날개를 그려 넣었다. 화가는 일상의 모든 일이 신성하다는 말을 하고 싶었던 것일까? 떼제는 공동체적 삶이란 '살아 있는 비유' 혹은 '살아 있는 표징'이 되는 것이라고 말한다. 하나님나라의 비유로서의 공동체는 그렇게 조금씩 조금씩 자라고 있었다.

보내야 할 메일이 있어서 인터넷 공간을 찾았지만 와이파이 접속을 위한 카드를 먼저 구입해야 했다. 30분에 2유로라는 안내를 받은 기억이 났다. 이곳까지 와서도 끊임없이 누군가와 접속을 유지해야 하는 것이 싫었지만 감당해야 할 일이 있으니 어쩔 수 없었다. 티켓을 구하러 공동체 정문 가까운 곳에 있는 매점에 갔지만 기계가 고장 나 있었다. 이곳은 의도적으로 인터넷 사용을 불편하게 만들어놓은 것 같다. 인터넷이 자유로우면 청소년들과 청년들이 기도에 집중하지 못할 것이다. 커피 한잔 값은 채 500원이 안 되고 1.25리터짜리 물도 600원이면 살 수 있는데, 인터넷을 사용하려면 비싼 돈을 내야 했다. 그마저 불가능했지만 그렇다고 불평할 수는 없는 노릇이었다.

오후 모임까지 마치고 저녁 식사 시간까지의 얼마 안 되는 여유를 사람들은 만끽하고 있었다. 유럽에서 차를 가지고 온 이들은 싣고 온 커피 머신을 비롯하여 다양한 기구들을 이용하여 차와 커피를 뽑아내 즐기고 있었다. 젊은이들은 둘러서서 게임을 하고, 어른들은 두런두런 이야기를 나누거나 책을 읽는다. 친구의 머리를 정성스럽게 단장해주는 사람, 다른 나라 말을 배우느라 열심인 사람,

스케치북을 꺼내놓고 파스텔로 스케치를 하는 사람도 보인다. 모두가 각자의 시간을 그렇게 즐기고 있는 것이다. 평화로운 광경이다.

The Sacred Journey
7. 22.

아침 기도회에 1시간 먼저 도착하여 맨 앞에 자리를 잡고 앉았다. 다른 이들의 모습을 보지 않고 온전히 기도에 집중하기 위해서였다. 앞자리에 앉는 이들의 자세는 좀 남달랐다. 기도회가 시작되기 전부터 깊은 침묵에 잠긴 이들이 있었다. 그들의 고요한 모습 자체가 이미 기도였다. 늘 같은 방식으로 진행되는 기도회지만 뒤에서부터 들려오는 공동체의 찬양은 영혼을 고양시키기에 충분했다. 수사들이 다양한 언어로 드리는 중보 기도는 간결하지만 간절했다. "우리는 하나님의 뜻을 알지 못합니다. 하지만 이해하려고 노력하게 해주시고, 어떤 경우에도 하나님을 깊이 신뢰하게 해주십시오." 나직하기에 더욱 곡진하게 들리는 기도에 아멘으로 응답하였다.

자세가 진중한 부모와 동행한 어린 아이들의 태도 역시 진중했다. 그 아이들도 기도할 때는 무릎을 꿇었고, 다른 순서가 진행되는 동안에는 침묵을 유지했다. 한눈을 팔지도 않고 고요하게 그 시간을 누리고 있었다. 마음의 손을 아이들에게 얹고 축복의 기도를 드렸다. 부디 저 아이들을 통해 세상이 조금은 더 따뜻하고, 서로가 서로를 깊이 이해하고 존경하는 세상을 열어가게 해달라고.

아침 성경공부 시간은 다양한 언어의 전시장을 방불케 한다. 수사 존John이 강의를 하면 각각의 언어 그룹에 속한 이들 가운데 영어에 익숙한 사람들이 자기 그룹을 위해 통역을 해준다. 다른 이에게 방해가 되지 않을 정도로 작은 소리로 통역을 하는 이들도 있지만 마치 자기가 강의를 하는 것처럼 큰 소리를 내는 이들도 있다. 신학적으로 훈련된 사람도 있지만 그렇지 않은 이들이 더 많기 때문에 성경공부가 깊이 들어가지는 못한다. 게다가 아주 진보적인 사람들로부터 보수적인 사람들까지 다 모여 있기에 언어 선택에도 신중해야 한다. 브라더 존은 창세기 이야기를 '함께 살기'의 관점에서 보아야 할 것이라고 말했다. 실제로 창세기는 형제간의 갈등과 화해 이야기로 이루어져 있다고 해도 과언이 아니다. 가인과 아벨, 이스마엘과 이삭, 에서와 야곱, 요셉과 형제들, 레아와 라헬 등이 그렇다.

세상에 갈등이 없을 수는 없다. 사실 낯모르는 사람들이 아니라 가장 가까운 사람들과의 갈등을 어떻게 해결하느냐가 우리 삶에 주어진 중요한 도전이다. 갈등을 극복하기 위해서는 먼저 갈등의 실상과 직면해야 한다. 갈등은 우리를 혼돈에 빠뜨린다. 그렇기에 그 갈등에 이름을 붙이는 일이 중요하다. 이름을 붙이는 순간 문제가 명료하게 도출된다. 문제의 실체를 보는 순간 해결의 길도 준비된다. 갈등은 두 성격 사이의 대립에서 비롯될 때가 많다. 그렇기에 내게 불쾌감을 안겨준 그 타자가 내 속에도 있음을 직시해야 한다.

일곱 번째.

우리가 성경에 등장하는 갈등하는 형제들의 이야기를 다루는 까닭은 어느 한편에 서기 위해서가 아니라 그 두 존재가 다름아닌 우리 자신의 찢겨진 모습임을 성찰하기 위한 것이고, 하나님은 그 찢겨짐을 넘어 우리가 통전적 인격을 회복하길 원하신다는 사실을 자각하기 위한 것이다. 사람들은 몇 가지 질문이 적힌 쪽지를 받아들고 묵상의 자리로 돌아간다.

　말타에서 온 젊은 친구 데이빗은 신실한 사람이다. 젊은이 그룹에서 성경공부에 참여했던 그는, 오늘은 '주님 기도'에 대한 공부를 했다고 말했다. 그러면서 수사님이 오전에 비는 시간에 정원을 산책하면서 묵상하라고 했다며 서둘러 나갔다. 어제 오후 그는 내게 한국의 종교 상황에 대해 물었다. 유교와 불교적 정서가 한국인의 의식 저변에 깔려있고, 불교인들이 가장 많지만 개신교와 천주교 신자 수도 그에 못지않다고 말했더니 적잖이 놀라는 눈치였다. 그는 동아시아에 속한 나라는 거의 불교나 힌두교를 신봉할 거라고 생각했다고 한다. 북한에 대한 이야기를 많이 들어서인지 한국에 독재체제가 지속되고 있느냐고 묻기도 했다. 지금은 민주화된 정부가 들어서 있지만 여전히 가야 할 길이 멀다고 했더니 그는 자기 조국인 말타의 현실 역시 어렵다고 말했다. 스페인, 이탈리아, 영국 등 강대국의 식민지로 오랜 세월을 보내다가 1964년에 독립한 신생 독립국인 말타의 불투명한 미래로 인해 젊은이들이 겪고 있는 혼돈과 아픔에 대해서도 말했다. 영어를 잘한다고 칭찬했더니 영어가 공용어란다. 식민주의의 유산이 다양한 언어 습득의 기회라는 아이

러니를 어떻게 보아야 할지 모르겠다. 말타에도 고유의 언어가 있
냐고 물었더니 있지만 외국인이 배우기 쉽지 않다고 말했다. 셈어
와 아랍어, 이탈리아어 등이 섞여 있어 불규칙 변화나 예외가 많다
는 것이다. 프란체스코 교황이 등장한 후에 변화가 있냐고 물었더
니 아주 긍정적인 변화가 나타나고 있다고 말한다. 교회를 떠났던
젊은이들이 교회로 돌아오고 있다는 것이다.

미국에서도 유사한 변화가 나타나고 있다고 다른 이가 말을 보탠
다. 처음에 남미 출신인 교황이 등장했을 때까지만 해도 미국 주류
사회의 주교와 사제들은 상당히 미심적은 눈으로 그를 바라보았다
고 한다. 그는 전임 교황과는 달리 신학 문제에 집중하기보다는 사
회 문제에 집중하는 것처럼 보였기 때문이다. 하지만 지금은 그를
매우 좋아한다고 말했다. 많은 젊은이들이 교회로 돌아오고 있기
때문이란다. 교리적 문제에 매달리기보다는 한 사람 한 사람을 진
심으로 사랑하는 종교 지도자의 등장에 사람들의 마음이 움직이기
시작한 것이다. 하나님이 만드신 존재를 사람이 어떻게 정죄하겠느
냐는 것이 그의 기본적인 입장이다.

한국 교회의 문제는 프로그램을 가지고는 해결하지 못한다. 복음
안에 확고히 서서 용감하게 세상 풍조와 맞서면서도 거칠어지지 않
고 품이 넓은 사람이 등장해야 한다. 종교가 눈에 보이지 않는 삶의
신비 혹은 더 큰 세계를 열어 보이지 못한다면 쇠퇴할 수밖에 없다.
본질을 견지하지 못하는 교회의 쇠퇴는 어쩌면 하나님이 살아 계시
다는 사실을 반증하는 것인지도 모르겠다. 옆 동네를 부러운 듯한

일곱 번째.

시선으로 바라보며 탄식만 해도 안 되고 찬탄만 해도 안 된다. 그가 잠시 열어 보여준 그 멋진 세계를 향해 길을 떠날 수 있는 용기를 내야 한다.

기도회에 참여하는 이들이 점점 더 은혜의 세계 속에 깊이 들어가는 것 같다. 3,000명이 넘는 사람이 모이는데도 침묵 시간에는 간간이 터져 나오는 기침 소리 외에는 숨소리조차 들리지 않는다. 찬양 소리도 훨씬 풍요로워졌다. 그 자리에 함께한 이들의 호흡이 자연스럽게 일치되어가고 있는 것이다. '함께 있다는 것이 이렇게 좋을 수도 있구나' 하고 느끼는 표정들이다. 기도회가 끝나면 수사 형제들 일부는 뒤에 남아 상담을 원하는 이들의 이야기를 들어준다. 상담이라 말했지만 그들이 하는 일은 주로 듣는 것이다. 아무런 판단도 하지 않고 있는 그대로 그들의 상처와 약함을 수용한다. 적극적인 경청은 내담자로 하여금 자기의 장점을 발견하도록 돕는 역할을 하기도 하지만 그보다 더 소중한 것은 그들이 하나님과의 깊은 사귐이 얼마나 아름다운지를 느끼도록 해준다는 점이다. 이곳저곳에 서거나 앉아서 이야기를 들어주는 형제들의 표정은 매우 온화하다. 먼저 들어간 형제들도 곧장 숙소로 돌아가지 않고 다른 형제들이 돌아올 때까지 식당에서 기다리다가 모두가 모였을 때 그날 하루를 감사함으로 돌아보며 함께 기도를 드리고 각자의 공간으로 돌아간다 한다.

저녁 기도회가 끝나면 많은 이들이 오약oyak이라는 간이 매점에 몰린다. 하지만 무질서하지는 않다. 어른들을 위해서는 맥주 혹은 포도주를 일인당 한 잔에 한해 판매하고 있고, 청소년들을 위해서는 피자나 아이스크림 등을 판매한다. 모든 물건은 최소 가격이 매겨져 있다. 아이스크림은 300-400원 정도면 먹을 수 있다. 경건하게 기도회를 하고 무슨 간식인가 싶지만 그곳이야말로 하루 종일 프로그램에 참여한 이들이 지인들과 편하게 이야기를 나누며 하루를 정리하는 매우 중요한 공간이다. 어떤 의미에서는 가장 풍부한 만남이 이루어지는 공간이라 할 수 있다. 뉴저지에서 온 성공회 주교는 1973년에 한국에 갔던 일을 회상하며 즐거워했다. 그의 이야기는 한국의 디스코텍, 12시 통금, 경주 불국사, 토함산 해돋이로 이어졌다. 그리고 그곳에서 만난 아주머니들이 외국 청년의 모습이 신기한지 자기 볼을 쓰다듬고 몸을 만지더라며 박장대소를 했다. 불쾌했냐고 묻자 그렇지 않고 오히려 재미있었다고 답했다. 미국의 대학에서 사목활동을 하고 있는 다이아나는 순례 여정 중에 내가 거쳐온 곳을 물으며 그곳에서 발견하거나 깨달은 것이 뭐냐고 꼬치꼬치 캐물어 진땀을 빼게 했다. 그리고 "한국 교회의 미래를 어떻게 전망하느냐?", "지금 가장 시급히 회복되어야 할 게 뭐라고 생각하느냐?", "당신이 생각하는 성경 메시지는 뭐냐?" 등 질문이 끝이 없었다. 여하튼 즐거운 만남이었다.

모처럼 해가 났다. 구름이 다 걷힌 것은 아니지만 그래도 환한 햇빛을 볼 수 있다는 사실이 좋은지 길에서 마주치는 이들은 '해가 나왔다'며 기쁨의 인사를 나눈다. 두 개씩 겹쳐 입던 겉옷을 벗고 비교적 가벼운 옷차림으로 아침을 맞는다. 축축한 수건이며 옷가지들이 도미토리 밖 철제 난간에 내걸렸다. 영락없는 난민 캠프다. 매일 똑같은 일과가 반복된다. 아침 기도회, 식사, 성경공부, 봉사 활동, 정오 기도회, 식사, 소그룹 모임, 워크숍 혹은 그룹별 모임, 식사, 저녁 기도회. 이 리듬이 조금 익숙해지자 생각이 단순해진다.

점심 설거지를 마친 후 떼제의 설립자인 로제 수사가 묻혀 있는 마을의 작은 예배당을 찾았다. 로제의 무덤은 초라했다. 비석조차 없는 무덤. 나무 십자가 위에는 생몰연대도 없이 다만 'F. Roger'라고만 적혀 있었다. 그를 추모하는 이들이 올려놓은 돌 몇 개가 추모의 마음을 더욱 깊게 했다. 조촐하기 이를 데 없는 예배당, 작은 기도처를 연상시키는 그곳에는 무릎을 꿇은 채 기도를 올리고 있는 젊은이들이 여럿 있었다. 앱스의 작은 스테인드글라스를 통과해 들어오는 은은한 빛, 촛불 몇 개, 등받이 없는 의자, 숨소리조차 들리지 않는 단단한 고요, 진리를 향한 사람들의 진실한 염원만이 가득했다.

매점에서 구입한 *Choose to Love-Brother Roger of Taize*를 펴 들었다. 어두침침한 예배당 구석에 기대앉아 그의 넋과 교감하기를 소망하며 책을 천천히 읽어나갔다. 아름다운 영혼과의 만남은 언제나 잠들어 있는 하나님의 형상을 깨우는 법이다. 그가 죽기 전에 만날 수 있는 기회가 있었더라면 좋았겠지만 그럴 기회를 얻지 못했으니 이제라도 그가 앉아 있었던 자리를 찾아와 그와 교감을 나누고 싶은 것이다.

영세 중립국을 선언한 스위스 태생의 로제는 전쟁으로 고통 받는 이들을 돕고자 하는 열망을 가지고 적당한 장소를 찾다가 이곳에 정착했다. 독일에 의해 점령 당한 지역과 그렇지 않은 지역의 경계에 있던 가난한 마을이었다. 로제가 스물다섯 살 되던 해인 1940년이었다. 그는 이곳에서 점령지에서 탈출한 난민들을 돌보는 일을 시작했다. 얼마 후 로제가 이곳에 정착했다는 소식을 들은 리옹의 친구들이 유대인 난민들 몇 명을 받아줄 수 있느냐고 물어왔다. 로제는 기꺼이 응했다. 그는 난민들을 먹이기 위해 날마다 달팽이를 주워다가 스프를 끓였다. 로제의 행동은 독일군의 시선을 끌 수밖에 없었고 위험을 감지한 로제의 아버지는 그를 스위스로 데려갔다. 하지만 전쟁 막바지인 1944년에 로제는 다시 몇 명의 형제 수사들과 함께 떼제로 돌아왔다. 그들은 가난했지만 늘 "우리 주위에 있는 사람 가운데 지금 가장 어려운 처지에 빠진 사람은 누구인가"를 물었다. 답은 금방 나왔다. 떼제에서 멀지 않은 곳에 독일군 전쟁포로를 수용하는 캠프가 있었다. 그들은 먹을 것도 별로 없었고 무엇보다도 두려움에 시달리고 있었다. 로제는 허락을 받고 주일마다 그들을 찾아가서 함께 예배를 드리고 음식도 나누어 주었다. 떼제 공동체는 이 두 가지의 환대, 곧 유대인 난민들을 영접한 것과 미움과 적의의 대상이었던 독일군들을 맞아들인 일을 기반으로 하고 있다. 그들은 자신들의 안위에 마음을 쓰지도 않았고, 다른 이들의 시선을 의식하지도 않았다. 오직 그리스도의 마음과 하나 되기를 힘썼다. 정치적 난민을 맞아들이고 독일군 전쟁 포로를 돌본다는 것은 사회적 통념을 깨는 일이었다. 하지만 신앙은 언제나 통념을 넘어선다. 그래서 키르케고르는 신앙을 역설이라 했던 것이다.

떼제 공동체 초창기에 로제는 가까운 마을에서 공동체로 돌아오다가 아주 가난해 보이는 청년 한 사람을 보았다. 갑자기 그에게 한 가지 질문이 떠올랐다. "너는 저 사람처럼 될 수 있느냐? 가난하게 된다는 것은 아무것도 남아 있지 않을 때 의지할 사람이 하나도 없다는 뜻이 아닌가? 너는 바로 그런 상황에 처한 이들의 편에 설 것인가?" 로제는 그 청년을 자기를 찾아온 그리스도로 생각했다. 그리스도는 늘 그런 모습으로 찾아오신다. 그 이후 그의 내면에는 하나의 확신이 들어섰다. "누군가가 곤경을 벗어나도록 도와줄 때 우리는 그리스도와 만나는 것이다." 단순하지만 복음의 정곡을 찌르는 말이 아닌가? 떼제의 삶을 관통하는 것은 '단순성'이다. 주님은 산상수훈에서 심령이 가난한 자가 복이 있다고 말씀하셨다.

떼제의 삶은 단순하다. 공동체의 리듬도 그렇고, 식사도 그렇다. 풍요로운 삶에 길들여진 어린 청소년들 가운데는 아침에 빵 한 조각과 코코아 한 잔만 주는 떼제의 식단에 불만을 표하는 이들도 있다 한다. 그럴 수 있는 일이다. 하지만 떼제는 삶을 단순하게 유지하지 않으면 고통 받는 이들을 위해 일할 수 있는 능력이 줄어들 수밖에 없음을 너무나 잘 안다. 그래서 그들은 독지가들이니 기업의 희사나 후원을 한사코 거부한다. 가족들이 물려주는 유산도 일체 받지 않는다. 오직 형제들이 노동을 통해 벌어들인 것만 가지고 생활하고 봉사한다.

가끔 나를 찾아오는 신학생들이나 젊은 목회자들 가운데는 하나님의 일을 하려면 교회도 좀 커지고 예산도 많아야 하지 않겠느냐고 진지하게 묻는 이들이 있다. 아, 얼마나 속된 셈법인가? 하나님의 일은 절대로 돈으로 하는 것이 아니다. 돈이 필요치 않다는 말이 아니라, 예산을 세우고, 그것을 집행하고 관리하는 일이 중심이 되면 복음의 정신은 가뭇없이 사라지게 된다는 말이다. 돈은 편리한 수단이지만 그 편리함에 의존할 때 사랑의 능력은 현저히 줄어든다. 떼제 공동체는 단순한 삶의 아름다움을 이렇게 정리한다.

"대체로 풍부함은 관대함을 자라게 하기보다는 그것을 제한한다."
"가난의 정신은 가난에 집착하는 것이 아니라 모든 것을 창조의 단순한 아름다움 안에서 상상력을 가지고 행하는 것이다."
"소박한 마음은 지금 이 순간을 살아내려고 한다. 즉 모든 날을 하나님의 현재로 환영한다. 자비로 불타오르지 않는 단순함은 빛이 없는 그림자일 뿐이다."

진정한 풍요로움이란 이런 것이다. 안식일에 아무것도 하지 말라는 계명은 계율이 아니라 새로운 삶으로의 초대이다. 뭔가를 해야한다는 강박관념에서 벗어나지 않고는 하나님이 만드신 세상과 삶의 아름다움을 누릴 수 없다. 안식일 계명은 뭔가를 창조하려는 조급함을 내려놓고 온전히 하나님의 창조 질서와 한 몸이 되어 보라는 초대이다. 그래야 비로소 우리는 모든 일을 해내려는 강박적 충동에서 벗어나 삶을 한껏 누릴 수 있다. 삶을 누릴 줄 아는 이라야 다른 이에게도 너그러울 수 있다. 하나님 사랑과 이웃 사랑은 안식일을 잘 지키는 일과 무관할 수 없는 까닭이 여기에 있다.

단순하고 소박한 삶은 그대로 떼제에서 부르는 찬양에도 반영되어 있다. 가사는 대개 시편이나 다른 성경 구절에서 따온 것이거나 단순한 기도문이고, 곡조도 몇 번만 들으면 따라 부를 수 있을 만큼 단순하다. 그 단순한 곡을 반복하여 부르는 동안 마음은 점점 성령의 현존 가운데로 이끌린다.

"주님이 너를 회복시키신다. 하나님은 너를 버리지 않으신다. 주님이 너를 만나러 오신다."

"하나님 나의 생각을 주님께로 돌리시고 모아주소서. 주님께 빛이 있나이다. 주님은 나를 잊지 않으시나이다. 주님께는 도움과 인내가 있나이다. 나는 당신의 길을 알 수 없지만 주님은 나를 위한 길을 아시나이다."

"주님, 당신의 나라에 들어갈 때 나를 기억해주십시오."

이런 곡들은 혼자서 부를 때도 은혜가 되지만 공동체가 함께 부를 때, 그것도 감정에 들떠서가 아니라 묵상의 깊이로 들어가기 위해 고요히 부를 때 하나님의 현존 앞에 있음을 느낄 수 있다. 이 소박한 찬양을 반복하여 부르는 동안 흩어졌던 마음은 차분해지고 관상의 깊은 곳으로 이끌린다. 공동체와 함께 이 곡을 부른 후에 갖는 침묵 기도 시간 동안 분심分心이 줄어든 것을 분명히 느낄 수 있었다. 마치 '예수 기도'를 오랫동안 드리고 나면 기도가 몸과 마음속에 각인되어 다른 일을 하면서도 그 기도가 지속되는 것과 같이 떼제 찬양도 그런 역할을 하는 것 같다. 많은 이들이 설거지를 할 때도, 길을 걸어갈 때에도 찬양을 반복하고 있음을 볼 수 있다.

The Sacred Journey

F. 24.

간밤에 늦게까지 이야기를 나눈 탓인지 다들 일어날 생각이 없다. 폴란드에서 온 지지스와프는 유럽의 정치 상황과 미래 문제를 다루는 워크숍 그룹에 다녀온 탓인지, 아주 은밀하게 다가와 한국의 통일 문제에 대해 물었다. "가까운 장래에 통일이 가능할 거라고 생각하느냐?" "한국인들은 정말 통일을 바라느냐?" "젊은 세대들은 통일에 대해 다소 부정적인 견해를 갖고 있지 않느냐?"

그는 의외로 한국의 분단 상황에 대해 많은 것을 알고 있었다. 독일 통일이 한국에는 참고사항은 될 수 있지만 그 모델을 따르기는 어려울 거라는 말도 했다. 그는 이야기 끝에 폴란드의 상황도 무척 좋지 않다고 말했다. 간밤에 가장 늦게 들어온 성공회 사제 로버트는 자기가 인솔해온 한 학생과 이야기를 나누느라 늦었다면서 사과를 했다. 아직 19살이 되지 않는 학생인데 집으로 돌아가겠다고 하더라는 것이다. 그 학생이 속한 그룹은 대개 20세에서 21세 사이의 청년들이 많았다. 그는 대학에 갈 생각이 없는데, 대개 대학생인 그 그룹에서 소외감을 느꼈다는 것이다. 관심도 다르고 사안을 바라보는 시선도 다른 이들 속에 있기가 힘들었던 모양이다. 오랜 시간 그 학생의 이야기를 들어주었더니 제풀에 마음이 풀려서 내일부터 조금 더 긍정적인 마음으로 그룹 모임에 참여하겠다고 했다는 것이다. 어떤 강제도 설득도 없었고 다만 인내심을 가지고 그의 이야기에 귀를 기울이자 그의 내면에 변화가 생긴 것이다. 바로 이것이 떼제의 정신일 것이다.

아침 성찬 예배 전에 숙소 문 밖에 나와 앉아 햇살을 즐기며 책을 읽고 있었다. 옆방에 머물고 있는 루마니아인 에이드리안이 나와 가만히 옆에 앉더니, 지나가는 소리로 한마디 했다. 자기는 이렇게 해가 뜰 때 햇빛을 쬐며 가만히 앉아 있는 것이 제일 좋다는 것이었다. 그 말이 왜 햇살을 즐기지 않고 책에 붙들려 있느냐는 말로 들렸다. 그는 루마니아 정교회 신자이지만 정교회를 떠나고 싶어 한다. 정교회 사제들이 일반 대중들에 비해 너무 잘 산다는 것이 이유이다. 그는 탐욕스러운 사제들이 많다며 고개를 가로젓는다. 그러더니 황급히 물론 그것은 일부 사제들의 문제라고 덧붙였다. 그는 대궐같은 집에 살면서 차를 몇 대씩 가지고 있는 사제들을 위해 헌금을 하고 싶지 않다고 말했다. 차라리 그 돈으로 직접 가난한 사람들을 돕고 싶다는 것이다. 제도 교회에 실망한 그를 사로잡고 있는 것은 '영성'이다. 그는 자기가 틈 날 때마다 떼제를 찾는 것도 생의 근원과 만나고 싶기 때문이라고 말했다. 세속화된 성직자들이 노정하고 있는 문제야말로 세계 종교의 가장 큰 골칫거리이다. "화 있을진저 외식하는 서기관들과 바리새인들이여 너희는 교인 한 사람을 얻기 위하여 바다와 육지를 두루 다니다가 생기면 너희보다 배나 더 지옥 자식이 되게 하는도다"마 23:15.

두려움과 떨림으로 소명을 받들지 않으면, 과도한 욕망에 사로잡히지 않으려고 치열하게 노력하지 않으면, 사람들을 선한 길로 인도하기는커녕 실족시키기 쉽다. 아침 기도회의 묵상 말씀은 내게 큰 위로와 도전이 되었다. "주 여호와께서 학자들의 혀를 내게 주사 나로 곤고한 자를 말로 어떻게 도와줄 줄을 알게 하시고 아침마다 깨우치시되 나의 귀를 깨우치사 학자들 같이 알아듣게 하시도다. 주 여호와께서 나의 귀를 여셨으므로 내가 거역하지도 아니하며 뒤로 물러가지도 아니하며 나를 때리는 자들에게 내 등을 맡기며 나의 수염을 뽑는 자들에게 나의 뺨을 맡기며 모욕과 침 뱉음을 당하여도 내 얼굴을 가리지 아니하였느니라"사 50:4-5.

학자들의 혀는 내게 없지만 하나님께서 나를 들어 곤고한 자를 위로하게 해달라고, 오늘도 만나는 모든 이들에게 봄소식이 되게 해달라고 기도했다. 그러나 그렇게 되기 위해서는 먼저 귀에 할례를 받은 사람이 되어야 한다. 하나님의 세미한 속삭임을 알아듣지 못하는 이가 어떻게 다른 이에게 봄소식이 될 수 있겠는가? 순종을 뜻하는 라틴어 속에는 '듣는다'는 뜻이 포함되어 있다. 듣지 않는 이가 어떻게 그분의 뜻에 순종할 수 있겠는가? 사무엘이 드렸던 기도를 나의 기도로 바쳤다. "말씀하옵소서. 주의 종이 듣겠나이다"삼상 3:10b. 듣지도 않은 것을 말할 때 종교적 언어는 허공을 치고 만다. 아니, 오히려 현실을 더 어지럽게 만든다. 주님의 도우심으로 현실의 의미를 깨닫고 또 주님의 뜻을 분별할 수 있게 될 때, 모욕하는 자들의 모욕과 폭력도 우리의 깊은 내적 존재에 상처를 입힐 수 없다. 주님은 당신을 십자가에 못 박는 이들과 조롱하는 이들을 바라보며 저들을 용서해달라고 아버지께 간곡하게 기도하셨다. 그들은 예수의 몸은 죽일 수 있었지만 그의 영혼은 조금도 건드릴 수가 없었다. 그것을 알면서도 우리는 작은 상처에도 진저리를 치거나 모욕으로 되갚아줄 생각에 사로잡히곤 한다.

활동적인 사람들에게 떼제는 지나칠 정도로 정적으로 보일 수 있다. 사실 세상에 가득 차 있는 불의의 현실을 생각하면 이곳에서 바치는 기도가 너무 소극적이 아닌가 하는 생각이 드는 것이 사실이다. 이곳은 정말 다양한 사람들이 모여드는 곳이기에 세상의 축소판이라고 말해도 과언이 아니다. 하지만 이곳이 곧 세상은 아니다. 조용한 찬양을 바치고 침묵으로 기도하는 것이 도대체 저 팔레스타인이나 아프리카 등지에서 고통 받고 있는 이들에게 어떤 도움이 될 수 있단 말인가? 이러한 질문은 공동체의 초창기부터 제기되었던 문제였다고 한다.

떼제는 관상contemplation 자체를 위한 관상을 강조하지 않는다. 오히려 하나님과의 진실한 사귐의 경험은 이웃과의 깊은 사귐과 연대로 이어진다고 생각한다. 연대와 사랑은 불의에 대한 분노와 투쟁을 내포한다. 하지만 관상을 거친 투쟁은 스스로를 고갈시키지 않을 뿐 아니라 타자의 존재를 부정하는 데로 나아가지 않는다. 떼제 공동체의 기도회가 열리는 곳은 '화해의 교회'이다. 이 건물은 유럽의 많은 젊은이들이 이곳을 찾으면서 모임 장소가 부족할 때 독일의 한 기관의 도움과 독일 젊은이들의 헌신으로 지어졌다. 로제 수사는 다양한 교파로 나뉜 하나님의 교회, 전쟁으로 찢기고 상처 입은 영혼들이 이곳에 들어와 진정한 화해의 기쁨을 맛볼 수 있기를 바랐다. 떼제 찬양의 노랫말은 라틴어, 프랑스어, 독일어, 이탈리아어, 영어, 슬라브어 등 다양한 언어로 되어 있다. 그 언어를 알지 못한다 해도 함께 찬양을 하는 동안 영혼과 영혼의 연대가 일어나는 것을 느낄 수 있다. 화해의 교회 앞에는 "여기 들어오는 모든 이들이 화해하게 하소서. 아버지와 아들, 남편과 아내, 신자와 불신자, 갈라진 그리스도인 형제들이 서로 화목하게 하소서"라는 글귀가 적혀 있다는 말을 듣고 찾아보았지만 찾지는 못했다. 로제 수사는 묻는다. "어떻게 이웃을 사랑한다고 말하면서 서로 나뉠 수 있나?" 떼제는 진심어린 친절과 자비야말로 하나님의 현존을 드러내는 것이라고 말한다.

떼제 수사들은 예배당에 모여 기도만 하지 않는다. 기도와 노동이 기본이 되는 생활이지만 그들은 찢긴 마음을 안고 이곳을 찾아오는 모든 이들을 마음 깊이 영접하고 그들의 이야기를 주의깊게 듣곤 한다. 수사들은 라 모라다La Morada 옆에 있는 대화방에서 상담을 위해 찾아오는 모든 이들을 따뜻하게 맞아들인다. 그들은 어떠한 판단의 말도 정죄의 말도 하지 않는다. 따뜻하고 친절한 낯빛으로 사람들을 포용할 뿐이다. 그곳을 다녀온 이들은 자기가 존중받고 있음을 느꼈다고 말했다. 사실 삶에 정답이 필요한 것은 아니다. 어차피 모든 상황에 들어맞는 정답은 없다. 그것은 누구나 안다. 문제는 답이 없는 상황을 견딜 수 있는 힘이 있는가 여부이다. 누군가가 나를 전폭적으로 수용해준다고 느낄 때 우리는 살아갈 힘을 얻는다.

수사들의 삶이 이 공동체에만 국한된 것은 아니다. 그들은 세상의 고통의 자리로 나아가는 것을 주저하지 않는다. 그들은 늘 '찢기고 분열된 세상에서 가장 절실히 도움을 필요로 하는 사람이 누구인가?'를 묻는다. 전쟁과 테러로 조각난 세상에서 누구보다 큰 상처를 입는 어린이들과 그 가족들을 돌보고 그들에게 인간적인 삶의 가능성을 열어주기 위해 노력하는 것도 그 때문이다. 하루 세 번씩 드리는 기도회를 마칠 때면 수사들이 어린아이들의 손을 잡고 퇴장하는 것도 어린이들에 대한 공동체의 사랑을 보여주는 상징적 행동일 것이다.

저녁 기도회를 마치고 숙소로 돌아왔는데 성공회 신부인 로버트가 삶의 이야기를 함께 나누고 싶다며 자기 이야기를 하기 시작했다. 올해 68세인 그는 베트남 참전 용사이다. 어릴 적 두 번이나 대학입시에 실패하자 그에게 입대 영장이 날아왔단다. 그는 원치 않았지만 결국 베트남에 파병되었고, 그곳에서 인간의 참상과 만났다. 젊은 시절부터 그는 하나님의 소명을 느끼고 있었는데 까맣게 잊고 있던 그 부름이 전장에서 다시 들려왔다. 하지만 그는 여러 가지 형편상 성직자의 길로 들어서기 어려웠다. 그래서 대학에서 교육학을 전공하고 초등학교 교사가 되었다. 29년 동안 그는 행복하게 살았지만 마음 속에 깃든 공허함을 극복할 수가 없었다. 그가 고민을 거듭하자 수십 년을 함께 살았던 아내가 그의 곁을 떠나고 말았다. 행복한 삶에 대한 꿈이 산산조각나고 말았다. 상처가 깊었다. 그는 결국 교직을 떠나 제2의 인생을 시작했다. 늦은 나이였지만 신학을 공부하고 사람들을 영적으로 인도하는 지금이 많은 연봉을 받던 지난날보다 훨씬 행복하다고 말했다. 그는 나의 소명 이야기를 듣고 싶어했다. '하나님이 너를 찾아오신 게 언제냐?' '목회를 하면서 회의를 느낀 적은 없냐?' '목회를 하면서 가장 보람을 느낄 때가 언제냐?' '하나님의 현존을 깊이 느끼며 사냐?' 그의 질문은 끝이 없었다. 하지만 그의 질문은 나의 영적인 여정을 톺아보는 좋은 기회가 되었다. 바람은 서늘하고, 밤하늘의 무수한 별들이 무심히 자기 자리를 지키고 있었다.

일곱 번째.

아침 성경공부 모임에 참석할까 말까 망설이다가 결국 참석하는 쪽으로 가닥을 잡았다. 형 에서를 만나러 가는 야곱 이야기를 브라더 존이 어떻게 풀어갈까 궁금했던 것이다. 그는 역시 탁월한 이야기꾼이었다. 형 에서를 속였던 야곱이 외삼촌 라반에게 속은 이야기, 언제나 그렇듯 그런 상황 속에서도 결국 자기 몫을 찾아 떠난 그의 검질김, 처음 고향을 떠날 때 베델에서 하나님을 만났던 것처럼 마하나임에서 하나님을 만난 이야기, 그 둘의 유사성과 차이점, 자기 삶을 돌아보며 모든 것이 하나님께로부터 주어진 것임을 고백하는 그의 변화, 야곱이라는 이름과 얍복이라는 강 이름의 유사성, 반복되어 나타나는 '얼굴'이라는 단어, 그리고 얍복 강에서의 씨름 이야기, 이름을 묻는 하나님의 사자에게 '야곱'이라고 대답하는 대목과 눈이 어두운 아버지 이삭을 속이기 위해 '네가 누구냐?'라는 질문에 '에서'라고 대답하던 대목과의 비교, 그리고 마침내 그에게 주어진 '이스라엘'이라는 새로운 이름까지…. 그의 분석은 정밀했고, 신학적으로 잘 정초되어 있었다. 그런데 그는 사람들의 통념에 문제가 있다고 말했다. 흔히 '이스라엘'이라는 뜻을 하나님과 겨루어 이겼다고 번역하고 있지만 그것은 너무 과한 번역이라는 것이다. 영어로 'prevail'이라고 번역된 이 단어는 '능가하다', '우세하다'라는 뜻도 있지만 사실 이 단어는 다른 의미로 새겨져야 한다는 것이다. 그는 이것을 '무언가를 할 수 있는 능력' 혹은 삶의 곤고함 속에서도 낙심하지 않고 갈등에 직면할 수 있는 내적인 힘으로 해석할 것을 제안했다. 제아무리 힘겨워도 삶은 계속되어야 하는데 하나님이 야곱에게 바로 그런 능력 혹은 용기를 부여하셨다는 것이다. 진리를 향한 순례자로 살아갈 수 있는 힘은 하나님으로부터 온다. 야곱 이야기가 전하는 바도 바로 그것이다.

정오 기도회를 마친 후 안드레아 수사의 안내로 떼제 수사들의 점심 식사 모임에 동참했다. 어제 오후에 안드레아 수사가 나를 꼭 만나고 싶어한다는 전갈이 왔다. 연락이 된다면 저녁 기도회 시작 전인 8시에 화해의 교회 앞에서 만났으면 한다는 것이었다. 무슨 일인가 싶었다. 아주 반갑게 나를 맞이한 안드레아는 떼제의 유일한 한국인 수사인 신한열 형제가 중국으로 출장을 떠나면서 나를 잘 맞아줄 것을 당부했다는 것이다. 그래서 월요일부터 아시아 사람들의 얼굴을 유심히 살폈지만 만날 수 없어 애가 탔다고 말했다. 그러면서 내일 점심 식사에 알로이스 원장 수사와의 식사 자리에 동참해 줄 수 있겠느냐고 물었다. 떼제 수사들이 살고 있는 집 앞에 있는 정원에 펼쳐진 커다란 텐트가 식사 자리였다. 수사들의 안내를 받아 자리에 앉았다. 주변에 있는 이들과 반갑게 인사를 나누고 서로에게 궁금한 것들을 묻고 대답하는 동안 식탁이 준비되었다. 바로 옆에 앉은 형제가 음악 소리가 울리면 식사를 하면서 10분 동안은 침묵해야 한다고 말했다. 주님의 은혜에 감사하는 시간이라는 것이다. 침묵이 무겁지는 않았다.

이윽고 침묵 시간이 끝나자 식탁은 점점 화기애애해졌다. 눈앞에 펼쳐진 아름다운 정원과 전원 마을, 한가롭게 풀을 뜯고 있는 소들, 새들의 지저귐, 낯빛이 선하고 깨끗한 수사들…. 대체 이런 얼굴들과 만난 것이 언제였던가? 함석헌 선생은 우리가 참 사람의 얼굴을 보러 이 세상에 왔다고 말한다.

그 얼굴만 보면 세상을 잊고

그 얼굴만 보면 나를 잊고

시간이 오는지 가는지 모르고

밥을 먹었는지 아니 먹었는지 모르는 얼굴

그 얼굴만 대하면 키가 하늘에 닿는 듯하고

그 얼굴만 대하면 가슴이 큰 바다 같애 남을 위해 주고

싶은 맘 파도처럼 일어나고

가슴이 그저 시원한 그저 마주앉아

바라만 보고 싶은

참 아름다운 얼굴은 없단 말이냐?

_함석헌, 〈얼굴〉

함석헌 선생은 그 답으로 예수의 얼굴을 그려 보인다. 이곳 수사들의 얼굴에서도 그런 느낌을 받는다. 그들 가운데 있다는 사실 자체가 내 안에 평화를 창조하는 것 같았다. 옆에 앉은 수사에게 뜬금없는 질문을 던졌다. 행복하냐고? 그는 슬며시 웃음을 머금더니 사람마다 행복을 상상하는 방식은 다르겠지만 자기는 소명 안에서 살

아가는 이 시간이 정말 행복하다고 말했다. 떼제의 노래에 대한 여러 가지 궁금한 것을 물었고, 그 곡들 대부분이 전례 위원회에 속한 형제들이 작곡한 것이라는 설명을 들었다. 다른 형제에게 떼제는 화해를 매우 중요한 가치로 삼고 있는데, 분열된 세상의 일치와 화해를 위해 우리가 할 수 있는 일이 무엇이냐고 물었다. 그는 떼제의 형제들이 세상일에 대해 음성을 높이고 행동에 나서는 일은 많지 않지만 바로 이곳에서 화해의 표징을 만드는 일이 자기들에게 주어진 소명이라고 말했다. 성경공부를 인도하던 수사 존은 내가 가지고 간 책에 그리스도와 동행하는 순례의 삶을 축복하는 글을 적어 주었다.

함께 초대받았던 이들 가운데서 미국의 메사추세츠 주에서 온 10대 후반의 흑인 학생 잭이 인사말을 했다. 간단히 자기소개를 마친 그는 몇 년 전에는 가까운 친구와 이곳을 찾았는데, 이번에는 혼자 왔다고 말했다. 친구가 작년에 총에 맞아 죽었다는 것이다. 너무나 큰 충격이었고 지금도 여전히 그 충격에서 벗어나지 못했다고 말했다. 그는 친구를 잊지 않으려고 팔에 문신을 해 넣었다면서 지금 자기가 아주 심각한 신앙적 위기를 겪고 있지만 다시 떼제를 찾은 까닭은 1995년에 로제 수사가 비극적인 죽임을 당했음에도 불구하고 공동체와 형제들이 어떻게 여전히 사랑의 하나님을 믿을 수 있는지를 알고 싶었기 때문이라고 말했다. 그리고 어떻게 하면 내면에 끓어오르는 증오를 극복하고 사랑과 평화를 유지할 수 있는지를 알고 싶다며 말을 마쳤다. 알로이스 수사는 어떤 상처든 홀로 치

일곱 번째.

유하기는 힘들지만, 형제자매들이 함께 있으면 용기를 낼 수 있다며 잭을 위로했다. 그는 잭에게 신학적인 정답을 주려 하기보다는 상처 입은 그의 영혼을 그냥 부둥켜안았다. 세상에 쉬운 답은 없다. 상처 없는 인생 또한 없다. 묻고 또 물으면서 더듬더듬 걸어가는 것이 인생길 아니던가. 한 수사의 선창에 따라 모두가 잭을 위해 노래를 불러주었다.

식사 후 알로이스 원장 수사와 잠시 이야기를 나누고 돌아 나오다가 잭을 만났다. 그에게 답을 찾았느냐고 묻자, 매 순간 생각하고 또 생각하면서 답을 찾으려 노력한다고 말했다. "너와 같은 젊은이들을 사랑하고 또 아픔을 함께 나누려는 이들이 세상에 많이 있음을 잊지 말라"고 격려했다. 잭은 오늘의 만남을 어떻게 기억할까? 따뜻하고 친절한 수사들 틈에 앉아 식사를 나눈 그 경험이 잭의 앞날을 비추는 작은 불빛이 되기를 기도했다.

떼제의 금요일 저녁 기도회는 이곳을 찾는 청소년들이 가장 고대하는 시간이다. 기도회를 마칠 무렵 일부 수사들이 자리를 떠나고 나면 나머지 수사들은 화해의 교회 한 복판에 놓인 십자가를 향해 엎드린다. 우리를 위해 죽으신 주님의 은총을 가장 낮은 몸의 자세로 기억하려는 것이다. 그런 후에 은은한 찬양이 이어지는 가운데, 청소년들 8-10명 정도씩 십자가에 다가가 원을 이룬 채 이마를 십자가에 대고 간절한 기도를 올린다. 기도를 마친 이가 빠져나가면 그 다음에 대기하고 있는 이가 무릎걸음으로 다가가 그 자리를 채운다. 뒤에 기다리는 이들이 많지만 그들의 기도는 길게 이어진다.

그 순간만큼은 누구에게도 방해를 받지 않으려는 것 같다. 저들에게 십자가는 어떤 의미일까? 십자가를 진다는 것이 무엇을 의미하는지 그들은 자각하고 있는 것일까? 복잡한 생각이 들었지만, 그래도 세계 각지에서 온 젊은이들이 십자가를 향해 무릎걸음으로 나아가고, 또 끈질기게 자기 순서를 기다리며 찬양을 올리는 모습을 희망의 조짐으로 갈무리해두어도 큰 잘못은 아닐 것이다. 그 순간 그들은 나름대로 자기 상처가 치유되는 경험을 하는 것 같았다. 기도를 마치고 일어나는 이들 대부분의 눈가에 물기가 서려 있었다. 자정이 넘어서까지 기도는 길게 이어졌다. 자리를 떠나는 이들도 있었지만 그 치유와 회복의 시간을 함께 경축하기 위해 끝까지 자리를 지키는 이들이 더 많았다. 교황 요한 23세는 떼제 공동체를 가리켜 '아름다운 봄 소식'이라 불렀다. 옳은 말이다. 이곳에서 파종되는 일치와 화해와 평화의 씨가 세상 도처로 퍼져나가기를 바라며 요한 루드비히 울란트Johann Ludwig Uhland, 1787-1862의 시 〈봄을 믿는 마음〉의 가사를 음미했다.

부드러운 봄바람이 깨어났습니다.

여기저기 속삭이고 살랑거리며 밤낮 불어옵니다.

이렇게, 창조의 완성은 여기저기서 날마다 계속됩니다.

오, 신선한 향기, 새로운 울림이여

이 신비 속에서 무언가를 근심하고 있다면

그대는 참으로 불행한 사람

일곱 번째.

지금 여기, 모든 것이 움직이며 변하며 새로워지고 있습니다.

떼제에서의 마지막 날이다. 그동안 정들었던 이들과는 어제 이미 작별 인사를 나누었다. 세차게 내리던 비는 밤 사이에 잦아들었다. 비가 내린 탓인지 서늘하다. 아침 기도회를 시작하기 전에 아주 고요한 시간을 보내고 싶어 한적한 곳을 찾았다. 그런데 가는 곳마다 이미 한두 사람이 앉아 깊은 묵상에 잠겨 있었다. 고요하게 앉아 있는 모습은 언제나 아름답다. 밖으로 향했던 마음을 안으로 거두어들이는 시간이야말로 치유의 시간이 아니겠는가? 하나님 앞에 앉아 있는 시간은 일상을 통해 조각난 우리 시간을 가지런히 모으고 그 시간에 새로운 의미를 부여받는 계시의 순간이다. 아우구스티누스의 말대로 시간은 알 수 없는 것이다. 과거는 이미 지나가서 존재하지 않고, 미래는 아직 오지 않아서 존재하지 않는다. 오직 현재만이 영원과 잇대어 있다. 지금 이 순간이 아니면 언제 사랑하고 그리워하고 섬길 것인가? 지금 여기에 내가 없지 않고 '있다'는 사실은 신비이다.

아침 성경공부 시간에 존 수사는 야곱 이야기를 마무리 지으면서 '큰 자가 작은 자를 섬기는 것이 화해의 길'이라고 말했다. 야곱은 시련을 통해 자기가 누리고 있는 모든 것이 하나님의 선물임을 깨달았고, 마침내 형 앞에서 일곱 번씩이나 엎드리며 자기가 가로챘던 복을 돌려주려고 했다. 화해는 그런 적극적인 실천을 통해 가능하다. 기독교인에게 있어서 화해는 눈에 보이지 않는 하나님을 가시적으로 드러내는 행위이다. 존은 우리들 각자의 자리에서 화해를 향한 순례를 계속하라고 당부했다. 남과 북이 첨예하게 대립하고, 이해집단 사이의 갈등이 점점 깊어가고 있는 우리 사회에서 화해를 위한 순례를 할 수 있을까? 하지만 이 질문은 불신앙적이다. 화해는 가능성의 문제가 아니라 당위이기 때문이다. 할 수 있기 때문이 아니라 해야만 하기 때문에 해야 할 일이 있다.

오전에는 사람들이 '원천Source'이라 부르는 성 에티엔느의 정원을 찾아갔다. 한적하고 아름다운 오솔길, 곳곳에 놓인 일인용 의자에 앉아 명상에 잠긴 사람들, 잔디밭에 누워 하늘을 바라보고 있는 이들, 호수에 걸린 다리 위에 걸터앉아 다리를 가둥거리고 있는 청소년들, 유유히 헤엄치는 오리 몇 마리, 맑게 피어난 연꽃, 시원한 바람, 그리고 침묵…. 무엇을 해야 한다는 강박관념 없이 그저 하염없이 앉아 있는 무위의 시간이 그렇게 달콤할 수가 없었다. 많은 이들에게 사람이 분주하면 가장 중요한 것을 잊게 마련이라고 말하곤 했다. 하지만 정작 나는 분주함에서 벗어나지 못한 채 살았다. 안식을 말하면서도 안식을 누리기 위한 노력을 하지 않았다. 하나님의 종으로 살기보다는 목사 노릇을 할 때가 많았다. 내면에서 솟아나오는 시원한 샘물을 길어 목마른 이들에게 주지 못했다. "이 물을

일곱 번째.

마시는 자마다 다시 목마르려니와 내가 주는 물을 마시는 자는 영원히 목마르지 아니하리니 내가 주는 물은 그 속에서 영생하도록 솟아나는 샘물이 되리라"_{요 4:13-14}. 원천에 주저앉아 주님이 사마리아 여인에게 하신 말씀을 되새겼다.

숙소로 돌아와 짐을 챙겨들고 떼제에 머무는 동안 나의 지성소와도 같았던 마을 예배당을 찾았다. 로제 수사의 무덤 앞에 잠시 머물다가 교회로 들어가 구석 자리에 앉아 떼제에서 보낸 시간과 인연들을 찬찬히 돌아보았다. 소중한 인연들이다. 각자에게 주어진 자리에서 흐르고 또 흐르다가 어느 날 문득 낯선 자리에서 마주칠 수도 있을 것이다. 그들의 얼굴, 목소리, 살아온 내력을 기억하며 축복의 기도를 올렸다. 버스를 타려고 밖으로 나가니 인산인해였다. 떼제에 머무는 마지막 날, 가까운 마을을 방문하려는 이들이 한꺼번에 몰린 것이다. 차를 타지 못하면 낭패였다. 예약해둔 기차를 놓칠 수도 있었기 때문이다. 이윽고 버스가 도착하고 짐을 트렁크에 싣는 동안 사람들이 우르르 몰려 자칫하면 짐만 실어 보낼 수도 있는 상황이었다. 그렇다고 공격적으로 인파를 뚫고 들어갈 수도 없어 난감한 표정을 짓고 있는데, 인파 가운데 있던 한 여학생이 자기 동료들에게 짐을 트렁크에 실은 분이 계시니 길을 내드리자고 큰소리로 외쳤다. 학생들은 약속이라도 한듯 선선히 길을 내주었다. 이렇게 귀한 기억 하나를 또 얻었다.

스트라스부르로 가는 떼제베 열차를 타고 떼제의 알로이스 원장 수사가 2014년을 맞이하면서 내놓은 〈그리스도를 사랑하는 사람

떼제에서 보낸 시간과 인연들을 찬찬히 돌아보았다.

소중한 인연들이다.

각자에게 주어진 자리에서 흐르고 또 흐르다가

어느 날 문득 낯선 자리에서 마주칠 수도 있을 것이다.

그들의 얼굴, 목소리, 살아온 내력을 기억하며 축복의 기도를 올렸다.

일곱 번째.

들의 가시적 사귐을 위한 네 가지 제안〉이라는 문서를 읽었다. 이 문서는 예수 그리스도는 어느 누구도 배제하지 않고 모든 사람에게 자신의 우정을 확장하고 있다는 인식에서 출발한다. 그리스도인의 가시적 사귐이 지향하는 것은 인류의 상처를 치유하는 데 기여하는 것이다. 그의 제안은 다음과 같다.

첫째, 지역의 기도 공동체에 참여하라.

혼자서 신앙적 삶을 사는 것은 거의 불가능하다. 신앙은 영적인 사귐의 경험을 할 때, 즉 그리스도께서 제한없는 연합의 근원이라는 사실을 발견할 때 발생한다. 지역 공동체들이 점차 진정한 사귐의 자리, 서로서로 삶의 버팀목이 되어줄 뿐 아니라 서로를 따뜻하게 환대하는 자리가 된다면 얼마나 좋을까? 그곳은 약자들과 외국인들, 그리고 아직 꿈을 함께 나누지 못하는 이들까지도 세심하게 배려하는 자리가 되어야 한다. 그러기 위해서는 주일 예배에 참여하거나 자신이 선택하지 않은 다른 사람들과 함께하는 어떤 일에 동참하는 것이 필요하다. 그래야 진정한 사귐을 경험할 수 있기 때문이다.

둘째, 우리를 제한하는 이런저런 경계를 넘어 우정을 확장하라.

예수는 만나는 모든 이들, 특히 가난한 사람들, 어린이들, 사회적

일곱 번째.

가치를 인정받지 못하는 사람들을 소중히 여기셨다. 우리도 주님을 따라 곤경에 처한 이들과 연대하기 위해 경계들을 가로지를 수 있다. 또한 다른 종파에 속한 기독교인들, 더 나아가서 아직 신앙을 공유하지 못한 이들과도 연대 행동을 취할 수 있다. 알로이스는 이를 위해 젊은이들이 우정과 연대를 가시화하기 위해 한 1년 정도 주변화된 사람들, 가난한 사람들, 병자들, 장애로 고통 받는 사람들, 버림받은 어린이들, 이민자들, 그리고 직업을 갖지 못한 이들과 더불어 살아볼 것을 제안하고 있다. 대단히 강력한 초대이다.

셋째, 다른 이들과 정기적으로 경험을 나누고 함께 기도하라.

아픈 시련, 버림받음, 고독, 그리고 세상에 가득 찬 불의에 대해 예민하게 자각하고 있는 젊은이들이 하나님에 대한 신앙을 유지하기란 거의 불가능하다고 말할 수밖에 없다. 믿는다는 것은 항상 모험이다. 신뢰의 모험 말이다. 알로이스는 이런 상황에 처한 젊은이들에게 그러한 질문을 혼자만 품고 있지 말고 일주일에 한 번 혹은 한 달에 한번이라도 그것을 함께 나눌 수 있는 이들을 찾으라고 제안한다. 복음서나 성경의 어느 한 페이지라도 함께 읽고, 찬양과 성경 읽기와 긴 침묵과 더불어 함께 기도하라는 것이다.

넷째, 그리스도를 사랑하는 이들 사이의 영적인 사귐이 더 잘 드러나도록 하라.

우리가 살고 있는 마을, 도시, 지역에는 우리와 다른 방식일망정 그리스도를 사랑하는 사람들이 있다. 그리스도인들은 그리스도의 이름으로 불리는 사람들이다. 기독교인으로서의 우리 정체성은 세례를 통해 받은 것이다. 각자가 속한 교파의 정체성의 차이를 강조하기보다는 이러한 공동의 정체성이 더 잘 드러나도록 해야 한다. 설사 양립하기 어려운 문제가 있다 해도 그것이 지속적인 분열의 이유가 되어서는 안 된다. 주님은 이 땅에 계시는 동안 이런저런 경계선들을 가로지르셨을 뿐만 아니라, 십자가 위에서 갖가지 이유로 갈라진 사람들을 향해 두 팔을 활짝 벌리셨다. 만약 기독교인들이 그리스도를 따르기 원한다면 그리고 하나님의 빛이 세상에 비치기를 진심으로 바란다면 분열된 상태에 머물 수는 없다. 우리를 연합시키는 분은 성령이시다. 알로이스는 이를 위해 다른 사람들, 다른 그룹, 다른 교회, 다른 운동, 다른 교파, 이민자들의 교회를 향해 나아갈 것을 제안하고 있다. 그들을 방문하고 또 초대하는 일이 반복되면서 환대의 분위기가 무르익으면 단순한 기도 안에서 함께 그리스도를 향할 수 있다는 것이다(*Four Proposals for seeking visible communion among all who love Christ*를 자유롭게 요약 정리한 것임).

알로이스의 이러한 제안의 핵심에는 '기도'가 있다. 기도는 행동이나 실천과 무관한 것이 아니다. 기도야말로 가장 강력한 실천의 출발점이다. 기도할 용기를 낼 때 하나님의 능력이 비로소 유입된다. 알로이스의 이러한 제안은 떼제에서의 경험이 뒷받침된 것이기에 강력하다. 다양한 교파에 속한 사람들, 불가지론자들, 심지어는

일곱 번째.

무신론을 표방하는 이들까지도 떼제를 찾는다. 기도회에 참여하고, 소그룹 모임에 동참하고, 워크숍에도 참여한다. 강제하는 사람은 아무도 없다. 참석해도 되고 하지 않아도 된다. 하지만 그곳에 머무는 동안 많은 이들은 화해와 일치의 기쁨을 맛본다. 알로이스는 이러한 경험이 지구촌 곳곳으로 확장되기를 원한다. 그것은 알로이스만의 바람은 아닐 것이다. 하나님을 믿는다는 것은 그분을 사랑하는 것이고, 그분을 사랑한다는 것은 그분이 기뻐하시는 일을 행하는 것이다. 사랑은 무능하지 않다. 하나님나라를 소망하는 사람은 지금 여기서 하나님나라의 표징으로 살아가지 않을 수 없다.

창밖으로 보이는 프랑스의 농촌 풍경이 평화롭다. 옹기종기 모여 있는 나지막한 집들, 마을 언저리마다 보이는 작은 예배당, 잘 구획된 밭, 드문드문 소들만 평화롭게 한여름날의 오후를 게으르게 즐기고 있었다. 멀리서 바라보면 세상은 이렇게 평화롭고 아름답다. 이곳에서는 저 안에서 이루어지는 삶의 애환이 보이지 않는다. 풍경에 넋을 빼앗기고 있다 보니 그만 평원 위를 엄청난 속도로 질주하고 있는 고속열차에 탑승하고 있다는 사실을 까맣게 잊고 있었다. 거의 정지된 것처럼 보이는 들판과 어지러울 정도로 달리는 열차의 부조화. 이것이야말로 모순투성이인 우리 삶의 은유가 아닌가!

밀루스라는 동네에서 완행열차로 바꿔 타고 독일의 프라이부르크에 입성했다. 유럽에서 대표적인 생태도시로 알려진 이곳 시장은 녹색당 소속이라 한다. 환경정책을 선진적으로 전개하는 것은 물론이고 이주자와 소수민족에 대해서도 세심한 배려를 아끼지 않는다

한다. 슈바르츠발트Schwarzwalt, 黑林가 시작되는 도시이기도 하다. 한 주간 동안 사적 공간을 누리지 못하다가 다시 혼자만의 공간으로 돌아오니 무엇보다 자유로워 참 좋다. 낮과 밤의 기온 차가 심해 건강 유지에 어려움을 겪고 있지만, 내일 걱정은 내일에게 맡기기로 한다.

The Sacred Journey

7. 27.

주일 아침, 다행히 목소리가 아주 잠기지는 않았다. 감기에 좋다는 차를 끓여 마신 후 책상 앞에 앉았다. 날마다 아씨시 언덕을 걸어 오르던 그때가 아득한 세월 저편인 것 같다. 비일상적 시간이 연속되기 때문일 것이다. 어느 곳에 가든 하루만 지나면 나름대로 익숙해지지만 막상 낯선 곳으로 이동할 때는 긴장이 되는 게 사실이다. '차를 놓치는 것은 아닐까', '짐을 잃어버리지 않을까', '숙소를 제대로 찾을 수 있을까', '대중교통을 잘 이용할 수 있을까' 온갖 걱정거리들이 몸과 마음을 피곤하게 한다. 하지만 신기할 정도로 금방 적응이 된다. 설사 길을 잃는다 해도 어찌어찌 묻고 또 물어 결국에는 당도하게 되리라는 확신이 있기 때문이다. 어떤 의미에서 낯선 도시에서 길을 잃는다는 것은 멋진 일이다. 전혀 예기치 못했던 삶의 실상과 마주칠 때가 있기 때문이다.

과일과 주스로 요기를 한 후 프라이부르크의 옛 도시를 향해 걸어갔다. 돌아오는 길을 잊지 않으려고 이정표가 되는 건물이나 표지판을 휴대전화 카메라로 찍기도 했다. 프라이부르크의 상징이기도 한 뮌스터에 갈 때까지만 해도 아무 문제가 없었다. 예배 전이라 사람들이 드문드문 앉아 있었다. 그들의 고요를 방해하고 싶지 않아 조용히 뒤에 서 있다가 나오려는데, 느닷없이 울려 퍼지는 오르간 소리에 화들짝 놀랐다. 4대의 오르간을 통해 11,000개의 파이프가 울려내는 소리는 가히 압도적이었다. 작고 여린 소리가 마음을 움직일 때도 있지만, 크고 압도적인 소리가 가슴을 뒤흔들기도 하는 법이다. 나가려던 발걸음을 되돌려 잠시 오르간 연주에 귀를 기울였다. "주의 폭포 소리에 깊은 바다가 서로 부르며 주의 모든 파도와 물결이 나를 휩쓸었나이다"시 42:7. 시편 시인의 마음과 접속을 이룬 것 같은 기분이었다.

뮌스터 주변 거리의 골목마다 이 도시의 명물인 베클레(Bächle, 작은 도랑)가 연결되어 있었다. 슈바르츠발트에서 발원한 물을 끌어들여 도심 곳곳을 흐르게 한 것이다. 폭은 겨우 30cm 남짓이고 물 깊이도 10cm 안팎에 지나지 않지만 그 물길은 꽤 쾌적한 느낌을 자아낸다. 옛날 프라이부르크에는 목조건물이 많아 화재가 발생하면 큰 피해가 나곤 했다고 한다. 처음에 이 물길은 소방 용수를 공급하기 위한 목적으로 만들어진 것이다. 아직 사람들의 발걸음이 뜸한 주일 오전 노천 카페에 앉아 물 흐르는 소리에 귀를 기울이노라니 마치 숲에 들어온 듯한 느낌이 들었다. 그 물길이 모이는 곳에서는 제

베클레, 작은 물길 하나가 도심에 여유와 생기를 불어넣고 있었다.

일곱 번째.

법 큰 물소리가 났다. 작은 물길 하나가 도심에 여유와 생기를 불어넣고 있었다.

2차 세계대전 때 대개 파괴되었지만 옛 모습을 거의 그대로 되살려낸 도시의 아름다움에 이끌려 이리저리 돌아다니다가 그만 방향을 잃어버리고 말았다. 걷고 또 걷다 보니 어느 건물 앞에 학생인 듯 보이는 젊은이들이 죽 앉아 있었다. 그곳은 프라이부르크 대학교였고 학생들은 도서관 문이 열리기를 기다리고 있었던 것이다. 넘어진 김에 쉬었다 간다는 말대로 천천히 대학 주변을 둘러보았다. 특별히 신학부와 철학부 건물을 눈여겨보았다. 지금의 프란체스코 교종이 공부한 곳이다. 그 건물 벽면에는 "진리가 너희를 자유케 할 것이다"라는 말씀이 적혀 있었다. 내가 길을 잃어버린 것은 저 한마디와 만나기 위한 것인지도 모르겠다는 생각이 들었다. 신학이든 철학이든 그 한마디에 담긴 의미를 발견하기 위한 고투의 과정 아니겠는가? 옛날 나치의 수용소에 가면 출입문에 "노동이 자유를 준다"는 문구가 적혀 있다. 이것은 이미 지나간 노래가 아니다. 지금도 자본주의 세상은 열심히 일하고, 돈을 많이 벌어야 자유롭게 살 수 있다고 말한다. '진리'가 주는 자유와 '노동' 혹은 '돈'이 주는 자유는 전혀 다른 것이다. 돈이 주는 자유는 영원한 예속으로 우리를 이끌 뿐이다. 하지만 참 진리는 예속이 아니라 해방으로 이끈다. 세속 사회 한복판에서 "진리가 너희를 자유케 할 것이다"라는 말씀에 귀를 기울이는 사람은 얼마나 될까?

걷다 보니 프라이부르크가 자전거의 천국이라는 말이 실감났다.

차도 양 옆에 자전거 전용도로가 있어 자전거를 타는 이들은 아무런 위협도 받지 않는다. 두 손을 놓은 채 달리는 이들도 많이 보인다. 자전거 전용도로는 도심 뿐 아니라 드라이잠 강변, 그리고 주위의 녹지와 공원까지 연결되어 있어서 자전거를 타는 행위 자체가 자연 속으로의 여행 같은 느낌을 주었다. 걷다 보면 길이 사람을 이끌 때가 있다. 꼭 보고 싶었던 중앙역 근처의 솔라 타워가 눈에 들어왔다. 60미터 높이의 이 타워는 이 도시의 새로운 명소가 되고 있다. 자전거 라이더들이 중앙역 앞의 큰 길을 안전하게 건너 모빌레(Mobile, 자전거 전용 주차장)까지 접근할 수 있도록 만들어놓은 비빌리다리Wiwilibrüek 위로 꽃을 든 남자가 자전거를 몰고 가고 있었다.

프라이부르크 도심 주택가 부근 도로는 저녁 10시부터 아침 6시까지 자동차의 제한 속도가 시속 30km이다. 운전자들은 그 규칙을 잘 지킨다. 참 부러웠다. 아우토반은 속도 제한을 두지 않고 있지만 특별한 장소에서 속도제한 표지가 나타나면 운전자들은 그 규정대로 차를 몬다. 공공의 질서를 지키는 것이 자유로운 삶의 기초라는 사실을 그들은 잘 알고 있는 것이다.

프라이부르크 한인교회에서 말씀을 전했다. 오랫동안 독일 교회인 크로이체 키르헤(십자가 교회)를 임대해 오후 2시에 예배를 드려왔다고 한다. 고맙게도 최소한의 경비만 받고 모든 시설을 자유롭게 이용할 수 있도록 해주었고, 처음에 책정했던 임대료를 몇십 년째 올리지 않고 있다 한다. 유학생들이 중심인 교회이기에 젊은이들이 많았고, 음악을 전공하는 이들이 많아서인지 찬양이 우렁찼다. 예배 후 교인들과 대화의 시간을 가졌다. 신앙적 고민들이 많았다. 처음에 가졌던 열정적인 믿음은 자취도 없이 스러지고 신앙이 습관이 된 것 같아 고민이라는 분도 있었고, 젊은이들의 안일한 삶의 방식을 자탄하는 이도 있었다. 생의 짐이 무거워 비틀거릴 때가 많은데 어떻게 타자들의 세계로 나아갈 수 있는지를 묻는 이도 있었다. 성심껏 답변을 했다. 인생에는 어떤 경우에든 적용되는 정답이 없다. 그러니 불확실성을 견디고 또 그것을 자기 삶에 통합시킬 수는 있다. 그것이 바로 용기이다. 함께 나누었던 이야기들이 그들의 앞길을 밝혀주는 작은 등불이 되기를 바랄 뿐이다.

피아니스트인 집사님 댁에 저녁 초대를 받아 갔다. 프라이부르크에서 30km쯤 떨어진 곳에 있는 아주 한적한 주택가였다. 정성껏 준비한 음식을 나누면서도 대화는 이어졌다. 집사님은 대중들에게 잘 알려진 곡들보다는 현재 작곡가들의 난해한 곡들을 주로 연주한다고 했다. 악보를 받아들면 첫 번째 음부터 하나하나 짚어가며 익히는 과정은 보통 어려운 일이 아니다. 그래서 사람들은 왜 다시 써먹기도 어려운 그런 곡에 시간을 들이느냐고 의아해하지만, 그는 새롭고 낯선 세계에 도전하는 것이 자신에게는 더 소중한 일이라고 말했다. 고심하며 연습을 하다 보면 어느 순간 자기 손이 머리와 관계없이 음들을 짚어나가고 있음을 느낄 때가 있다고 한다. 그때의 희열은 어쩌면 종교적 희열과 비슷한 것인지도 모른다. 뭔가 다른 세계와 접속하고 있다는 느낌 말이다.

독일에서 공부를 마친 후 건축 설계사로 일하고 있는 한 청년은 기독교 신앙과 자기 직업을 어떻게 연결시켜야 할지 고민이라고 말했다. 들어서는 순간 어머니의 품 안에 안긴 듯한 느낌을 주는 공간, 거룩의 현존 앞에 서 있다는 느낌이 들도록 하는 공간 창조가 그의 꿈이었다. 감리교회의 교리적 선언은 하나님을 '모든 선과 미와 애와 진의 근원이 되시는' 분으로 고백한다. 인간의 하나님 체험은 진리를 향한 열정, 선을 도모하려는 의지, 사랑을 선택하는 용기를 통해서도 발생하지만, 아름다움과의 접촉을 통해서도 발생한다. 아름다움은 거칠어진 영혼을 부드럽게 벼려준다. 아름다움은 이런 저런 일로 상처 난 마음을 부드러운 손길로 어루만져 낫게 해준다. 아름다움을 창조하도록 부름 받은 이들은 하나님의 지속적인 창조에 동참하도록 요구받은 이들이기에 소명을 받은 이라 할 수 있다. 어떤 일을 하든지 아름다움의 창조라는 소명에서 벗어나지 않는다면 그것은 하나님께 바치는 예배가 된다.

한두 방울 내리던 비가 잦아들더니 포도밭, 옥수수밭, 체리 농장이 줄지어 선 들판 너머로 고운 노을이 번져갔다. 자전거를 탄 채 노을 속으로 들어가는 사람들이 보였다.

The Sacred Journey
7. 28.

비가 오락가락한다. 새벽, 차들은 아직 잠에서 깨어나지 않은 이

일곱 번째.

들을 배려하여 천천히 달린다. 20세기의 대표적 건축가인 르 코르
뷔지에가 만든 걸작인 롱샹 성당Ronchamp chapel이 멀지 않다는 사실
을 알았기에 오늘은 그곳에 가기로 했다. 차로 1시간 30분 거리에
있지만 지루하지 않았다. 독일과 프랑스 사이의 접경 지역의 목가
적이고 아름다운 풍경을 감상할 수 있었기 때문이다. 자연을 거스
르지 않고 마치 그 속에 녹아든 것처럼 잘 조성된 마을들, 정원 가
꾸기가 아주 중요한 일과 중 하나라서인지 어디를 가든 집과 정원
이 아름답다. 풍요롭다는 것은 물질적인 넉넉함만이 아니라는 사실
을 다시 한 번 절감한다. 각박하게 살다 보면 아름다움에 대한 감수
성을 잃게 마련이다. 아름다움에 대한 지향을 갖고 산다면 삶의 신
산스러움에 덜 휘둘릴 수도 있을 것이다. 평화롭고 아름다운 차창
밖 풍경을 보면서 '이런 곳에 살면 얼마나 좋을까?' 하는 생각이 들
었다. 하지만 이곳에 사는 이들이라고 해서 근심과 걱정 없이 살 리
는 없다. 에덴의 동쪽에서 살아가는 이들의 보편적 운명인 불안을
누가 피할 수 있단 말인가? 그럼에도 불구하고 부러운 것은 어쩔
수 없다. 속도에 대한 강박관념 속에서 살아가는 우리에 비해 이곳
사람들은 훨씬 더 느긋하게 살아가는 것 같다. 여행사를 가든 기차
역을 가든 사람들은 세상에 급할 게 뭐가 있느냐는 듯이 여유롭게
일한다. 일을 빨리 처리해달라고 안달하는 사람도 없다. 고객과 직
원이 서로 동등한 사람의 권리를 누린다.

　사람들이 '빛의 예배당'이라 부르는 롱샹 성당Chapel of Notre Dame
du Haut in Ronchamp은 보주 산맥의 낮은 사면과 쥐라 산기슭의 작은

구릉이 만나는 곳에 세워졌다. 서쪽으로는 손 계곡과 동쪽으로는 벨포르 협곡이 전개되고 있다. 이곳은 도미니코회에 속한 사람들의 중요한 순례지였는데, 잦은 전쟁으로 인해 파괴와 복구가 거듭되었다고 한다. 르 코르뷔지에에게 주어진 과제는 1만 명의 순례자가 함께 기도를 드릴 수 있는 성당을 지으라는 것이었다. 그는 순례자들을 위해 야외 예배소를 만드는 동시에, 침묵과 기도의 장소로 내부 공간을 만들었다.

롱샹 성당에 대한 첫 인상은 낯설음이었다. 건축물이라기보다는 마치 커다란 조소 작품처럼 보인다. 천재는 상투성을 거부한다. 르 코르뷔지에는 교회 건축의 전통적 양식을 하나도 채용하지 않았다. 그는 완전히 자기만의 창의적 상상력으로 거룩의 공간을 만들어냈다. 벽 앞으로 돌출된 반원형의 구조물 위에 달린 십자가만이 이곳이 예배당임을 알리고 있지만 그마저도 보일락 말락 할 정도로 작다. 두툼한 콘크리트 지붕이 마치 하얀 벽체를 짓누르고 있는 것처럼 보인다. 그런데 그 지붕의 한쪽 면은 한옥의 처마처럼 위로 솟구쳐 오르는 형태여서 마치 배가 파도를 헤치고 나아가는 모습처럼 보인다. 무거워 보이지만 상승감이 느껴지는 묘한 구조이다. 딱히 파사드라 할 만한 데가 없어서 출입구를 찾기 위해서는 예배당을 한 바퀴 돌아야 한다. 순례자들을 위한 외부 채플은 십자가와 성찬대 이외에는 아무것도 없는 조촐한 모양이다. 흰색의 제대와 초록색 잔디가 어울려 마치 산상수훈의 현장을 재현한 것처럼 보인다.

내부 공간도 아주 단촐하다. 전기 조명은 전혀 없고, 밝혀놓은 촛불과 두툼한 벽체에 다양한 형태로 만들어진 색유리창을 통해 유입되는 빛만이 실내를 밝혀준다. 벽면을 매끄럽게 처리하지 않고 우툴두툴하게 만듦으로써 유입된 빛이 튕겨나가지 않고 그 위에 머물도록 해놓았다. 크기와 형태와 색채가 다른 색유리가 만들어내는 빛의 움직임이 참 묘하다. 시간이 경과하면서 조금씩 방향을 바꾸는 빛의 움직임이 신비로웠다. 내부에서 바라보면 천장이 마치 늘어진 옷자락처럼 보인다. 르 코르뷔지에는 짓누르는 것처럼 보였던 지붕과 벽체 사이에 약 10cm쯤 되는 틈을 만듦으로써 신비한 가벼움을 만들어냈다. 빛이 만들어내는 가벼움. 깊은 어둠과 혼돈과 공허를 뚫고 터져 나왔던 한 소리가 이명증처럼 들려왔다. "빛이 있으라." 오랜 시간을 들여 이곳까지 걸어온 순례자들은 어쩌면 누구나 그런 소리를 들을지도 모르겠다. 색유리를 투과한 빛은 한껏 부드러워져 지친 영혼들을 감싸주었을 것이다.

롱샹 성당을 돌아 나오면서 클라라 자매회 수도원과 순례자들의 숙소, 그리고 성직자들의 숙소가 언덕의 경사면을 그대로 살리면서 지어졌음을 새삼스럽게 알 수 있었다. 아래에서 보면 마치 언덕 위에 교회만 있는 것처럼 보인다. 자연과 인위가 이룬 조화로운 모습에 한참 눈길을 주었다. 저 멀리 산기슭에 옹기종기 들어앉은 작은 마을과 그 마을 산자락 위로 피어오르는 구름조차 하나님의 영광을 찬미하는 것 같았다.

롱샹을 떠나 1시간 거리의 콜마Colmar를 향해 길을 떠났다. 알자스 지방은 듣던 대로 아름다웠다. 와인 가도를 따라 길 양 옆으로

일곱 번째.

"빛이 있으라."

오랜 시간을 들여 이곳까지 걸어온 순례자들은
어쩌면 누구나 그런 소리를 들을지도 모르겠
다. 색유리를 투과한 빛은 한껏 부드러워져
지친 영혼들을 감싸주었을 것이다.

끝도 없이 포도밭이 펼쳐지고 있었다. 하지만 비옥한 이 땅은 전쟁이 끊이지 않았다. 비옥함이 그 원인이었다. 이곳은 알퐁스 도데의 〈마지막 수업〉의 배경이 된 곳이다. 프랑스와 독일에 차례로 점령당했던 이 땅은 2차 세계대전 이후 프랑스 땅이 되었다. 전쟁의 포연이 가신 지 70년 가까이 된 지금은 평화로운 풍경으로 삶에 지친 이들의 마음을 어루만져준다. 콜마 가까운 곳에 프랑스에서 가장 아름다운 마을로 선정되었다는 에귀샤임이 있었지만 내처 콜마로 달려간 것은 운터린덴Unterlinden 박물관에 소장된 그뤼네발트Matthias Grünewald, ?-1528의 그림 〈십자가 책형〉을 보고 싶었기 때문이다.

조금씩 비가 내렸다. 나무가 건물 외벽에 그대로 드러난 전형적인 알자스식 건물들, 도시 한복판을 흐르고 있는 작은 운하, 꽃으로 치장한 레스토랑과 카페, 머물고 싶은 생각이 드는 곳이었다. 운터린덴 박물관은 대로변에서 좀 떨어진 곳에 있었다. 13세기에 세워진 도미니코회 여자 수도원을 개조하여 1852년에 개장한 박물관이다. 박물관은 확장 공사 중이어서 많은 작품들을 만날 수 없었다. 하지만 크게 서운하지는 않았다. 애초에 이곳을 찾은 것은 그뤼네발트의 이젠하임 제단화를 보기 위해서였기 때문이다. 그 그림은 운터린덴 박물관이 아니라 조금 떨어진 곳에 있는 수도원에 딸린 도미니코 성당에 전시되어 있었다. 가는 길에 비를 만나 조금 젖기는 했지만 사진으로만 보았던 그림, 도상학적으로도 여러 차례 학습한 바 있는 그림을 실제로 보게 되니 감개무량했다. 그뤼네발트는 이 그림을 1512-1515년경에 그렸다. 원래는 이젠하임의 안토니우스파 수도원 병원 예배당을 위해 제작된 접이식 제단화이다. 제일 유명한 것은 〈십자가 책형〉이지만, 그것은 제단화의 일부일 뿐이다. 1080년에 성 안토니우스의 유해가 콘스탄티노플에서 프랑스 남부의 도피네Dauphine로 옮겨지면서, 수많은 순례자들이 이곳을 찾기 시작했다. 나중에 '성 안토니우스의 불'로 명명된 병에 시달리던 사람들이 기적적으로 치유되면서 안토니우스의 이름을 딴 공동체와 병원이 세워지게 되었다. 성 안토니우스의 불은 맥각균에 오염된 곡물로 인해 야기되는 병인데, 사지에 매우 고통스럽고 타는 듯한 느낌을 주는 병이라 한다. 이젠하임 병원은 주로 페스트와 성 안토니우스의 불에 걸린 환자를 돌보던 곳이었다.

그뤼네발트는 십자가에 달리신 예수의 모습을 페스트 환자처럼 묘사했다. 그것은 거의 유례가 없는 모습이었다. 십자가에 달리신 예수는 승리자의 모습이 아니다. 가시 면류관에 찔려 피를 흘리며 고통으로 참담하게 일그러진 얼굴, 파리하게 변해버린 입술, 채찍질 당해 멍과 상처투성이인 몸, 이미 궤사하기 시작한 옆구리의 상처, 참혹하기 이를 데 없다. 화면으로 보아 예수의 오른쪽에는 왼손에 성경을 손에 든 세례 요한이 오른손으로 예수를 가리키고 있다. 그의 손과 얼굴 사이 공간에 "그는 흥하여야 하고 나는 쇠하여야 한다"라는 구절이 라틴어로 쓰여 있다. 그의 발치에는 십자가를 감싸 쥐고 있는 어린양이 피를 성작에 쏟아내고 있다. 화면의 왼편에는 향유병을 앞에 두고 무릎을 꿇고 두 손을 그러쥐고 절규하듯 예수를 바라보는 막달라 마리아와, 혼절한 것처럼 보이는 성모 마리아를 부축하고 있는 성 요한의 고통에 찬 모습이 보인다. 화가는 다른 인물들에 비해 예수의 모습을 아주 크게 그렸다. 하부 날개에는 십자가에서 내려진 예수의 모습이 담겨 있다. 예수를 뒤에서 감싸 안고 있는 성 요한, 베일에 가려 표정이 드러나지 않지만 조용히 기도를 올리고 있는 성모 마리아, 그리고 고통이 너무 심해 확 늙어버린 것처럼 보이는 막달라 마리아가 관 옆에 앉아 있다. 십자가 책형의 왼쪽 날개 부분에는 페스트 환자들의 수호성인인 성 세바스찬이 등장한다. 그는 디오클레시안 황제에 의해 기둥에 묶인 채 궁수들의 과녁이 되어 죽임을 당했다. 중세까지만 해도 사람들은 페스트가 신이 진노하여 독 묻은 화살을 보낸 것으로 생각했다. 그렇기에 이미 화살에 맞아 죽은 성 세바스찬이 그들을 도울 수 있다고 믿었던 것이다. 오른쪽 날개에는 타우 십자가가 부착된 주교 지팡이를 짚고 굳건하게 서 있는 성 안토니우스가 그려져 있다. 악마가 그를 위협하고 있지만 그는 미동도 하지 않는다.

접이식 제단화의 첫 번째 판넬을 열면 그 안에는 예수의 생애 가운데 몇 장면이 등장한다. 수태고지, 천사들의 합창, 예수 그리스도의 탄생, 부활 장면이 그것이다. 고통과 슬픔의 분위기는 사라진다. 부활하신 주님의 모습은 빛에 감싸인 영광스러운 모습이다. 손과 발의 못자국은 여전히 남아 있지만 다른 상처들은 깨끗이 나은 상태이다. 무거운 갑옷을 입은 채 무덤을 지키던 병정들은 혼비백산하여 넘어졌고, 예수님은 마치 무중력 상태 속에 있는 것처럼 가볍게 떠올라 두 손을 높이 들어 승리의 기쁨을 나타낸다. 그뤼네발트는 예수의 부활과 승천과 변화 산 사건을 한 장면 속에 녹여내고 있는데, 죄와 욕망으로 점철된 지상적 삶의 무거움과 신앙적 삶의 가벼움이 절묘하게 대조되고 있다.

제단화를 완전히 열어젖히면 중앙에 니콜라스Nicholas of Haguenau가 조각한 조각상이 성 아우구스투스, 성 안토니우스, 성 제롬의 순서로 놓여 있고, 화면의 왼쪽에는 '성 안토니우스와 은수자인 바울의 만남'이, 오른쪽에는 '성 안토니우스의 유혹' 장면이 그려져 있다. 성인은 갖가지 동물의 형상을 입은 악마들에게 시달리고 있다. 하지만 하늘 높은 곳에 노란색 구름에 휩싸인 하나님의 모습이 보인다. 지극한 고통의 시간에도 하나님의 은총은 지속되고 있다는 것을 암시하려는 것일까? 유혹 장면의 우측 하단에는 "예수님, 어디 계십니까? 왜 오셔서 나의 상처를 낫게 해주지 않으십니까?"라는 글귀가 라틴어로 적혀 있다. 그뤼네발트는 이젠하임을 찾는 사람들에게 이런 고통과 유혹으로부터 벗어날 길은 오직 믿음뿐이라고 말하고 있는 듯하다. 하부 날개에는 세상의 구원자이신 그리스도께서 사도들 가운데 좌정하여 계신다.

이 제단화는 그리스도의 수난을 묵상하는 사순절과 대림절기에는 완전히 닫힌 채 세상의 고통과 아픔 그리고 죄까지도 짊어지신 주님의 모습을 기억하도록 했고, 부활절과 성탄 시기에는 접힌 날개를 열어 수태고지, 천사들의 합창, 탄생, 부활로 이어지는 사건들을 기억하도록 했다. 성 안토니우스의 축일에는 제단화를 완전히 열어 갖가지 유혹과 시련을 이겨낸 믿음의 승리를 경축하게 했다.

콜마에서 프라이부르크로 돌아오는 길, 무심히 흐르고 있는 구름과 라인 강을 바라보며 구름이 일듯 일어났다가 속절없이 스러져버리고 마는 생에 대해 생각했다. 기쁨과 슬픔, 빛과 어둠, 충만함과 허무함이 갈마드는 인생길, 누군들 힘들지 않겠는가? 에덴의 동쪽 땅을 바장이며 살아가는 모든 이들에 대한 말할 수 없는 연민이 솟아올랐다. 산다는 것은 어쩌면 서럽기에 아름다운 것인지도 모르겠다.

나가는 말

다시 길을 떠나야 할 때

프라이부르크 일정을 마친 후에도 여정은 계속되었다. 성격이 바뀌었을 뿐이다. 프랑스 파리를 기점으로 하여 프로방스의 작은 도시들을 찾아다녔다. 아름다운 예술가들의 혼과 접속할 수 있기를 빌면서. 모네의 대작이 전시되고 있는 파리의 오랑주리 미술관에서 화가의 눈을 통해 아침, 점심, 저녁 무렵 다양하게 변하는 연못 풍경을 바라본 시간은 특히 인상 깊었다. 그림 앞에 오랜 시간 머물면서 화가의 마음이 되어 보려고 애를 썼다. 손으로 그려보지 않은 것은 아는 것이 아니라던 프레데릭 프랑크의 말이 떠올랐다. 모네는 연못에 깃드는 빛과 그 빛이 사물과 만나 만들어내는 그림자를 통해 덧없는 시간과 잇대어 있는 영원을 그리고 싶었던 것일까? 자세히 보면 사람의 손때가 묻지 않은 자연 세계 속에 신성이 깃들어 있음을 알 수 있다. 모네를 비롯한 화가들은 그런 시원의 세계를 보고 있는 이들이 아닐까.

고흐를 통해 이미 오래전부터 그리움의 장소로 갈무리된 아를을 찾아가면서 가벼운 설렘을 느끼기도 했다. 고흐가 15개월 동안 머물며 187점의 유화와 100여 점의 드로잉과 수채화를 남긴 그곳에서 천상의 빛을 만나고 싶었던 것인지도 모르겠다. 지금은 문화센터로 활용되고 있는 '에스파스 반 고흐'에서 그의 숨결을 느껴보려고 애썼고, 노란색 해바라기가 그려진 카페 반 고흐에 앉아 빛을 갈망했던 그의 마음을 짚어보려고 애썼다. 그가 오랜 기간 머물렀던 (생 레미에 있는) 생 폴 정신병원에서 그가 느낀 절망감과 고독을 생각했다.

분수의 도시라는 엑상프로방스를 찾아간 것은 세잔의 아틀리에를 보고 싶었기 때문이다. 정물화의 아름다움을 일깨워준 위대한 화가가 머물던 그곳은 의외로 소박했다. 그가 사용했던 도구들이 비교적 무질서하게 전시된 그곳에서 생 빅투아르 산의 위용을 그리고 있던 그의 모습을 상상했다. 아틀리에 앞 그늘이 서늘한 벤치에 앉아 엉뚱하게도 에밀 졸라와 세잔의 우정과 갈등을 떠올렸다. 가장 가까운 벗이었으나 그들은 왜 갈라설 수밖에 없었을까? 19세기 자연주의의 대표작가인 에밀 졸라는 세잔이 노동자들의 삶의 조건과 사회 현실을 그리지 않는 것에 대해 서운함을 느꼈다고 한다. 그리고 그런 서운함을 자기 소설 속에 반영했다. 시대의 흐름을 따르지 못한 채 실패한 화가가 결국 자살하고 만다는 내용은 세잔을 격노케 했다. 그들은 의절했고, 화해의 시간을 갖지도 못한 채 졸라가 세상을 떠나고 말았다. 세잔은 그의 장례식에 참석하지 않았다. 위대한 영혼들 속에 어린 이 연약함, 상처받기 쉬움을 어떻게 이해해야 할까? 세잔은 4년 후 졸라의 동상 제막식에 참석해 흐느껴 울었다고 한다. 그 엇갈린 우정을 생각하니 가슴이 먹먹해졌다.

레 보 드 프로방스Les Baux de Pronvence를 찾아간 것은 그곳에서 기획 전시되고 있는 '카리에르 드 뤼미에르Carrieres de Lumieres' 즉 '빛의 채석장'을 보고 싶었기 때문이다. 척박한 산 중턱에 있는 거대한 석회암 채석장이 갤러리로 변한 것은 체코의 한 미술가의 상상력 덕분이었다. 그는 채굴이 끝나 버림받은 높이 14m, 너비 6,000㎡의 채석장을 빛의 예술 공간으로 바꿔냈다. 2014년에는 구스타프 클림트와 훈데르트바서, 그리고 에곤 실레의 작품이 전시되고 있었다. 70여 대의 프로젝터를 통해 그들의 그림이 벽면과 천장, 그리고 바닥에까지 입체적으로 비쳐졌다. 리하르트 바그너의 〈탄호이저 서곡〉과 베토벤의 〈교향곡 9번〉이 흐르는 가운데 그 어둡고 서늘한 공간을 가득 채우는 빛은 깊이 잠들어 있던 내 영혼을 흔들어 깨워 주기에 부족함이 없었다. 40분 남짓한 시간에 불과했지만 마치 변화 산에 올라간 제자들이 된 느낌이었다. 오랫동안 버림받았던 그 공간이 마법처럼 빛의 공간으로 바뀐 것은 한 사람의 상상력 덕분이었다.

루르마랭을 찾아간 것은 젊은 날 내 영혼을 뒤흔들었던 알베르 카뮈의 흔적을 보고 싶어서였다. 인구 약 1천 명에 불과한 작은 마을은 중세 마을과 같은 고적함과 나른함 속에 잠겨 있었다. 노벨 문학상을 수상한 카뮈는 어머니와 함께 살기 위해 이 작은 마을의 성 가까운 곳에 집필실을 마련했다고 한다. 그가 스승처럼 여기고 있는 장 그르니에를 따라 우연히 그곳에 갔다가 마치 알제리의 고향 마을과 같은 풍경에 깊은 인상을 받았던 것이다. 그는 그곳에서 《최후의 인간》을 집필했다. 작은 마을의 골목길을 천천히 걸으며 그의 숨결을 느껴보려고 애썼다. 카뮈가 그곳에서 장 그르니에에게 보낸 편지는 그의 고민과 지향을 여실히 드러내고 있다.

선생님, 저는 상상력이 풍부하지 못해서 다른 사람이 되고 싶다는 생각은 별로 해본 적이 없습니다. 그렇지만 더 나은 사람이 되지 못해 유감스럽다고 여기는 때는 더러 있습니다. 젊을 때는 자신이 발전할 수 있다고 믿고, 또 굳은 결심으로 많은 시간을 바치면 결국은 자신의 한계를 극복할 수 있다고 믿지요. 그러다가 마흔다섯 살에 이르고 보면 맨 처음 시작할 때의 그 상태, 또는 그 비슷한 상태에 머물러 있는 자신을 발견합니다. 발전에 대한 믿음만 없어진 채로 말입니다. 요컨대, 자기 자신과 더불어 살아나가는 수밖에 없는 거지요. 알량한 진리가 아니고 무엇입니까(1959년 5월 26일).

저에게 작업할 수 있는 조건은 언제나 그렇듯이 수도사의 생활조건, 즉 고독과 검소함 바로 그것입니다. 검소함만 빼고 이러한 조건은 제 천성과 너무나도 배치되는 것이어서 저의 작업은 저 자신에게 가하는 일종의 폭력이 됩니다(1959년 12월 28일자 편지).

더 나은 사람이 되고 싶은 갈망과 그 좌절, 그리고 자기의 천성을 거슬러 수도사적인 삶의 조건 속에 살면서 집필했던 그를 어찌 사랑하지 않을 수 있겠는가? 마을 골목을 서성거리다가 어느 피자집 근처에서 '알베르 카뮈 길'이라는 표지판을 보았다. 혹시 그가 머물던 집이 그 근처가 아닐까 싶어 서성거리다가 정말 우연히 그 집 앞에 당도하게 되었다. 마치 카뮈의 영혼에 이끌린 듯이. 페스트로 상징되는 전체주의와 치열하게 싸웠던 그의 고독을 떠올리며 한동안 그곳에 머물다 돌아섰다.

니스에 있는 '국립 마르크 샤갈 성서미술관'은 이번 여정의 대미였다. 오래전부터 샤갈의 성서화에 매료되어 있었기에, 이 미술관 방문은 오랜 꿈의 실현이었다. 소품들을 제외하고 전시된 작품은 불과 13점에 불과했지만 그 대작은 가히 압도적이었다. 색채와 형태 그리고 서사성이 기가 막히게 조화를 이루고 있는 그 작품들은 40년 가까이 성서를 연구해온 나의 신학을 납작하게 만들었다. 그는 이 미술관 개관식에서 이런 말을 했다고 한다. "나는 성서야말로 시대를 불문하고 시문학의 가장 위대한 원천이라고 믿었으며 지금도 그렇게 믿고 있습니다." 어찌 이 말을 부정할 수 있겠는가. 그는 그곳에 전시된 작품들은 "단지 한 개인의 꿈만이 아니라 모든 인류의 꿈을 대표한다고 믿습니다"라고 말했다. 자신의 꿈을 인류의 꿈으로 만들 수 있는 사람, 위대한 혼이 아닌가.

예술가는 새로운 세상을 꿈꾸는 사람들이다. 그들은 땅과 일상 속에서 빛의 흔적을 찾아내기 위해 혼신의 힘을 다한다. 절망과 좌절 속에서도 빛을 향해 날아오르려 한다. 예수도 그러했다. 그는 로마 제국의 폭압 속에서 하나님의 형상을 잃어버린 채 살아가는 이들 곁에 다가가 하나님나라가 도래하고 있음을 선포했다. 그 나라는 저 위에 있는 것이 아니라 낮은 곳에 있다. 아픔이 있는 자리, 사람들의 한숨과 눈물이 배어 있는 땅, 바로 이곳이 하늘이다. 깊이를 뒤집으면 높이가 된다. 사다리가 없다고 낙심할 것 없다. 물이 낮은 곳으로 흐르듯 낮은 곳으로 흐르다 보면 하늘에 당도하게 될 것이다. 이제 다시 길을 떠나야 할 때이다.

2014년 12월

김기석